KB142108

신정일의 新택리지

신정일의 新택리지 강원

신정일

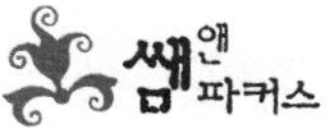

추천사

강과 길에 대한 국토 인문서

"필드field가 선생이다." "현장에 비밀이 숨겨져 있다!" 책상과 도서관에서 자료를 뒤적거리기보다는 현장에서 직접 발로 뛸 때 새로운 사실을 발견할 수 있다는 말이다. 이 말은 문화답사 전문가들이 가슴에 품은 신념이기도 하다. 그 현장정신의 계보를 추적하다 보면 만나게 되는 인물이 있다. 18세기 중반을 살았던 사람, 이중환이다. 이중환은 집도 절도 없이 떠돌아다니면서 마음 편하게 살 곳을 물색했고, 환갑 무렵에 내놓은 그 결과물이 《택리지》이다. 그가 쓴 《택리지》는 무려 20년의 현장답사 끝에 나온 책이다. 좋게 말해서 현장답사지 정확하게 표현한다면 정처 없는 강호유랑이었다. 현장답사, 즉 강호유랑은 아무나 하는 게 아니다. 등 따습고 배부르면 못하는 일이다. '끈 떨어진 연'이 되었을 때 가능한 일이다. 고금을 막론하고 인생은 끈이 떨어져 봐야 비로소 산천이 눈에 들어오는 법이다.

《택리지》는 《정감록》과 함께 조선 후기에 가장 많이 필사된 베스트셀

려였다. 현장에서 건져 올린 생생한 정보가 많이 담겨 있었기 때문이다. 장사하는 사람들은 각 지역의 특산물과 물류의 흐름을 파악할 수 있었고, 풍수를 연구하는 사람들은 전국의 지세와 명당이 어디인지를 알 수 있었으며, 산수 유람가에게는 여행 가이드북이 되었다.

그러한《택리지》의 현장정신을 계승한 책이 이번에 다시 나오는《신정일의 신 택리지》다. 이 책의 저자인 신정일 선생은 30년 넘게 전국의 산천을 답사한 전문가이다. 아마 이중환보다 더 다녔으면 다녔지 못 다닌 것 같지가 않다. 우리나라 방방곡곡 안 가 본 산천이 없다. 1980년대 중반부터 각 지역 문화유적은 물론이거니와, 400곳 이상의 산을 올랐다. 강은 어떤가. 한강, 낙동강, 금강, 섬진강, 영산강, 만경강, 동진강, 한탄강을 발원지에서부터 하구까지 두 발로 걸어 다녔다. 어디 강뿐인가. 영남대로, 관동대로, 삼남대로를 비롯한 우리나라의 옛길을 걸었고, 부산 오륙도에서 통일전망대까지 동해 바닷길을 걸은 뒤 문광부에 최장거리 도보답사 코스로 제안해 '해파랑길'이 조성되었다. 그의 원대한 꿈은 그것으로 그치지 않고 원산의 명사십리를 거쳐 두만강의 녹둔도에 이르고 블라디보스토크를 지나서 러시아를 돌아 아프리카의 케이프타운까지 걸어가겠다는 것이다. 낭인팔자가 아니면 불가능한 성취(?)이다.

신정일 선생의 주특기는 '맨땅에 헤딩'이다. 이마에 피가 흘러도 이를 인생수업으로 생각하는 끈기와 집념의 소유자다. "아픈 몸이 아프지 않을 때까지 가자"라는 김수영 시인의 시를 곧잘 외우는 그는 길 위에 모든 것이 있다고 설파한다. 두 갈래 길을 만날 때마다 그가 선택한 길은 남들이 가지 않는 길이었다. 왜냐하면 스스로를 강호江湖 낭인이라고 생각했기 때문이다. 강호파는 가지 않는 길에 들어가 보는 사람이다.

《주역周易》에 보면 '이섭대천利涉大川'이라는 표현이 여러 번 나온다. '큰 내를 건너면 이롭다'라는 이 말은, 인생의 곤경을 넘는 것이 큰 강을 건너는 것만큼이나 힘들다는 뜻이다. 그런데 신정일 선생은 이 강을 무서워하지 않았다. 높은 재를 넘는 것도 두려워하지 않았다. 인생의 수많은 산과 강과 먼 길을 건너고 넘고 걸었으니 무슨 두려움이 남아 있겠는가. 그는 자기 앞에 놓인 인생의 강과 산을 넘은 것이다. '이섭대천'이라 했으니 큰 강을 건넌 신정일 선생에게 행운이 깃들기를 바란다.

조용헌(강호동양학자)

머리말

산과 바다의 수려한 풍경 속을 거닐다

'사람이 살 만한 곳', 아니 '살고 싶은 곳'은 도대체 어디를 말함인가? 《논어》에는 "마을이 인仁하다는 것은 아름다운 것이다. 스스로 골라 인한 곳에 살지 않는다면 어찌 지혜롭다 하겠는가"라는 글이 있다. 《택리지》에도 이와 비슷한 내용의 복거卜居, 즉 살 곳을 점쳐서 정한다는 개념이 있다. 이처럼 살 곳을 정하는 문제는 단순히 생활의 윤택함을 도모하는 것을 넘어서 인仁을 추구하고 지혜를 추구하며 인간다운 삶을 살고자 하는 의지의 차원이라고 볼 수 있다. 나는 1980년대 중반부터 우리나라 전 국토를 두 발로 걸었다. 크고 작은 400여 개의 산을 오르고 남한의 팔대 강과 영남대로, 삼남대로, 관동대로 등을 따라가며 곳곳에 있는 문화유산과 그 땅에 뿌리내린 삶을 만났다. 그 길에서 느낀 것은 산천이 나만의 것이 아닌 우리 모두의 것이라는 사실과 그 길들을 올곧게 보존해서 후세에 물려주어야 한다는 사실이었다. 한 발 한 발 걸으며 내가 발견한 것은 바로 나였고, 처연하도록 아름다운 우리 국토였으며, 그 국토를 몸

서리치도록 사랑하고 있다는 사실이었다.

나는 이 책을 이중환의 《택리지》에 기반을 두고 인문 지리 내지 역사 지리학의 측면에서 '지금의 택리지'로 다시 쓰고자 했다. 이중환이 살다 간 이후 이 땅에 얼마나 많은 일들이 일어났고 얼마나 많은 인물들이 태어나고 사라졌는가. 그것을 시공을 뛰어넘어 시냇가에서 자갈을 고르듯 하나하나 들추어내고 싶었고, 패자 혹은 역사 속으로 숨어들었던 사람들을 새롭게 조명하고자 했다.

강원도는 강릉과 원주의 첫 글자를 따서 지은 이름이다. 그 강원도가 변화의 길목에 들어선 것은 1914년 행정 구역이 개편되면서부터다. 이어서 해방 공간과 한국전쟁을 겪으면서 백두대간의 서쪽 고을이었던 김화, 금성, 이천, 안협이 북한에 편입되었고 백두대간 동쪽 고을인 고성과 안변 그리고 통천 등이 북한 땅이 되면서 그 규모가 아주 작아졌다. 1960년대에는 울진과 평해가 경상도로 편입되었다.

강원도에는 설악산이나 오대산, 두타산 등의 명산뿐만 아니라 낙산사, 장호, 용화, 경포대, 화진포를 비롯한 해수욕장이 즐비하다. 또한 부산에서 두만강으로 이어지는 최장거리 도보답사 길인 아름다운 동해 바닷길이 '해파랑길'로 선정되어 울창한 소나무숲과 함께 수도권을 비롯한 온 나라의 사람들을 유혹하고 있다.

이중환이 "이름난 호수와 기이한 바위가 많아서 높은 데 오르면 푸른 바다가 넓고 멀리 아득하게 보이고, 산골짜기에 들어가면 물과 돌이 아늑하여 경치가 나라 안에서 참으로 제일이다"라고 평했던 것처럼 강원도는 천혜의 자연 경관과 역사적 유물이 산재한 곳이다. 그래서 항상 그리운 땅, 살아 보고 싶은 땅이기에 사람들이 강원도를 찾고 또 찾는 것인지도 모른다.

지금 우리 땅에는 250년 전 이중환이 살 만하다 했던 계곡이나 강가는 물론 살기에 척박한 곳이라 했던 바닷가에 별장과 콘도를 비롯한 숙박업소와 음식점 등이 빼곡하며 곳곳에는 골프장이 들어섰다. 온 나라 산에 묘지가 넘쳐 몸살을 앓고, 강은 강대로 환경 오염과 직강화 작업 및 댐 건설로 예전의 모습이 아니다. 수많은 길이 콘크리트로 뒤덮인 채 거미줄처럼 얽혀 자동차와 기차는 다녀도 정작 사람이 마음 놓고 걸을 수 있는 길은 어디에도 없다. 나그네와 보부상들, 신경준과 이중환 그리고 김정호가 걸었던 길은 사람이 다닐 수 없는 길이 되었고, 불과 20여 년 전만 해도 사람의 왕래가 잦았던 강 길은 그 흔적조차 찾을 수 없게 되었다.

일찍이 성호 이익은 "정신이란 모습 속에 있는 것인데, 모습이 이미 같지 않다면 어찌 정신을 전할 수 있겠는가?"라는 말로 변해 가는 세태를 꼬집었다. 나보다 앞서 이 길을 걸었던 매월당 김시습과 이중환, 김정호 등 옛사람들에게 우리 국토는 어떤 모습이었을까? 지금처럼 도처에 숲처럼 펼쳐진 아파트나 강가에 즐비하게 늘어선 매운탕집과 '가든' 그리고 바닷가를 에워싼 저 수많은 횟집들은 없었을 것이다. 무서운 속도로 시시각각 다가오는 자동차들이 없으니 걸어가면서 충분히 자유로웠을 것이다.

영남대로를 같이 걸었던 모 방송국 PD 신현식 씨는 문경새재를 넘어서면서부터는 영남대로가 걸어 다닐 만한 길이 아니라고 했다. '살 제 진천, 죽어 용인'이라는 말과 달리 지금의 용인 일대는 살아 있는 사람들이 이런저런 이유로 몰려와 불야성을 이루고 있다. 용인을 지나 성남의 판교에 접어들면 말 그대로 우리나라 전역이 땅 투기장으로 변한 느낌이었다.

삼남대로는 또 어떤가! 차령을 넘어 천안에 접어들면 길이 대부분 도회지를 통과하기 일쑤였다. 옛 모습을 그나마 간직하고 있는 관동대로 역시 개발의 바람이 불어 하루가 다르게 산천의 모습이 달라지고 있다.

근래에 생명 사상과 환경 문제가 대두되면서 산과 강이 새롭게 조명되고 《택리지》가 여러 형태로 논의되지만 이 시대에 맞는 《택리지》는 다시 쓰이지 않았다. 이러한 것들이 미흡하지만 이 땅의 산과 강을 오랫동안 걸어 다닌 나에게 《택리지》를 다시 쓰도록 부추겼다.

30여 년간 우리 땅 구석구석을 두 발로 걸어온 결과물을 총 11권으로 완결하게 되었다. 역사와 지리, 인문 기행을 더해 수백 년 전과 현재의 모습을 비교하고 선조들이 자연과 조화를 이루며 살았던 흔적을 고스란히 담으려 노력했다. 빌딩이 산의 높이를 넘어서고, 강의 물길이 하루아침에 바뀌는 시대에 살고 있지만, 여전히 산수와 지리는 우리 삶의 근간이다. 우리가 바로 지금 두 발로 선 이 땅을 자연과 사람 모두가 더불어 사는 명당으로 만드는 것은 다름 아닌 우리 자신일 것이다.

마지막으로 모든 독자들과 함께 간절한 기도를 전하고 싶다.

"간절히 원하노니, 청화자靑華子 선생이여! 지금 이 땅에 살고 있는 상처 입은 사람들이 더불어 조화롭게 살 수 있도록 그대가 꿈꾸었던 이상향을 보여 주십시오!"

온전한 땅 전주에서

신정일

개요

더 넓고 더 깊은 강원도

정선 아리랑의 가락을 타고 넘어가는 땅

강원도는 한민족의 근간으로 추정되는 예맥족이 살던 땅으로 고구려 태조 때 고구려 땅이 되었다. 신라 진흥왕 때부터 신라에 속했으며, 고려 때 여러 이름으로 고쳐 부르다가 조선 태조 4년(1395)에 지금의 강원도라는 이름을 얻게 되었다. 강릉과 원주에서 따온 이름인 강원도江原道는 함경도와 경상도 사이에 있으며, 서북쪽으로 황해도와 잇닿았고 서남쪽으로는 경기도와 충청도에 맞닿아 있다. 남북 길이가 243킬로미터이고 동서 길이가 150킬로미터이며, 총면적은 26.263제곱킬로미터로 전 국토의 12퍼센트가량을 차지한다. 경기도·황해도와 함께 우리나라의 중부지방을 차지하고 있다.

이중환은 《택리지》 〈팔도총론〉에서 강원도를 시작하며 다음과 같이 말한다.

> 강원도는 함경도와 경상도 사이에 있다. 서북쪽으로는 황해도 곡산이나 토

산 등의 고을과 이웃하였고, 서남쪽으로는 경기도와 충청도와 서로 맞닿아 있다. 철령에서 남쪽으로 태백산까지는 산등성이가 가로질러 뻗쳐서 하늘과 구름에 닿은 듯하며, 산등성이 동쪽에는 아홉 고을이 있다. 북쪽으로 함경도 안변과 경계가 닿은 흡곡과 통천, 고성, 간성, 양양, 옛 예맥의 도읍이었던 강릉과 삼척, 울진 그리고 남쪽으로 경상도 영해부와 경계가 맞닿은 평해가 그곳이다. (…)

동해는 조수가 없어 물이 탁하지 않아서 벽해碧海라 부른다. 항구나 섬으로 앞을 가리는 것이 없어 큰 못가에 임한 듯 넓고 아득한 기상이 자못 굉장하다.

또한 이 지역에는 이름난 호수와 기이한 바위가 많아서 높은 데 오르면 넓고 푸른 바다가 멀리 아득하게 보이고, 산골짜기에 들어가면 물과 돌이 아늑하여 경치가 나라 안에서 참으로 제일이다.

《세종실록지리지》에는 "동쪽은 양양 바다 어귀에 이르고 서쪽은 경기 가평현에 이르며 남쪽은 충청도 영춘현에 이르고 북쪽은 철령에 이르는데, 동서가 250리, 남북이 558리"라고 기록되어 있다. 백두대간이 지나는 강원도(북한) 안변군 신고산면과 회양군 하북면의 경계에 있는 철령에서 남쪽으로 금강산과 설악산을 지나 태백산까지는 영嶺 등성이가 가로 뻗쳐서 하늘과 구름에 닿은 듯하며, 영 동쪽에는 여러 도시가 펼쳐진다. 예로부터 철령 북쪽을 관북 지방, 동쪽을 관동 지방이라 했다.

백두대간을 사이에 두고 나뉘는 영동과 영서는 말이나 풍습이 약간씩 다를 수밖에 없었다. '100리 간에 말이 다르고, 10리 간에 풍속이 다르다'라는 옛말이 그르지 않은 모양이다. 《한국의 발견—강원도》(뿌리깊은

대청봉에서 바라본 외설악

우뚝우뚝 솟은 바위들 사이로 멀리 동해가 한눈에 보이는 장관을 연출한다.

나무)에는 다음과 같은 내용이 실려 있다.

영동과 영서의 풍물이 달라 빚어졌던 재미있는 이야기도 있다. 영동 지방은 기후가 따뜻해서 삼이 잘 자라 사람들이 삼베옷을 많이 입었다. 그러나 영서 지방 특히 춘천 지방에는 삼이 흔하지 않고 그 대신에 가을철의 건조한 기후를 이용하여 목화 재배가 성해 솜으로 짠 무명옷이 보편화된 서민 옷이었다. 그런데, 어쩌다 두 지방에서 혼인이라도 맺으면, 상객이 그 지방에서 나는 옷으로 차리고 나서면 될 것을 제 고장에서 귀한 옷을 차려 입는답시고 영동에서 무명옷을, 영서에서는 삼베옷을 입어 오히려 천한 옷차림이 되어버렸던 것이다.

같은 도에 살면서도 서로 다른 삶을 영위했던 강원도의 풍속이 《후한서》 〈동이전〉에도 실려 있는데, 이에 따르면 예맥 지역 사람은 성품이 어리석고 성실하며 욕심이 적어서 청하거나 구걸하지 않는다 한다. 끝내 서로 도적질하는 일이 없어 문을 거는 집이 없고 아낙네는 정조를 믿었다. 산이 많고 들이 적어 부드럽고 근면했으며 예의범절을 서로 앞세우는 천고의 고장이었다고 한다.

한편 강원도 지방에서 불리는 〈강원도 아리랑〉은 강원도 사람들의 산간 생활 정서를 고스란히 담은 민요로, 〈정선 아리랑〉과 더불어 강원도를 대표하는 민요다.

아주까리 동백아 열지를 마라/누구를 꾀자고 머리에 기름

(후렴) 아리아리 쓰리쓰리 아라리요/아리아리 얼씨구 놀다 가세

〈강원도 아리랑〉이 불리는 강원도는 여러 차례에 걸쳐 고을들이 합쳐지고 나뉘었는데, 한반도가 남과 북으로 갈라지면서 두 개의 강원도가 되고 말았다. 춘천과 원주, 횡성, 인제, 양구, 홍천, 정선, 영월, 강릉, 양양, 속초, 고성(간성)과 북한의 강원도가 된 철원과 평강, 김화 일부분이 남한의 강원도로 재편되어 오늘에 이른다. 원래 강원도에 속했던 울진은 1963년 행정 구역 개편으로 경상북도로 이관되었다.

강원도는 조선시대에만 해도 낙후 지역의 대명사였지만 워낙 빼어나게 아름다운 산수를 지닌 고장이라 지금은 서울을 비롯한 수도권 사람들이 가장 선호하는 여행지가 되었다. 그래서 휴가철이면 설악산이나 오대산을 비롯해 동해를 찾는 사람들이 많다.

1

강릉이라 경포대는 관동팔경 제일일세

바다가 동쪽 끝이라 가없이 멀고

한강과 낙동강이 발원하는 곳

강원도는 우리나라의 큰 물줄기인 한강과 낙동강이 발원하는 곳이다. 나라의 젖줄인 한강은 태백시 창죽동 대덕산 검룡소에서 발원하여 김포시 월곶면 보구곶리에서 서해로 들어가고, 태백시 함백산 천의봉 너덜샘(주로 알려진 발원지는 황지다)에서 발원한 낙동강은 부산시 사하구 낙동강 하굿둑에서 남해로 들어간다. 한강은 길이가 514킬로미터로 한반도에서 네 번째로 긴 강이지만 흐르는 물의 양과 유역 면적은 압록강에 이어 두 번째다. 517킬로미터에 이르는 낙동강은 나라 안에서 세 번째로 긴 강으로 낙동정맥 동쪽을 제외한 영남 지방 대부분을 지난다. 두 개의 큰 물줄기 외에도 한탄강과 오십천, 남대천 등의 큰 내가 흐르며 설악산과 오대산, 두타산, 청옥산을 비롯한 큰 산들이 백두대간의 여러 산줄기에 자리한다.

아홉 고을이 모두 동해 바닷가에 있어 남북으로는 거리가 거의 1000리가 되지만, 동서로는 함경도와 같이 100리도 못 된다. 서북쪽은 산등성이에 막혔고 동남쪽은 멀리 바다와 통한다. 큰 산 밑이어서 지세는 비록 좁으나 산이 나지막하고 들이 평평하여 명랑 수려하다.

이중환李重煥이 《택리지擇里志》에서 말한 것처럼 강원도는 동서로 좁고 백두대간 동쪽으로 지형이 길게 이어진다. 중국에서 밀려오는 진흙 때문에 바다 속이 누렇게 탁해 보이는 서해와 달리 동해는 조수가 없는 까닭에 물이 맑다. 또한 서해 대륙붕은 경사가 완만한 데 비하여 동해 대륙붕은 협소하여 깊은 바다로 연결되어 푸르고 깨끗하다. 묵호, 주문진, 속초 등의 항구는 있지만 다도해나 서해와 달리 섬이 없어 바다가 끝 모르게 펼쳐진다.

동해에 인접한 여러 시 · 군들 중 서쪽은 금강산과 설악산, 두타산, 태백산 등으로 이어지는데, 산과 바다 사이에 이름난 호수와 기이하고 훌륭한 경치가 수도 없이 펼쳐진다. 《택리지》에서 "높은 데 오르면 푸른 바다가 넓고 멀리 아득하게 보이고, 산골짜기에 들어가면 물과 돌이 아늑하여 경치가 나라 안에서 참으로 제일이다" 한 강원도에 왜 그토록 여행객들의 발길이 이어지는지는 실제로 돌아다니다 보면 깨닫게 된다. 《택리지》는 다음과 같이 이어진다.

누대와 정자 등 훌륭한 경치가 많아 흡곡의 시중대, 통천의 총석정, 고성의 삼일포, 간성의 청간정, 양양의 청초호, 강릉의 경포대, 삼척의 죽서루, 울진의 망양정을 사람들이 관동팔경이라 부른다.

경포대

강원도에는 누대와 정자 등이 어우러진 훌륭한 경치가 많다.
관동팔경의 하나로 예부터 이름난 경포대는 강릉시 저동에 있다.

오늘날은 흡곡의 시중대와 양양의 청초호를 빼고 양양의 낙산사와 평해의 월송정을 넣어 관동팔경이라고 부른다.

산수 경치가 천하의 첫째인 강릉

대관령 너머에 있는 강릉江陵은 예로부터 영동 지방의 역사와 문화 그리고 경제와 행정의 중심지로 발전해 왔다. 특히 자연 경관이 수려하며 문화유산이 많아 사람들이 즐겨 찾는 곳이다. 그런 연유로 조선 중기 문신 성혼成渾은 《잡기雜記》에서 "훌륭하고 이름난 강산의 경치가 곳곳에 있으니, 진실로 우리나라의 낙원이다"라고 강릉의 산수를 극찬했다.

서울에서 강릉으로 오기 전에 넘어야 하는 큰 고개가 바로 대관령이다. 예전에 이곳으로 부임해 오던 벼슬아치들은 험준한 대관령을 넘으며 울지 않는 사람이 없었다고 하며, 또 넘어와서는 웃지 않는 사람이 없었다고 한다. 강릉 땅으로 가는 길이 험하고 먼 데서 오는 서러움이 복받쳐 울었고 강릉 땅의 소박하고 아름다운 인심과 빼어난 산수 때문에 즐거워서 웃었다는 이야기다.

《연려실기술燃藜室記述》에는 대관령이 다음과 같이 실려 있다.

> 강원도는 바닷가에 있는 아홉 군郡이 단대령單大嶺 동쪽에 있기 때문에 영동이라 한다. 단대령은 대관령이라고도 하기 때문에 강원도를 또 관동이라고도 한다.

대령大嶺 또는 대관산大關山이라고도 불리며 옛날 관방關防을 두고 목책을 설치했기 때문에 '대관령大關嶺'이라고 불린 이 고개를 처음 개척한 사람은 조선 중종 때 강원 관찰사로 부임했던 고형산이다. 그는 백성을 동원하지 않고 관의 힘으로 몇 달 동안에 걸쳐 이 고개를 열었다고 한다. 《신증동국여지승람新增東國輿地勝覽》에는 대관령이 다음과 같이 기록되어 있다.

부府 서쪽 45리에 있으며, 강릉부의 진산이다. 여진 지역인 장백산에서 산맥이 구불구불 비틀비틀 남쪽으로 뻗어 내리면서 동해 가를 차지한 것이 몇 곳인지 모르나 이 고개가 가장 높다. 산허리에 옆으로 뻗은 길이 99굽이인데, 서쪽으로 서울과 통하는 큰길이 있다. 부의 치소에서 50리 거리이며 대령이라 부르기도 한다.

고려 후기 문신이자 문장가인 김극기金克己가 권적權迪의 시를 차운한 시는 다음과 같다.

대관산이 푸른 바다 동쪽에 높은데
만 골짜기 물이 흘러나와 물이 천 봉우리를 둘렀네
험한 길 한 가닥이 높은 나무에 걸렸는데
긴 뱀처럼 구불구불 무릇 몇 겹인지
가을 서리는 기러기 가기 전에 내리고
새벽 해는 닭이 처음 우는 곳에서 돋는구나

높은 절벽에 붉은 노을은 낮부터 밤까지 잇닿고
깊숙한 벼랑엔 검은 안개가 음천陰天에서 갠 날까지 잇닿았네
손을 들면 북두칠성 자루를 부여잡을 듯
발을 드리우면 은하 물에 씻을 듯하네
어떤 사람이 촉도난蜀道難을 지을 줄 아는고
이태백이 죽은 뒤에는 권부자權夫子로세

서울에서 영동고속도로를 달려오다가 대관령을 넘으면 강릉이다. 강릉 땅은 살기 좋지만 대관령이 하도 험한 고개라서 이 지역 사람들은 "강릉에서 나서 대관령을 한 번도 넘지 않고 죽으면 그보다 더 복된 삶은 없다"라고 했다. 《택리지》에는 다음과 같은 기록이 있다.

이 지방 사람들은 놀이하는 것을 좋아한다. 노인들이 기녀와 악공을 대동하고 술과 고기를 싣고 호수와 산을 찾아 흥겹게 놀며 이것을 큰일로 여긴다. 그러므로 그들의 자녀들도 놀이하는 것이 버릇이 되어 학문에 몰두하는 사람이 적다. 이 지역은 또한 서울과 멀리 떨어져 있어 예로부터 이름을 날린 사람이 드물었다. 오직 강릉에서만 과거에 급제한 사람이 제법 나왔다.

강릉은 조선시대에 대도호부가 있던 곳으로 본래 예국濊國이며 철국鐵國 또는 예국蘂國이라고도 불렸다. 신라 경덕왕 16년(757)에 명주溟州가 되었다가 고려 공양왕 때 대도호부로 승격했다. 조선시대에 여러 차례 변천 과정을 거쳐 1895년에 강릉부가 되었고, 1955년에 강릉시로 승

바다가 동쪽 끝이라 가없이 멀고

경포호

경포대의 배경이 되는 호수로 경호라고도 한다.
호수 주위의 오래된 소나무숲과 벚나무가 어우러져 운치를 더한다.

격했다.

《신증동국여지승람》은 강릉의 풍속을 "다박머리에 이를 갈 무렵의 일고여덟 살 때부터 책을 끼고 스승을 따른다. 글 읽는 소리가 마을에 가득하며, 게으름을 부리는 자는 여럿이 함께 나무라고 꾸짖는다"라고 적고 있다. 이곳 강릉 지방의 형승을 두고 고려 후기 학자 이곡李穀은 시에 "산맥이 북쪽에서 왔는데 푸름이 끝나지 않았고, 바다가 동쪽 끝이어서 아득하게 가없어라" 했고, 같은 시기 문신인 김구용金九容은 "강릉의 산수 경치가 천하의 첫째다"라고 노래했다. 이인직은 일찍이 소설《은세계》에서 눈이 많은 강릉을 이야기하며 "겨울이면 눈이 많이 와서 지붕 처마가 파묻힌다"라고 썼다.

풍악이 등에 있고 오대산이 겨드랑에 있는 운금루

강릉부 객관 동쪽에 운금루雲錦樓라는 누정이 있었다. 운금루를 두고 기문을 지은 사람이 조선 전기 문장가 서거정徐居正이다.

> 강릉부는 본래 예국의 터다. 한漢나라에서 4군을 설치하면서 임둔臨屯이라 하였고, 고구려에서는 하서량河西良이라 하였으며, 신라에서는 명주라 일컬었다. 고려 초기에는 동경東京을 설치하였다가 그 후에는 하서 또는 경흥이라 하였고, 충렬왕 때 지금의 명칭으로 고친 것인데 강원 일도에서 큰 부府다. 지역이 바닷가라 기이하고 훌륭한 경치가 많으며, 가끔 신선들이 남긴 자취가

있다. 임영이라 부르는 것은 대개 봉영蓬瀛과 겨누는 것이리라. 습속이 맑고 간이簡易하며, 인심이 순박하여 예스러운 기풍이 있다. 성화成化 정유년(성종 8, 1477)에 부상府相 이공李公(이후)이 이 고을에 와서 다스리게 되었는데, 두어 달도 안 되어 정사를 크게 펼쳤다. 예전에 객관 남쪽에 운금루가 있었는데 황폐하여 수리하지 않은 지가 15~16년이나 되었다. 공이 개연히 중건할 뜻이 있어서 조금 동북쪽으로 옮겨 고쳐 지었는데, 여러 집 위에 우뚝하게 솟아났다. 누 남쪽에는 못이 있어 연蓮을 심었으며, 못 가운데는 섬이 있고 섬 위에는 대〔竹〕를 심었다. 그 훌륭한 경개는 기이하고 특별하다 할 만하였다. 하루는 이후의 아들 부정副正 덕숭이 후의 명을 전하고 나에게 기문을 요구하였다.

나는 생각건대, 우리나라 산수의 훌륭한 경치는 관동이 첫째고, 관동에서도 강릉이 제일이다. 그런데 일찍이 가정稼亭 이곡 선생의 〈동유기東遊記〉와 근재謹齋 안상국安相國의 〈관동와주關東瓦注〉를 읽어 보니, 강릉에서 가장 좋은 명승지는 경포대와 한송정寒松亭, 석조石竈, 석지石池, 문수대文殊臺라는 것을 알았으며, 따라서 선배의 풍류 또한 상고할 수 있었다. 한송정 거문고 곡조는 중국까지 전해졌고, 박혜숙과 조석간의 경포대 놀이는 지금까지 좋은 이야깃거리로 남았으며 호종단이 물에 비석을 빠뜨린 것도 또한 기이하다. 나는 직무에 얽매여 한 차례 탐방할 여가를 얻지 못하고서, 동쪽으로 임영을 멀리 바라보고 와유강산臥遊江山하는 흥취만 허비한 지가 오래였다. 이번에 기문을 지으라는 명을 받고 기꺼이 말한다.

내 들으니, 누의 높이가 공중에 높이 솟아 풍우도 아랑곳없고 누의 크기는 수백 사람 이 앉을 만하다 한다. 누에 올라 바라보면 부상扶桑을 휘어잡고 양곡暘谷을 당길 듯하다. 풍악楓岳이 등에 있고, 오대산이 겨드랑에 있다. 바다위 여러 봉우리는 푸르게 뾰족뾰족 옹기종기 노을 아득한 사이에 들락날락하는 것이 털이나 실같이 보인다. 아침 볕과 저녁노을이 사시四時로 바뀌는 것과 온갖 경물이 변하는 천 가지 만 가지 형상은 한두 가지 말로 표현할 수 없다. 그런데 오직 운금이란 이름으로 현판을 한 것은 무슨 이유일까? 일찍이 소자첨(소동파)의 〈하화시荷花詩〉를 보니, 하늘 베틀에 구름 같은 비단이라는 말이 있으니, 상상하건대 아마도 여기에서 취한 것이리라. 그 못에 파란 물이 넘실거리고 연꽃이 한창 피어서 붉은 향기와 푸른 그림자가 서로 비치고 둘리어 바람, 비, 달, 이슬에 깨끗하게 서 있는 것과 멀리서 바라보이는 기이하고 특이한 것을 보니 그 기상이 한결같지 아니하다. 그 덕을 논한다면 줄기 속은 통하고 밖은 곧아서 군자의 기상이라 주자의 〈애련설愛蓮說〉에다 설파하였다. 그러하니 이 누에서 놀고 휴식하며 오르내리는 자는 특히 술잔을 가지고 이렁저렁 세월을 허비하는 것만이 아닐 것이다. 티끌에서 벗어난 깨끗한 벗이어서 또한 물物을 보고서 자신을 돌아보게 할 만하리라. 이미 물을 보고서 자신을 돌아보게 되었다면, 어찌 깨끗한 벗으로만 그칠 뿐이겠는가. 인자仁者는 산을 좋아하고 지자智者는 물을 좋아한다. 그러하니 앞에서 말한, 경포대와 한송정, 사선정, 풍악산, 오대산 등 눈에 와닿고 마음에 느껴지는 모든 것이 인자와 지자의 쓰는 바이며, 나의 심성을 수양하는 데에 도움이 되는 것이다. 후가 이 누를 중건하는 데 어찌 뜻이 없었으리요. 그러나 내가 보지도 않고 억지로 말하는 것은 또한 거짓에 가깝지 않을까. 후일에 만약 몸이 한가하게 되어서 관동 지방에 유람하고 싶은 나의 소원을 이루게 된다면, 마땅히 황학黃鶴을 부르고 백운白雲을 부여잡아서 이 누에 올라 글을 읊어 내 할 말을 마치리라. 이 후의 이름은 신효愼孝이고, 자는 자경自敬이며, 전성全城에 명망 있는 씨족이다. 여러 번 주州와 군郡을 맡아서 명관으로 이름이 났다.

고려 후기 문신 조운흘趙云仡은 "운금루 앞 운금대에서 취해 보니, 구름 같은 비단이 못에 가득 피었네. 세상에 어찌 천년토록 사는 방법이 있으랴, 날마다 피리와 노래에 휩싸여 술잔을 기울이게나"라고 시를 읊었으며, 조선 전기 강원도 관찰사를 지낸 성석인成石因도 "붉은 다락이 높게 솟아 지대를 눌렀는데, 만 송이 연꽃이 차례로 피네. 날 저물녘에 솔솔 바람이 한 번 스치니, 맑은 향기가 은은하게 금잔에 든다" 노래했다. 조선 전기 문신 박시형朴始亨의 기문에도 운금루가 다음과 같이 남아 있다.

임영은 예국의 터로서 예전의 명도다. (…) 그런데 이름난 구역의 훌륭한 경치가 사방에 알려져 진심으로 풍류를 좋아하는 사대부 누구나 그 지역에 한 번 가서 평소 소원을 이루고자 하였다. 인걸은 지령으로 말미암고, 물화는 하늘이 내린 보배로서 그 절묘하고 장함이 대관령 동쪽에서 집대성되어 유독 으뜸이 되게 한 것이로다. 그 호수와 산의 훌륭함이 유람하기에 좋은 것은 이곳의 어디를 가든 그러하나, 그중에서도 한두 가지를 꼽는다면 관도에 있는 누각은 의운倚雲이라고 현판을 하였고 연당蓮塘에 있는 누각은 이름을 운금이라 하였다. 동쪽으로 바닷가에 있는 정자는 한송寒松이며, 북쪽으로 호수에 가까운 누대는 경포다. 이것이 모두 명승의 으뜸이다. 손님을 접대하는 자리에서 시가를 읊고, 강산에 취미를 붙이고 우주에 눈을 들어 회포를 헤치고 기상氣象을 펴는 곳이다.

지금은 사라지고 없는 운금루를 두고 성종 때 강원도 관찰사를 지낸 성현成俔은 다음과 같은 시를 남겼다.

> 우거진 나무들이 서늘한 누대를 감싸니
> 땅에 가득한 그늘 빽빽하여라
> 관청의 문서 나날이 적어지고 동헌 뜰이 고요하니
> 때때로 상비象鼻를 당겨 술잔도 만드네

운금루와 함께 강릉 지방에 있던 정자가 한송정이다. 한송정은 신라 때 사선四仙이 소나무를 심고 놀았던 곳으로 강릉시 강동면 하시동 3리에 있었는데, 《신증동국여지승람》에 다음과 같이 실려 있다.

> 동쪽으로 큰 바다에 임했고 소나무가 울창하다. 정자 곁에 차샘〔茶泉〕, 돌아궁이〔石竈〕, 돌절구〔石臼〕가 있는데 곧 술랑선인들이 놀던 곳이다.

일명 녹두정綠豆亭이라고도 불렸던 한송정이 언제 지어졌는지 또 언제 없어졌는지에 관한 기록은 없다. 다만 신라 진흥왕 때 화랑들이 한송정을 방문했다는 기록이 있고, 수많은 명사들이 이곳을 다녀간 뒤 남긴 글들과 함께 강릉 부사 윤종의尹宗儀가 '신라선인영랑연단석구新羅仙人永郎鍊丹石臼'라 새긴 석조물이 남아 있다.

현재는 군부대 안에 있어 외부 사람들의 접근이 어려우나 지어진 지 오래되지 않은 정자와 맑은 물이 솟아나는 돌샘이 남아 있다. 운금루 경

바다가 동쪽 끝이라 가없이 멀고

경포호 일몰

경포호에는 네 개의 달이 뜬다는 말이 있을 만큼
예로부터 거울같이 맑은 호수로 유명했다.
호수 한가운데 월파정이 석양의 정취를 더한다.

치에 뒤지지 않았던 한송정은 《고려사》 〈악지樂志〉에 〈한송정곡〉으로도 남아 전해진다. 세상에 전하는 말에 따르면 이 노래를 거문고 밑바닥에 써 둔 것이 중국 강남에까지 전해졌는데 그곳 사람들이 가사를 해석하지 못한 채 있었다. 광종 때 고려 사람 장진산張晉山이 사신으로 강남에 가니 사람들이 그에게 노래의 뜻을 묻는 것이었다. 장신산은 다음과 같은 시를 지어 물음에 답했다.

달 밝은 한송정 밤이요
물결 잔잔한 경포의 가을이라
슬피 울며 왔다가 또 가니
모래 위의 갈매기는 신의가 있도다

이 시가는 원본이 전하지 않고 한역된 것만 전한다. 거문고 밑바닥에 쓰인 노랫말을 중국인들이 해석하지 못해 고려 사람 장진산이 풀었다는 것은 〈한송정곡〉이 향찰로 쓰였을 가능성을 시사한다.

한송정과 경포가 등장하는 〈한송정곡〉에서처럼 한송정은 관동 지방을 대표하는 명승지로 시인 묵객들의 소재가 되었다. 훗날 한송정을 찾은 이인로李仁老는 시에서 "먼 옛날 신선 놀이 까마득한데, 창창한 소나무 홀로 있다. 다만 샘 밑에 달이 남아 비슷하게 형용形容을 상상한다" 했고, 김극기는 다음과 같이 노래했다.

외로운 정자가 바다를 향해 봉래산 같으니

지경이 깨끗하여 먼지 하나 용납 않는다
길에 가득한 흰 모래는 자국마다 눈[雪]인데
솔바람 소리는 구슬 패물을 흔드는 듯하다
여기가 네 신선이 유람하던 곳
지금에도 남은 자취 참으로 기이하여라
주대酒臺는 기울어 풀 속에 잠겼고
다조茶竈는 나뒹굴어 이끼 끼었다
양쪽 언덕 해당화는 헛되이 누굴 위해 피는가
내가 지금 경치를 찾아 그윽한 항취대로 종일토록 술잔을 기울인다
앉아서 심기가 고요하여 물物을 모두 잊었으니
갈매기들이 사람 곁에 내려와 앉는다

한편 이곳 한송정 부근 해안 평탄지에 있던 소나무숲을 강릉 한송정임수라 불렀다. 옛날에는 이 소나무숲에 노송이 울창하게 우거져 있었으나 무분별한 벌채로 사라지고 말았다. 강릉 지방에 내려오는 민요에 "한송정의 솔을 베어 배를 만든다"라는 가락이 남아 있어 지난날 숲의 규모를 짐작할 수 있다.

율곡 이이가 태어난 곳

강릉은 위대한 인물이 많이 태어난 고장이다. 그 대표적인 인물이 바로

율곡栗谷 이이李珥이다. 조선의 위대한 인본주의자 이이는 중종 31년(1536) 강릉시 죽헌동에 자리한 오죽헌에서 태어났다. 이이의 어머니 신사임당은 검은 용이 바다에서 집으로 날아 들어오는 태몽을 꾸었다. 그런 연유로 이이의 어릴 적 이름은 현룡玄龍이었으며, 산실産室은 몽룡실夢龍室이라 하여 지금도 보존되고 있다.

어머니가 사망한 뒤 삶과 죽음의 문제에 직면하여 고뇌하던 이이는 19세 되던 해 봄 금강산에 들어가 불교를 공부했다. 그 무렵 이이가 친지들에게 보낸 글에서 그의 마음의 일단을 읽을 수 있다.

> 사람은 누구나 '기氣'라는 것을 타고나는데 이 기를 잘 기르면 마음이 주재하는 대로 기가 복종하여 성현이 될 수 있으나, 만일 기를 기르지 못하여 그와 반대로 마음이 기에 복종하게 되면 모든 정욕이 문란하게 되어 어리석은 미치광이를 면하기 힘들 것이다. 옛날에 맹자와 같은 사람이야말로 기를 잘 기른 예라고 하겠다. 도리를 깨치고 본연의 천성을 충분히 발휘하여 기를 기르는 수밖에 없다. 공자가 지혜로운 사람은 물을 좋아하고 어진 사람은 산을 좋아한다고 하였거니와 어질고 지혜로운 사람의 기를 기르는 방법은 산과 물을 버리고 어디서 구할 수 있겠는가.

성리학을 지배 이념으로 삼았던 조선 역사에서 입산 경력을 가진 사대부는 김시습과 이이 두 사람뿐이다. 훗날 문신 송응개宋應漑는 이이에게 "서모와 싸워 집을 버리고 머리 깎고 중이 되었다"라거나 "나라를 팔아먹은 간신"이라는 비난을 퍼부었다. 이이는 불교에 입문했던 그때의 일로

오죽헌 전경

신사임당과 율곡 이이가 태어난 집이다.
조선 중기 양반 가옥을 보존한 희귀한 예로서 보물 제165호로 지정되었다.

당시 유학자들에게 두고두고 비난을 받았으나 이에 대해 한 번도 변명하지 않았다. 입산한 지 1년 만에 하산하여 유학에 전념했으며 아홉 차례의 과거 시험에서 모두 장원하여 구도장원공九度壯元公이라 일컬어지기도 했다.

《성학집요聖學輯要》, 《격몽요결擊蒙要訣》, 〈김시습전金時習傳〉, 《학교모범學校模範》 등을 지었으며, 〈시무육조時務六條〉를 작성해 선조에게 바쳤다. 이이는 여기에서 "백성은 먹는 것을 하늘로 삼으니 먹는 것이 우선되고 나서야 교육도 가능하다"라고 하여 제일 먼저 민생의 평안을 주장했다. 또한 왜구의 침입에 대비하여 십만양병설을 주장하면서 도성에 2만, 각도에 1만 명씩 배치해야 변란에 대비할 수 있다고 했다. 하지만 그를 시기하던 대신들이 예산 문제 등을 들며 반대하여 이루어지지 못했고, 결국 9년 뒤 일어난 임진왜란에 대비하지 못하고 말았다.

48세가 되던 선조 16년(1583) 6월에 이이는 어수선하기 이를 데 없는 정계를 떠나 파주로 향하면서 시 한 편을 남겼다.

사방은 멀리 검은 구름으로 캄캄한데
중천에 드높이 햇빛은 밝기도 하구나
외로운 신하의 한 줄기 눈물을
한양성 향하여 뿌리네

이이는 자신의 사망 후 이 땅에 휘몰아친 기축옥사로 자신이 천거한 정여립鄭汝立을 비롯한 수많은 사람들이 자신의 제자와 동지들에 의해 무참히 희생되고, 그 사건의 여파가 채 가시기도 전에 임진왜란과 정유재란 등의 난리가 급습할 것을 예감했던 것일까?

이이는 선조 17년 정월 열엿새 새벽에 한양 대사동에서 사망했다. 그가 죽은 뒤 시신을 수습한 일가친척들의 말에 따르면, 남긴 재산이 없어 수의도 친구의 것을 빌려 썼다. 이이의 부고를 듣고 애통하여 우는 선조의 울음소리가 대궐 밖에까지 들렸다 한다. 정조 때 편찬된 《연려실기술》에는 "발인하는 날 횃불을 들고 뒤따르는 사람이 수십 리에 뻗쳐 거리를 메우고 동리마다 슬피 우는 소리가 들판을 진동하였다"라고 기록되어 있다. 훗날 제자 이윤우李潤雨는 그의 온화한 성품을 봄바람에 비유하면서 "어리석고 철없는 자들이라도 한번 선생의 안색을 보면 진심으로 흡족해서 복종하지 않는 이가 없었다"라고 했다.

한편 이이의 어머니 신사임당申師任堂은 연산군 10년(1504) 강릉 외가에서 태어났다. 일곱 살 무렵부터 세종 때의 이름난 화가인 안견의 그림을 따라 그릴 만큼 그림에 뛰어났으며 열아홉 살에 이원수李元秀와 혼인했다. 시집의 터전인 파주와 평창군 봉평면 그리고 친정이 있는 강릉을 오가며 살았고, 서른셋 나이에 오죽헌에서 이이를 낳았다. 시와 문장 그리고 그림에 뛰어났던 신사임당은 마흔여덟에 병을 얻어 세상을 떠났으며, 아들인 율곡 이이 그리고 남편 이원수와 더불어 경기도 파주시 자운산 기슭에 묻혔다. 그녀가 남긴 여러 편의 시 가운데 강릉에 있는 친정어머니를 그리워하며 지은 시가 〈사친思親〉다.

천 리 먼 고향 산은 만 겹 봉우리로 막혔으니

돌아가고픈 마음 꿈에서도 끝이 없구나
한송정에 두 개의 둥근 달 뜨고
경포대 앞 한 줄기 바람이로다
모래톱엔 언제나 갈매기 모였다 흩어지고
파도 위로 고깃배들 오락가락 떠다닌다
언제나 강릉 땅을 다시 밟아서
색동옷 입고 어머니 곁에서 바느질할꼬

선교장과 임영관 삼문

관동팔경의 하나로 강릉에 있는 경포대에 대하여 《신증동국여지승람》은 이렇게 기록했다.

경포대는 부 동북쪽 15리에 있다. 포의 둘레가 20리이고, 물이 깨끗하여 거울과 같다. 깊지도 얕지도 않아 겨우 사람의 어깨가 잠길 만하며 사방과 복판이 꼭 같다. 서쪽 언덕에는 봉우리가 있고 봉우리 위에는 누대가 있으며, 누대 옆에 선약仙藥(신선들이 마시던 약)을 만들던 돌절구가 있다. 또 동쪽 입구에 판교가 있는데 강문교江門橋라 한다. 다리 밖은 죽도竹島이며, 섬 북쪽에는 5리나 되는 백사장이 있다. 백사장 밖은 창해滄海 만 리인데, 해돋이를 바로 바라볼 수 있어 가장 기이한 경치다. 또한 경호鏡湖(거울 같은 호수)라 하기도 하며 정자가 있다.

경포대에서 대관령 쪽을 향해 조금 벗어난 강릉시 운정동에는 강원도에 있는 개인 주택 가운데 가장 넓은 집인 선교장이 있다. 조선시대에 경포호는 오늘날보다 훨씬 넓어서 호숫가 마을을 배를 타고 다녔다. 이때 배를 타거나 내릴 때 이용하는 다리인 배다리〔船橋〕가 있어 마을 이름이 배다리마을(선교리)가 되었다. 이 이름에서 비롯한 선교장船橋莊은 1981년까지만 해도 배를 타고 드나들던 곳으로 전주 이씨 효령대군의 11세손인 이내번李乃蕃이 숙종 29년(1703)에 지은 집이다.

선교장은 총 건평 318평(1050제곱미터)에 99칸의 웅장한 규모를 지녔으며, 대문을 중심으로 '한 일一' 자 형태의 쭉 펼쳐진 행랑채만 해도 총 23칸에 방이 20개나 있다. 선교장은 추운 지방의 폐쇄성과 따뜻한 지방의 개방성을 결합하여 지은 집이다. 사랑채인 열화당悅話堂은 순조 15년(1815)에 안빈낙도를 신조로 삼았던 이내번의 후손인 오은거사 이후李厚가 지었다. 도연명의 시 〈귀거래사歸去來辭〉에서 유래한 열화당은 '세상과 더불어 나를 잊자. 다시 벼슬을 어찌 구할 것인가. 친척들과 정다운 이야기를 즐겨 듣고, 거문고와 책을 즐기며 우수를 쓸어버리자'라는 뜻을 지녔다.

선교장으로 들어가기 전 행랑채 바깥마당의 연못가에 세워진 정자가 활래정活來亭이다. 순조 16년에 이후가 중건했는데 연못을 파서 연꽃을 심고 못 속에 세운 네 개의 돌기둥 위에 정자를 두어 부교浮橋로 건너게 했다. 그 모습이 시원한 계곡에서 탁족을 하는 선비의 모습을 닮았다. 연꽃이 한창 피어날 때는 활래정 일대가 한 폭의 그림이 된다. 마루 끝에 앉아서 연못을 내려다보는 풍경이 가장 아름답다.

선교장 전경

집터가 뱃머리를 연상케 한다고도 하고 경포호를 가로질러 배로 다리를 만들어 건너다녔다고도 하여 이름 붙은 선교장은 조선시대 사대부 이내번의 집이다.

선교장 열화당

선교장의 대표 건축물인 열화당은 오은거사 이후가 건립한 사랑채다.
도연명의 〈귀거래사〉 중에서 이름을 따왔다고 한다.

선교장 활래정

연못과 함께 경포호의 경관을 바라보며 풍류를 즐기던 곳이다.

선교장에는 고종 31년(1894)의 동학 농민 혁명과 관련된 이야기가 전해 온다. 당시 이곳의 주인은 승지를 지낸 이회원李會源이었다. 강릉 관아를 점령한 동학군들이 선교장으로 쳐들어올 것이라는 정보를 들은 이회원은 돈과 쌀을 보내 동학군을 안심시켰다. 그러고는 민보군을 조직하여 강릉 관아로 쳐들어갔다. 방심하고 있던 동학군은 많은 희생자를 내고 대관령으로 후퇴할 수밖에 없었다. 그 뒤 이회원은 강릉 부사로 임명되어 동학군을 토벌하는 총사령관으로 활동했다. 그 당시 지역의 지배 계층들은 자기 집안의 안위를 위하여 민보군을 가지고 있었는데, 선교장의 주인 이회원도 이들 덕분에 동학군을 토벌하고 살아남았다.

강릉시 용강동에는 강릉 관아의 객사문이 남아 있다. 중앙에서 파견된 사신들이 이용하던 숙박 시설인 객사의 본전은 왕을 상징하는 전패('전殿'이나 '궐闕' 같은 글자나 용을 비롯한 상징적인 그림)를 모시고 관리들이 각종 의식과 유흥을 즐긴 곳이다. 고려 말의 목조 건축으로 국보 제51호인 강릉 객사문은 객사의 정문이었다. 전하는 바에 따르면 신라 승려 범일梵日이 관사 터에 절을 지었으나 절은 병화로 소실되고 이 문만 전해 오다가 그 자리에 강릉부의 관館을 옮겨 지으면서 객사문으로 불리게 되었다. 또한 염양사艶陽寺의 삼문三門을 객사로 옮겨 와 지었기 때문에 사문沙門(각종 문헌에 '沙門'이라 기록되어 있으나 '모래 사沙' 자와 맞지 않아 2010년 문화재청은 임영관 삼문을 공식 명칭으로 정했다)이라고도 불렸다 한다.

정면 세 칸, 측면 두 칸의 맞배지붕의 주심포식으로 고려시대 건축의 정수인 객사문은 정연하고 아름다운 비례와 구조를 지닌 우리나라 대표 건축물이다. 문루에는 임영관臨瀛館이라는 현판이 걸려 있는데, 고려시대 공민왕이 낙산사로 가는 길에 들러서 남긴 친필이라고 한다. 현재 남아 있는 고려시대 건축물로 봉정사 극락전과 부석사 무량수전 그리고 수덕사 대웅전 등이 있는데 사찰 건축물이 아닌 관아 건축물로는 강릉 객사문이 유일하다.

객사문 바로 근처에 강원도 관찰사가 업무를 보던 조선시대 관공서인 칠사당七事堂이 있다. 호적, 농사, 병무, 교육, 세금, 재판, 풍속의 일곱 가지 정무를 보던 곳이라고 하여 칠사당이라고 명명된 이 건물은 현재 26칸짜리 건물 한 채가 남아 있다. 처음 지어진 연대는 알 수 없으나, 인조 10년(1632)과 영조 2년(1726)에 크게 중수되었으며, 고종 3년(1866)에는 진위병 진영으로 사용되었다. 일제 강점기에는 일본 수비대와 강릉 군수가 사용하다가 1958년까지 강릉 시장의 관사로 사용되었다.

세월은 가락이 되어

한편 강릉시 성남동의 남대천에는 연화정蓮花亭(월화정) 터가 있다. 여기에는 아름답게 맺어진 사랑 이야기가 전해 온다. 다음은 《여지도서輿地圖書》에 실린 양어지養魚池에 관한 이야기다.

> 한 선비가 고향을 떠나 명주로 공부하러 왔다가 양갓집 규수를 보았다. 자태가 아름답고 제법 글을 아는 여자였다. 선비가 번번이 시를 지어 유혹하니 여인이 말하기를 "여인네는 함부로 남을 따르지 않습니다. 선비께서 과거에 뽑히

기를 기다려 부모의 말씀이 계시면 일이 이루어질 것입니다" 하였다. 선비는 곧 서울로 돌아가서 과거 공부를 하였다. 그런데 여인의 집에서는 사위를 맞아들이려 하였다. 여인은 평상시 연못에 물고기를 길렀는데, 물고기들은 그 여인의 인기척만 들으면 반드시 몰려와서 먹이를 먹었다. 여인은 물고기에게 먹이를 주면서 말하기를 "내가 너희들을 기른 지 오래되었으니 마땅히 나의 뜻을 알 것이다" 하고는, 비단에 적은 편지를 던졌다. 큰 물고기 한 마 리가 펄쩍 뛰어올라 그 편지를 삼키고 유유히 사라졌다. 서울에 있던 선비가 하루는 부모에게 드릴 반찬을 장만하려고 물고기를 사서 돌아왔다. 물고기의 껍질을 벗기고 살을 바르다가 비단에 적힌 편지를 발견하여 놀랍고 신기하게 여겼다. 즉시 비단 편지와 제 아버지의 편지를 가지고 여인의 집으로 가니, 사윗감이 벌써 그 집 대문에 이르렀다. 선비가 편지를 여인의 집에 보이니, 그 부모도 신기해하며 말하기를 "이것은 정성이 하늘에 통해 일어난 일이지 사람의 힘으로 된 일이 아니다" 하고는 그 사윗감을 보내고 선비를 맞아 결혼을 시켰다.

이 이야기는 《한국지명총람》(한글학회)에도 실려 있다. 그 연못을 서출지書出池라고도 부르며 선비는 신라 사람 무월랑無月郎, 양갓집 규수는 명주의 연화蓮花라고 실려 있다. 이 지역 사람들이 신기하게 여겨서 〈명주곡〉이라는 노래를 지어 불렀으며, 무월랑과 연화의 이름을 따서 월화정이라는 정자를 지었다. 1935년 큰 장마 때 떠내려가고 바위만 남았으나 냇가의 바닥이 높아서 다시 세울 수 없었다. 결국 성산면 금산리 냇가에 새로 정자를 세운 뒤 월화정이라고 이름 붙였다.

한편 강릉에는 '청춘경로회 靑春敬老會'라는 아름다운 풍속이 오랫동안 전해져 온다. 좋은 계절이 올 때마다 나이가 일흔 이상 된 노인을 경치 좋은 곳에 모시고 위로하는 것이다. 판부사 조치趙菑가 이를 의롭게 여겨 관가의 살림에서 남는 쌀과 무명을 내어 밑천을 만들었다. 그리고 자제들 가운데 부지런하며 조심성 있는 사람들을 뽑아서 그 재물의 출입을 맡기고 회비를 사용하게 했다. 그 모임의 이름을 '청춘경로회'라고 했는데, 아무리 천한 사내종이라도 나이가 일흔이 된 사람이면 누구나 참가할 수 있게 했다.

강릉에는 설화와 민요가 많이 남아 있다. 민요는 〈모심기소리〉와 〈강릉 학산 오독떼기〉, 〈파래소리〉 등이 전해 오는데, 특히 강릉과 이웃 고을에서만 부르는 〈강릉 학산 오독떼기〉는 매우 느리면서도 자유로운 박자여서 재미있다. 노랫말은 장절 형식으로 농부들이 두 패로 나뉘어 한 장절씩 교대로 부른다. 농촌 지방의 정겨운 인정을 표현한 〈강릉 학산 오독떼기〉 중 김매기소리를 보자.

> 강릉이라 경포대는 관동팔경 제일일세
> 머리 좋고 실한 처녀 줄뽕낭게 걸터앉네
> 모시적삼 젖혀들고 연적 같은 젖을 주오
> 맨드라미 봉선화는 동원뜰에 붉었구나
> 연줄가네 연줄가네 해달 속에 연절가네
> 이슬아침 만난 동무 서경천에 이별일세

최남선은 《조선상식朝鮮常識》에서 우리나라의 유명한 음식을 열거했다. 개성의 엿과 저육豬肉, 해주의 승가기(잉어와 조기로 도미국수처럼 만든 음식), 평양의 냉면과 어복장국, 의주의 왕만두, 전주의 콩나물, 진주의 비빔밥, 대구의 육개장, 회양의 곰기름 정과, 강릉의 방풍죽, 삼수갑산의 돌배말국, 차호의 홍합죽이다. 비빔밥이 전주가 아니고 진주라는 것이 조금 의외인데 진주비빔밥은 나름의 특색을 지닌 음식이다. 강릉의 방풍죽은 방풍나물의 어린싹을 썰어 멥쌀과 섞어서 쑨 죽을 일컫는다. 오늘날 강릉 지역의 별미는 경포호의 잉어회와 초당동의 초당두부다. 그래서 '경포호에 놀러 와서 잉어회와 초당두부를 못 먹고 돌아가는 사람은 멋은 알지 몰라도 맛은 모르는 사람'이라는 말이 생겼다.

한편 양지말에서 현내리의 교동으로 가는 연곡면 낙풍리의 창재에는 해적들에 관한 이야기가 서려 있다. 동해의 해적들이 자주 노략질을 하므로 이 부근에 사는 사람들이 이곳에 보루를 쌓고, 창고를 지어서 공동으로 쌀을 숨겨 두었다는 곳이다. 지금도 이 고개 둘레를 파 보면 썩은 쌀이 나온다고 한다.

이단아 허균의 고향 강릉

강릉시 사천면 사천진리의 교산 자락에서 조선시대 최고의 아웃사이더 허균許筠이 태어났다. 교산은 아스라하게 펼쳐진 사천해수욕장이 내려다보이는 언덕 같은 야산이다. 오대산에서부터 뻗어 내려온 산자락이 마치 용이 되지 못한 이무기가 기어가듯 구불구불한 모양이라고 해서 교산蛟山이라는 이름이 붙었다. 고향을 지극히 사랑했던 허균은 자신의 호를 교산이라 지었다.

교산 허균은 우리나라 최초의 한글 소설인《홍길동전》을 지은 조선 중기의 문장가이자 정치가로, 동지중추부사 허엽과 강릉 김씨의 3남 2녀 중 막내로 태어났다. 허균의 가문은 대대로 대문벌이었으며 학문으로 이름이 높았다. 그의 아버지와 두 형도 모두 뛰어난 수재로 동인의 중진이었다. 또한 성리학과 문장에도 뛰어나 조정의 요직은 물론 외교관으로서도 많은 활약을 하여 세상 사람들이 모두 부러워했다.

허균의 아버지 허엽許曄은 화담 서경덕徐敬德의 제자로 주기파에 속하는 학자였다. 동인과 서인이 대립할 때는 김효원金孝元과 함께 동인의 영수가 되어 중심인물로 활동했다. 5남매 중 위로 남인의 영수가 된 우성전의 처인 누이와 큰형 허성은 전처의 소생이었고, 작은형 허봉과 누이 허난설헌 그리고 허균은 후처의 소생이었다. 그러나 남매간의 우애는 같은 어머니에게서 태어난 것과 조금도 다르지 않았다고 한다.

열두 살 되던 해에 아버지를 잃은 허균은 류성룡에게서 학문을 배우고, 이달에게서 시를 배웠다. 허균이 글을 배우는 동안 그의 뛰어난 재주를 접한 사람들은 혀를 내둘렀다. 무엇이든지 한 번 들으면 기억했고 당시唐詩 수백 수를 며칠 만에 줄줄 외워 버렸다. 이를 본 사람들은 허균을 일컬어 '귀신의 정精'이라 했고, '도깨비의 화신'이라는 별명을 붙이기도 했다.

이익李瀷은《성호사설星湖僿說》에서 허균의 기억력에 대해 다음과 평했다.

뭇 기러기가 날아갈 때 그 수를 세어 보기 위해 혹은 셋이 하나, 셋이 둘 혹은 다섯이 하나, 다섯이 둘로 세어 셋이 몇이고 다섯이 몇임을 세어 보면 전체의 수를 알 수가 있는데, 만약 하나하나씩 세어 가면, 혹은 앞에 가고 뒤에 가서 번쩍하면 도로 미혹하게 되니, 이른바 주를 헤아린다는 뜻이 역시 이러한 것인지라, 비로소 대체를 총괄하는 자는 그 뜻이 밝고, 세무細務를 애쓰는 자는 그 일이 어지러워지는 것을 알게 된다. 기억력이 슬기로운 사람으로 근세의 허균을 최고라 하니, 그는 눈에 한 번 거치기만 하면 문득 알아낸다는 것이다. 사람들이 시험하기 위해 붓을 한 줌 가득 쥐고 들어서 그 붓끝을 보인 다음 붓을 감추고 얼마인가를 물었더니, 균이 눈으로 짐작하고 마음으로 추정하여 곧 벽을 향해 먹으로 표시하기를, 붓대 끝과 같이하고 다시 하나하나를 헤아려서 능히 알아냈다.

이처럼 총명했던 허균의 사상과 학문에 절대적인 영향을 끼쳤던 사람이 이달李達이다. 이달은 당시 원주의 손곡리에 살고 있었다. 최경창崔慶昌, 백광훈白光勳과 함께 당시에 통달한 삼당시인三唐詩人이라 일컬어질 정도로 재주가 뛰어났다. 하지만 가난한 데다 적자가 아닌 천한 신분으로 태어나 출셋길이 막혔음을 알고 나서 술과 방랑으로 세월을 보냈다.

허균이 평생 파란만장한 삶을 살게 되는 것은 스승 이달을 만나면서부터였다. 이달이 그 자신의 있는 그대로의 모습을 묘사한 〈화학畵鶴〉이라는 시가 전한다.

외로운 학이 먼 하늘을 바라보며

밤이 차가워 다리를 하나 들고 있다
대숲에 서녘 바람 불어오니
몸에 가득 가을 이슬이 젖었다

불합리한 사회 구조 때문에 스승이 재능과 큰 포부를 펼칠 수 없음을 가슴 아파했던 허균은 세상을 새롭게 보기 시작했다. 허균은 천한 신분으로 태어난 사람들과 친하게 사귀며 그들의 운명에 연민을 갖게 된다.

허균의 생은 순탄하지 않았다. 관직에 임명되자마자 파직되기를 밥 먹듯 했다. 공주 목사를 거친 뒤 서른아홉의 나이에 삼척 부사로 부임해 동헌 뒷방을 깨끗이 치운 후 불상을 모셔 두고 불경을 읽었다. 조정의 언관들이 가만둘 리 만무했다. 허균을 파직하라는 상소가 빗발쳤고, 결국 두 달 만에 봉불奉佛이라는 죄목으로 파직되었다. 황해도 도사 시절에는 기생들을 관아에 끌어들였다고 해서 파직되었고, 수안 군수로 재직할 당시에는 부처를 받들고 토호를 함부로 다루었다는 죄목으로 파직되었다. 이런 자신을 비난하는 세상에 허균은 시 〈대힐자對詰者〉로 답한다.

내 천성 비졸하여
엉성하고도 거칠다
권모술수도 없고
아첨 또한 하지 못해
하나라도 마음에 맞지 않으면
잠깐도 참지 못해

남 칭찬에 말이 미치면
입이 벌써 더듬거리고
권문에 발을 디디면
발꿈치가 곧 쑤셔댄다
높은 이와 서로 인사할 땐
몸이 매우 뻣뻣하다
이 같은 떨떠름한 자세로
가서 재상 뵙는다면
그 재상 날 미워서
목이라도 자르고 싶을걸
어찌할 수 없어서
강호로 가 버릴까 했지만
(…)

그러나 허균의 소박하면서도 간절한 꿈은 이루어지지 않았다. 결국 허균은 우여곡절 끝에 모반자로 능지처참 가산몰수형을 선고받고 54세에 처형되었다. 허균은 순탄치 않은 삶을 살았던 탓에 생전에도 그러했듯이 죽은 뒤에도 여러 평가를 받았다.

조선 중기 사상가 이민구李敏求는 "재주가 펄펄 날리고 총명하기가 누구와도 비할 바가 아니었다" 했고, 실학자 안정복安鼎福은 "총명하고 문장에 능하다" 했으며, 조선 중기 문신 이정기李廷夔는 "그의 글은 물굽이가 부드럽게 흐르는 모양과 같고, 변화와 아취가 훤하게 스며 있어

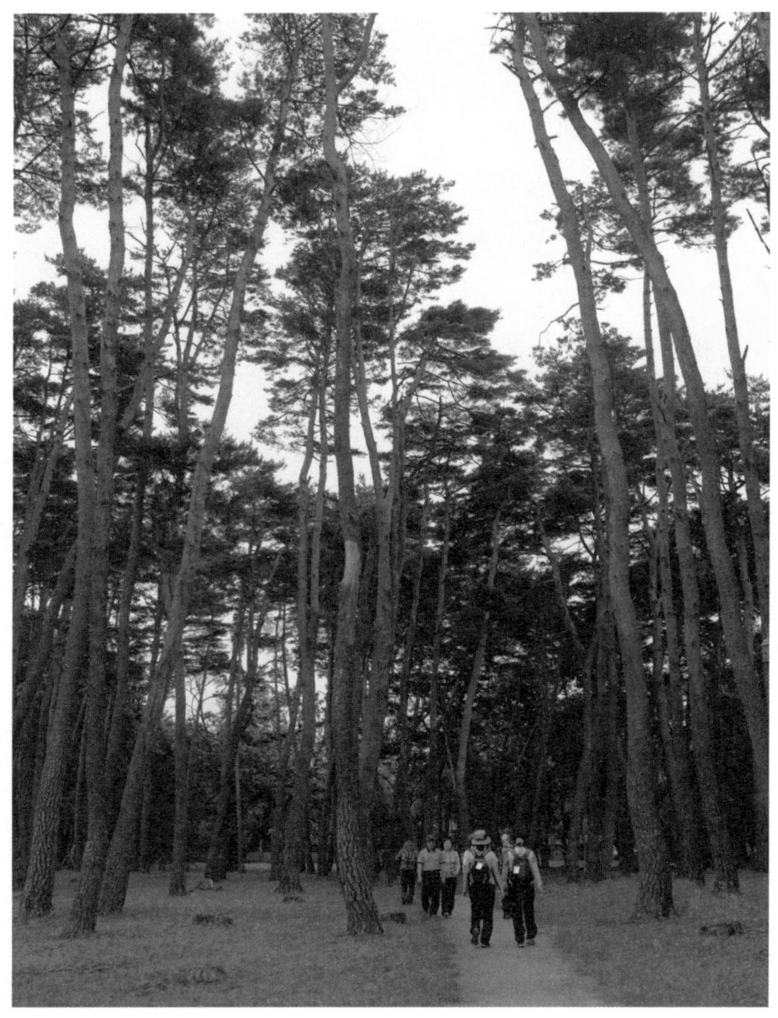

허균 생가 가는 길

허균은 강릉시 사천면 사천진리의 교산 자락에서 태어났다.
교산은 아스라하게 펼쳐진 사천해수욕장이 내려다보이는 언덕 같은 야산이다.

허균 생가

허균과 허난설헌의 생가로 알려진 집터다. 안채와 사랑채, 곳간채가 'ㅁ' 자로 배치된 구조다. 건물들을 둘러싼 담이 있고 그 주변으로 소나무숲이 조성되어 한옥의 멋을 더해 준다.

서 엄주弇州의 만년 작품과 같다. 그의 시는 심오하고 미묘하며 화려하여 화천華泉의 청치淸致가 있다" 했다. 반면《명륜록明倫錄》의 저자 정광내鄭光迺는 "허균은 천지간의 한 괴물이다. 그가 일생에 저지른 일은 모든 악을 망라한 것이요, 인륜의 도덕을 어지럽혔으며 행실을 더럽혔다. 이는 사람의 짓이라고 할 수 없다"라고 평했다.

천하에서 가장 두려운 존재는 인민이다

허균이 사망한 지 4년 후에 일어난 인조반정(광해군 15, 1623)으로 광해군 때의 역적은 모두 신원이 회복되었지만, 허균만은 홀로 이중 역적이란 딱지가 붙은 채 그 혜택을 받지 못했다. 그가 광해군 때 반란을 일으키려 했으니 역적이고, 인목대비나 인목대비를 옹호한 충신들을 몰아냈으니 인조 입장에서도 역적이었기 때문이었다. 허균이 참형된 뒤 그의 이름을 일컫는 것조차 더러워했고, 그가 쓴 비문이나 글씨에서조차 이름을 지워 버리고 말았다.

역적의 이름으로 죽은 허균은《호민론豪民論》에서 "천하에서 가장 두려운 존재는 오직 인민뿐이다. 인민은 물이나 불 또는 호랑이보다 더 두려운 존재"라고 글을 시작하며, 잠자는 민중을 이끌고 가는 사람을 호민이라고 보았다. 이에 대해 심리학자 윤태림은《한국인》에서 "호민은 현재의 지식인, 지성인이라 할 수 있다. 그들은 권력도 금력도 무서워하지 않는 존재요, 사리를 판단하고 검은 것은 검다 하고 흰 것은 희다고 할 수 있는 존재요, 남에 의해서 그 의사를 매수당할 염려가 없는 사람"이라고 설명했다.

그렇다면 오늘날 우리는 허균을 어떻게 보아야 할까? 굳이 평가를 해야 한다면 실패한 혁명가로 보는 것이 타당하다. 좋은 가문에서 뛰어난 자질을 갖추고 태어난 허균이 세속과 타협하여 살았더라면 얼마든지 부귀영화를 누릴 수 있었을 것이다. 그러나 그는 잘못된 세상에 몸을 내맡기기에는 참으로 순수한 사람이었다. 허균은 스스로 "나는 형벌을 받아도 두렵지 않고 헐뜯음을 받아도 언짢아하지 않는다" 했다. 또한 "턱없이 큰소리나 치고 속되거나 좁은 도량을 지닌 자들을 보면 참지를 못한다"라고 《성소부부고惺所覆瓿藁》에 기록했다. 허균처럼 자신의 천재성과 세상을 앞질러 간 사상 때문에 그토록 값비싼 희생을 치른 사람은 그리 흔치 않을 것이다. 그가 꿈꾸었던 자유와 정의에 대한 열정 때문에 그의 일생은 파란의 연속이었으며 급기야 비극적 종말을 맞았다. 하지만 그가 추구했던 높은 이상은 도도한 역사의 흐름 속에서 새로운 비전을 제시했다는 평가를 받고 있다.

허균은 〈소인론小人論〉에서 이렇게 말한다.

> 요즈음 이른바 군주와 소인이란 것이 서로 멀지 않아서, 같은 패거리면 모두 군자라 하고 다른 패거리면 모두 소인이라 하여 자기와 다른 쪽이면 사특하다고 배척하고 자기 쪽이면 바르다고 추켜올린다. 옳다고 하는 자는 자기 쪽이기에 옳다고 하는 것이요, 그르다고 하는 자는 반대쪽이기에 그르다고 하는 것이다. 이 모두가 공公이 사私를 이기지 못한 까닭에 그렇게 된 것이다.

이어서 허균은 재능과 행실 그리고 학식이 없으면서도 좋은 벼슬만 눈이 뻘건 채 쫓아다니며 군자인 척 청렴한 척하는 소인들이 조정에 가득하다면 그 화가 끝내 어떻게 될 것인가 묻는다. 오늘날에도 유효한 질문이다. 지금도 여전히 400년 전 허균의 시대를 그대로 옮겨 놓은 것처럼 어느 곳에서나 편 가르기가 계속되고 있다. 새로운 시대를 갈망하며 혁명을 꿈꾸었던 허균이 소인만 가득하고 군자는 찾아볼 길 없는 오늘날의 정치 행태와 시대 상황을 구천에서 본다면 무엇이라고 말할까?

교산 아래에 허균의 외가이자 생가였던 애일당愛日堂이 있었는데, 현재는 민가 몇 채가 있을 뿐 그 흔적을 찾아볼 수 없다. 애일당 뒤편 언덕에는 허균의 시 〈누실명陋室銘〉을 새긴 시비가 세워져 있다.

> 빈 항아리 차를 거우르고
> 한잡음 향 피우고
> 외딴집에 누워
> 건곤고금乾坤古今을 가늠하노니
> 사람들은 누실이라 하여
> 살지 못하려니 하건만
> 나에게는
> 신선의 세계인져

허균이 지은 시 평론집 《학산초담鶴山樵談》에는 강릉 지역의 인물을 다룬 글이 실려 있다.

강릉부는 옛 명주 땅인데, 산수가 아름답기로 조선에서 제일이다. 산천이 정기를 모아 가지고 있어 이인異人이 가끔 나온다. 국초의 함동원咸東原의 사업이 역사에 실려 있고, 참판 최치운 부자의 문장과 절개가 또한 동원만 못지 않다. 매월당 김시습은 천고에 동떨어지게 뛰어났으니 온 천하에 찾아보더라도 참으로 찾아볼 수 없으며, 원정의 최수성 또한 뛰어난 행실로 일컬어지고, 중종조의 어촌 심언광과 최간재의 문장이 세상에 유명하다. 요즘 이율곡 또한 여느 사람과는 다르다. 우리 중씨仲氏(둘째 형 허봉을 칭함)와 난설헌 또한 강릉의 정기를 받았다고 할 수 있다. 현재는 최운보 이후에 등과한 사람이 없어 이인이나 문인을 만나기가 쉽지 않다. 그런데도 과거를 한 선비는 볼 수 없으니, 또한 극히 성했다가는 쇠해지는 것이 만물의 이치인가 보다.

그가 평한 글 속에 자신을 넣을 수는 없었지만 강릉의 인물에서 허균과 허난설헌이 차지하는 비중은 크다고 할 수 있다.

허균의 누이 허난설헌許蘭雪軒은 조선 중기 여류 시인으로 본명은 초희楚姬다. 어릴 때 오빠와 동생의 틈바구니에서 어깨너머로 글을 배웠는데, 용모가 아름다울 뿐만 아니라 천품이 뛰어나 여덟 살 때 〈광한전백옥루상량문廣寒殿白玉樓上樑文〉을 짓는 등 신동 소리를 들었다. 동생 허균과 함께 이달에게 시를 배웠으며 열다섯 살 때 당대의 문벌인 안동 김씨 김성립金誠立과 성혼했지만 부부관계가 원만하지 못했다. 남편은 급제한 뒤 관직에 나갔으나 가정의 즐거움보다는 풍류를 즐겼고, 고부간에 불화가 심하여 시어머니의 학대와 질시 속에 살았다. 설상가상으로 아들과 딸마저 어린 나이에 세상을 떠나고 배 속의 아이까지 잃는 아픔을 겪게 된다. 자식을 잃었을 때의 심정이 〈곡자哭子〉라는 시에 담겨 있다.

지난해 사랑하는 딸을 여의고
올해는 사랑하는 아들을 잃었네
슬프고도 슬픈 광릉의 땅이여
두 무덤 마주 보고 나란히 섰구나
사시나무 가지에 소소히 바람 불고
도깨비불 소나무숲에서 반짝인다
지전紙錢을 뿌려서 너희 혼을 부르노라
너희들 무덤에 술잔을 붓노라
나는 안다, 너희 남매의 혼이
서로 따르며 밤마다 놀고 있으리
비록 배 속에도 아이가 있지만
어찌 무사하게 키울 수 있으랴
하염없이 황대黃臺 노래 부르며
통곡과 피눈물을 울며 삼키리

또한 스승이나 다름없던 오라비 허봉이 세상을 떠나자 그녀는 삶의 의욕을 잃는다. 수많은 책을 벗하면서 문학의 열정으로 아픈 심사를 달래던 난설헌은 결국 선조 22년(1589) 스물일곱의 젊은 나이로 초당에 가득한 책에 향불을 피워 놓은 채 지난했던 생을 마쳤다.

쌍한정의 달은 만고에 길이 빛나리라

한편 강릉에서 만년의 우정을 쌓은 두 인물이 있는데 바로 박수량과 박공달이다. 강릉시 사천면 방동리에는 연산군 시절 효자로 알려진 박수량의 묘비가 있고, 방동리 동쪽 해변 작은 산봉우리 아래에는 쌍한정雙閑亭이라는 정자가 있다. 박수량과 병조좌랑을 지낸 박공달이 낙향하여 함께 세운 정자로, 숙질간인 두 사람이 그곳에서 풍류를 즐기며 한가로이 여생을 보냈다고 한다.

박공달朴公達은 타고난 성품이 순박하고 조심성이 많으며, 효성과 우애가 두텁고 지극했다. 천과薦科에 올라 관작이 좌랑에 이르렀으나 중종 시절 기묘사화가 일어나자 세상에 환멸을 느껴 박수량과 함께 낙향하여 냇물을 사이에 두고 살았다. 비가 많이 내려 냇물이 불어날 때는 양쪽 언덕에서 마주 보며 잔을 들어 권하며 흥겨운 시절을 보냈다고 한다. 그때 수량이 다음과 같은 시를 지어 공달에게 주었다.

> 삼강오상三綱五常 따위가 나에게 무슨 상관이랴
> 한 고을의 전적으로 아름다운 것도 그대에게 많이 있네
> 세상 사람들은 한결같이 두 늙은이로만 보겠지마는
> 쑥대가 곧은 것을 뉘라서 삼대에 힘입을 줄 알리요

그렇게 세상을 관조했던 박수량이 먼저 세상을 떠나니 박공달은 다음과 같은 시를 지어 그를 추모했다.

환해宦海의 풍파에서
기묘년을 만나
그대 이미 신을 벗었고
나도 집에 돌아와 먹고 앉았노라
주진朱陳의 옛 마을에
개 짖고 닭 우짖도다
세 칸 백옥白屋(가난한 집)에
한 사내가 남북을 갈랐도다
하늘은 어찌 돕지 않아
갑자기 죽었는고
쌍한정의 달은
만고에 길이 빛나리라

홀로 남은 박공달은 80세에 세상을 떠났다. 조선 중기 문신 상진尙震이 강원 감사가 되어 일찍이 방문하고 이르기를 "이 사람은 옥으로 만든 병에 담긴 가을 물 같다" 했다.

조광조趙光祖와 함께 혁신 정치를 펼치다 비운의 죽임을 당한 김정金淨이 금강산 유람 길에 강릉을 지나게 되어 박수량의 집을 찾았다. 그때 가난한 박수량은 머슴들 속에 끼여 함께 새끼를 꼬고 있었는데, 그 모습으로는 누가 주인이고 머슴인지 식별할 수 없었다. 반갑게 김정을 맞이한 박수량은 마당에 자리를 깔고 나물로 술안주를 삼아 이틀을 함께 시간을 보냈다. 그리고 작별하는 순간, 박수량은 철쭉 지팡이를 선사하며 헌시

한 편을 지었다.

> 깊은 산골짜기 높디높은 바위에
> 늦가을에 눈서리 맞은 이 가지
> 이 가지를 가져다 그대에게 주노니
> 오래오래 이 마음 변치 말게나

박공달과 함께 풍류를 즐기며 살다 간 박수량朴遂良은 효자로 이름났다. 연산군 때 상례 기간을 줄여서 1년 동안만 상복을 입는 제도를 시행했으나 박수량은 어머니가 돌아가시자 상복을 입고 여막에서 3년 동안 시묘를 지냈다. 박수량에 대한 글이 《기묘록己卯錄》에 다음과 같이 실려 있다.

> 본관은 강릉으로, 자는 군거君擧다. 소박하고 목눌木訥(고지식하고 느리며 말수가 적음)하여 호화스러움이 없었다. (…) 어머니께 효성이 지극하여 중종 때 정문旌門을 그 집에 세우게 하고, 유일遺逸로서 용궁 현감에 배수했는데, 사건을 헤쳐 판결함이 물이 흐르는 것과 같아 뜰에는 미결된 송사가 없었다. 기묘년에 관직이 파면되어 돌아와 삼가정三可亭이라 호를 짓고 박공달과 시와 술로써 스스로 즐기다 죽었다.

풍류를 즐기며 살다가 스스로의 의지대로 죽는 것이야말로 인생의 더없는 복이라고 할 때, 박공달과 박수량의 삶이 시사하는 바는 크다. 그런

주문진해수욕장

주문진에서 북쪽으로 1.5킬로미터 떨어진 강릉 최북단에 있는 해변이다. 인근에 오죽헌, 선교장, 경포대 등이 있어 사람들이 많이 찾는다.

바다가 동쪽 끝이라 가없이 멀고

박수량의 삶을 높이 여겼던 송강松江 정철鄭澈이 강원 감사로 재직할 당시 담백한 제문을 지었다.

> 장자의 풍채요, 고인의 심사였다. 학문이 깊었고, 임하林下에 숨어 살았다. 집은 네 벽뿐이었으나 마음은 안연하였다. 잘하고 잘못한 득실을 보면 새옹마塞翁馬로 돌렸다. (…) 철쭉이 지팡이요, 쌍한이 정자였다. 조각배 한 척으로 경호鏡湖 사이를 왕래하였다. 질그릇 동이 술에 표주박 잔이었다. 복희씨같이 누워 있기도 하고, 소요하며 노래하기도 하였다. 옛 고사전高士傳에도 이런 사람이 있었던가. 왕의 은총이 넓지 못함은 천명이로다. 철澈은 후생 관찰로 와서 얕은 정성을 표하노니, 오시어 술잔을 드시오.

강릉단오제

강릉에는 유독 소나무숲이 울창하다. 시를 상징하는 나무가 소나무이기도 한데 강릉에 많은 세 가지(김씨와 최씨와 소나무) 중 하나로 꼽힌다. 이 시를 상징하는 동물은 호랑이다. 호랑이는 강릉에 많은 이야기를 남겼는데 강릉 김씨 25세손인 김첨경金添慶의 일화가 하나 전한다. 강릉 부사로 재임할 당시 명주군왕릉을 수축하여 지금에 이르게 한 그는 화비령火飛嶺에 호랑이가 출몰하여 백성을 해치는 일이 빈번해지자 고개 산신각에서 제문을 지어 제사를 지냈다. "정성을 다하여 지내는 이 제사 뒤에도 호랑이를 시켜 백성을 상하게 하면 산신각을 불태워 버릴 것이니 그리

알라"는 축문을 지어 신을 공갈 협박했다.

이 호랑이 덕분에 생긴 것이 강릉단오제다. 강릉단오제는 음력 5월 5일인 단옷날에 거행하는 향토신제로, 국가무형문화재 제13호로 지정되었다. 유네스코 인류무형문화유산이기도 한 강릉단오제는 우리나라에서 가장 역사가 깊은 축제다. 강릉 고을을 지켜 주는 대관령 산신께 산길의 안전과 풍작, 풍어, 집안의 태평 등을 기원하는 큰 제사다.

강릉단오제가 언제부터 시작되었는지는 정확히 알 수 없다. 다만 조선 초기의 문장가이자 생육신의 한 사람인 남효온南孝溫의 문집《추강냉화秋江冷話》를 보면 "매년 3, 4, 5월 중 무당들이 산신에게 제사를 지내고 3일 동안 굿을 벌였다" 되어 있으며, 허균의《성소부부고》에는 다음과 같이 실려 있다.

계묘년(선조 36, 1603) 여름이었다. 나는 명주에 있었는데, 고을 사람들이 5월 초하룻날에 대령신大嶺神을 맞이한다고 하기에 그 연유를 수리首吏에게 물으니, 수리가 이렇게 말하였다.

"대령신이란 바로 신라 때 대장군 김유신입니다. 공이 젊었을 때 명주에서 공부하였습니다. 산신이 검술을 가르쳐 주었고 명주 남쪽 선지사禪智寺에서 칼을 주조하였습니다. 그런데 90일 만에 불 속에서 꺼내니 그 빛이 햇빛을 무색하게 할 만큼 번쩍거렸답니다. 공이 이것을 차고 성을 내면 저절로 칼집에서 튀어나오곤 하였는데, 끝내 이 칼로 고구려를 쳐부수고 백제를 평정하였답니다. 그러다가 죽어서는 대령의 산신이 되어 지금도 신령스러운 이적이 있기에, 고을 사람들이 해마다 5월 초하루에 번개旛蓋와 향화香花를 갖추어 대령에서 맞아다가 명주부사溟州府司에 모신답니다. 그리하여 닷새 되는 날, 갖은 놀이로 신을 기쁘게 해 드린답니다. 신이 기뻐하면 하루 종일 일산(부채)이 쓰러지지 않아 그해는 풍년이 들고, 신이 화를 내면 일산이 쓰러져 그해는 반드시 풍재風災나 한재旱災가 있답니다."

이 말을 듣고 나는 이상하게 여겨 그날 가서 보았다. 과연 일산이 쓰러지지 않자 고을 사람들이 모두 좋아하고 환호성을 지르며 경사롭게 여겨 서로 손뼉을 치며 춤을 추는 것이었다.

생각하건대 공은 살아서 왕실에 공功을 세워 삼국 통일의 성업을 완성하였고 죽어서는 수천 년이 되도록 이 백성에게 화복을 내려서 그 신령스러움을 나타내니, 이는 진정 기록할 만한 것이기에 마침내 다음과 같이 찬한다.

(…)
대령산 꼭대기에서
아직도 제사 받아
해마다 드리는 분향
누구라서 감히 소홀히 하랴
(…)

강릉단오제에서 주신으로 모시는 대관령 국사서낭과 그 부인인 대관령 국사여서낭에 관해 전해 오는 설화가 있다. 대관령 국사서낭은 범일국사가 죽어서 된 것이고, 대관령 국사여서낭은 국사서낭과 혼인한 정鄭씨 성을 가진 여자라는 것이다. 범일국사는 강릉에 살았는데, 그때 마침 난리가 나자 대관령에서 술법을 써서 적을 격퇴했다. 불법을 전파하고 고향을 지킨 그는 죽어서 대관령의 서낭신이 되었다.

옛날 옛적 어느 날이었다. 강릉에 살던 정씨 집 딸이 호랑이에게 물려 가고 말았다. 사람들이 모두 나서서 강릉 일대를 샅샅이 찾아다니다가 보니 정씨 집 딸이 대관령 국사서낭당에 죽어 있었다. 딸이 호랑이에게 물려 가기 전에 정씨의 꿈에 대관령 국사서낭신이 나타나 "이 집에 장가를 들겠다"라고 했는데 정씨가 "그대는 사람이 아니기 때문에 내 딸을 보낼 수 없다" 하고 거절한 일이 있었다. 그런 연유로 국사서낭신이 호랑이를 시켜 그 정씨 처녀를 데려오게 하여 혼례를 치렀다는 것이다.

강릉단오제가 다가오면 제관을 선정하고 제물을 마련하기 시작한다. 강릉단오제는 규모가 워낙 큰 제사라서 기부금과 걸립乞粒에서 얻은 전곡으로 충당했다. 걸립할 때 각 가정에서는 자진해서 곡식이나 돈을 성의껏 내놓아 대관령 서낭신에게 신앙심을 보여 준다. 제물은 대체로 소박한 편이다. 제사를 지내기 며칠 전부터 제관, 임원, 무격 등은 부정이 없도록 새벽에 목욕재계하고 언행을 함부로 하지 않으며, 제사가 끝날 때까지 먼 곳 출입을 삼가고 근신했다. 제물을 다루는 사람은 말을 하지 않기 위해서 입에 밤이나 백지 조각을 문다. 말을 하면 침이 튀어 음식에 들어갈 수도 있으며 또 부정한 말을 주고받을 수도 있기 때문이다. 이처럼 금기가 여러 가지로 엄격했다. 개인이 금기를 깨면 벌을 받고 임원, 제관, 무격 등이 금기를 깨면 제사를 지내도 효험이 없으며 오히려 서낭의 노여움을 사서 재앙이 내린다 여겼다.

단오제는 음력 3월 20일 신에게 드릴 술을 담그면서 시작되는데 이것을 신주근양神酒謹釀이라고 부른다. 4월 1일을 초단오라고 부르며 초단옷날 사시巳時에 큰 서낭당에 헌주獻酒하고 무악을 연주하며 미시未時에 끝난다.

4월 8일 큰 서낭당에 헌주하고 굿을 한 뒤 4월 14일 저녁을 먹고 서낭신을 모시러 대관령으로 출발한다. 행렬에는 악공 16명이 연주하고 호장, 부사, 수노, 도사령과 남녀 무당 50~60여 명이 따랐다. 옛날에는 모두 말을 타고 갔으며, 수백 명의 마을 사람들이 그 뒤를 따랐다고 한다. 행렬이 구산에 도착하면 마을 사람들이 밤참을 준비했다가 일행에게 대접했다. 산중턱 송정에서 밤을 새우고 새벽에 조반을 먹은 다음 닭이 울면 길을 떠나 국사서낭당에 도착했다.

4월 15일에는 국사서낭당과 그 동쪽에 자리한 대관령 산신당의 산신에게 제사를 올린다. 이때 바로 옆에 있는 칠성당과 우물에서 용왕굿을 한다. 소지燒紙를 마지막으로 제사가 끝나면 음복을 한 뒤 가지고 간 물건을 모두 버린다. 서낭당 근처에서 무녀가 굿을 하고 빌면 많은 나무 가운데 한 나무가 신들린 것처럼 흔들리는데, 그 나무를 신칼로 베어 신간목神竿木으로 삼아 제사가 끝날 때까지 제당 안에 세워 둔다. 제사가 끝난 다음 신간목을 앞세우고 내려오며 무당들이 〈산유가〉를 부른다.

꽃밭일레 꽃밭일레
사월 보름 꽃밭일레
지화자 좋다 얼씨구 좋다
사월 보름 꽃밭일레

산신제와 국사서낭제를 올리고 내려와서 '신들린 나무'를 강릉시 홍제동에 있는 국사여서낭당에 모셨다가 행사 전날 저녁 국사여서낭제를 지낸다. 대관령 국사서낭과 여서낭, 곧 정씨의 딸을 맺어 주는 것이다.

강릉단오제가 본격적으로 벌어지는 날은 음력 5월 초사흘이다. 신맞이 행사인 영신제의 막이 오르는데, 이 신맞이 행사는 국사여서낭당에서 올린다. 이곳에 모신 대관령 국사서낭을 맞아서 잔치를 베푸는 것이다. 신들린 나무를 남대천 백사장에 마련된 제단으로 옮겨 꽂음으로써 신이 함께했음을 알리고 본격적인 단오굿이 시작된다. 단오장에서는 5일간 아침저녁으로 제를 올리고 굿을 하며 농사의 번영과 마을의 평안을 모두 한마음으로 기원한다. 이때 전국에서 수많은 사람들이 모여들어 관노가면극, 그네뛰기, 농악, 씨름을 비롯한 온갖 민속놀이를 벌이며 단오제는 절정을 이룬다.

대관령 바깥과 안 사람들뿐만이 아니라 서울을 비롯한 온 지방 사람들이 모여서 한바탕 벌이는 굿판이 강릉단오제다. 무당들은 밤새워 무가를 부르며 굿을 하고, 사람들은 그 굿을 보면서 단오떡을 얻어먹어야 한 해의 재앙을 물리칠 수 있다고 여겨서 모두 함께 밤을 새우는 것이 강릉단오제의 풍경이다. 강릉단오제의 특징은 제관에 의해 이루어지는 유교식 의례와 무당에 의해 거행되는 굿이 어우러져 복합적이다. 특히 5월 1일부터 5월 5일까지 이루어지는 무당굿이 중요한데 그 절차와 내용은 다음과 같다.

제일 먼저 모든 신을 맞이하기 전에 불결하고 부정한 것을 정화해 제장을 깨끗이 하는 부정굿이 펼쳐진다. 뒤를 이어 축원굿, 조상굿, 세존굿(당고마기), 성주굿이 펼쳐지고 군웅굿, 심청굿, 칠성굿, 지신굿, 손님굿, 제면굿(계면굿)에 이어 온갖 꽃을 찬양하는 노래를 부르는 꽃노래굿과 등노래굿이 이어진다. 그리고 5일 동안 단오장에 모셨던 국사서낭을 환송하는 대맞이굿이 펼쳐진다. 대관령에서 내려와 있는 동안 정성을 잘 받으셨는지 신의神意를 묻고 응답을 받아서 안도와 번영을 스스로 굳혀 나가자는 의도에서 이루어지는 굿이다. 서낭대를 앞으로 모셔 낸 제관은 위패를 들고 국사서낭님이 오셔서 그간 반가이 맞으시고 즐거이 보내셨는지 물으면 대가 흔들린다. 그러면 내년 이맘때까지 바람 타고 구름 타고 대관령 아흔아홉 굽이 올라가시라고 하고서 자손들의 부귀공명과 안녕과 태평을 기원한다. 맨 마지막 굿은 환우굿이다. 국사서낭신이 본래 있던 곳으로 돌아가는 의식이다. 대관령에 올라가 깨끗한 장소를 골라서 단오제에 사용한 신간목과 꽃, 호개, 위패 등 모든 것을 불태우는데, 다 탈 때까지 제관과 무당, 일반인 등은 불길을 향하여 계속 절을 하면서 단오제가 막을 내린다.

범일국사와 굴산사지

강릉시 구정면 학산리 옛 마을에 한 처녀가 굴산사掘山寺 앞에 있는 석천에 가서 바가지로 물을 뜨자 물속에 해가 떠 있었다. 물을 버리고 다시 떴으나 여전히 해가 있으므로 이상하게 여기면서 물을 마셨다. 이러한 일이 있은 뒤 처녀에게 태기가 있어 마침내 아이를 낳았는데 아비 없는 자식이라 하여 마을 뒷산 학바위 밑에 버렸다.

ⓒ강릉문화원

강릉단오제 관노가면극

온갖 궂은일을 도맡아했던 노비들의 탈놀이인 관노가면극은 강릉단오제에서 굿과 함께 가장 두드러지는 대목이다. 대사가 한마디도 없는 무언극인 점도 눈길을 끈다.

산모가 잠을 이루지 못한 채 이튿날 그곳에 다시 가 보니 산짐승들이 모여 아기에게 젖을 먹이고 학은 날개를 펴서 따뜻하게 해 주고 있었다. 이 광경을 본 산모는 비범한 아이가 될 것이라고 믿고 아기를 데려와 키웠다. 아기가 자라자 당시의 서울인 경주로 보내 공부시켰다. 이 아이가 훗날 국사가 되는데 해가 뜬 물을 마시고 태어났다고 하여 범일梵(泛)日이라 불렀다. 범일국사는 구산선문九山禪門의 한 곳인 사굴산파를 개창한 선승이다. 속가의 이름은 김품일金品日이고 시호는 통효대사通曉大師, 탑호는 연휘延徽다. 그는 신라 흥덕왕 6년(831) 2월 당나라에 유학하여 여러 고승들을 만났고, 중국의 고승 마조선사의 제자인 제안齊安에게서 성불의 가르침을 받았다.

“도는 닦는 것이 아니라 더럽히지 않는 것이다. 부처나 보살에 대한 소견을 내지 않는 평상의 마음을 곧 도라고 한다.” 범일은 문성왕 9년(847)에 귀국한 후 7년간 백달산에 머물렀으며, 명주 도독의 요청에 따라 굴산사로 옮겨서 40여 년 동안 후학을 가르쳤다.

깨달음이 깊었던 범일을 경문왕, 헌강왕, 정강왕이 국사로 모시려고 했으나 그가 모두 거절했다. 보현사를 세운 낭원대사 개청開淸과 행적行寂이 그의 제자다. 범일은 훗날 학산으로 돌아와 자신의 지팡이를 던져 그것이 꽂힌 곳에 절을 지어 심복사尋福寺라고 했다.

강릉시 구정면 학산리 너른 들판에는 당간지주 하나가 우뚝 서 있다. 이름 하여 굴산사지 당간지주다. 넓은 들판을 배경으로 세워졌던 굴산사는 신라 문성왕 9년에 범일국사가 창건한 사굴산파의 본산이다. 사찰의 당우가 약 300미터에 이르렀던 이 절은 강릉 지방에서 가장 큰 절이었고, 승려만도 200명이 넘었다고 한다. 나라 곳곳에서 범일국사에게 배우고자 하는 사람들이 몰려들어서 쌀 씻은 물이 동해까지 흘러갔다고 한다. 그러나 이 큰 절이 언제, 어떤 연유로 폐사되었는지는 알려진 것이 없다. 그 뒤 굴산사의 역사는 전해지지 않다가 1956년 큰 홍수 때 주춧돌 여섯 개가 드러났으며, 절터에서 '문굴산사門掘山寺'라고 새겨진 기와 조각이 발견되었다.

《삼국유사》에는 범일국사에 대한 이야기가 다음과 같이 실려 있다.

훗날 굴산조사 범일이 태화 연간(827~835)에 당나라에 들어가 명주 개국사에 갔더니 왼편 귀가 잘린 한 어린 중이 여러 중들의 말석에 앉아 있다가 조사에게 말하기를 "저 역시 신라 사람입니다. 집이 명주 땅 익령현 덕기방에 있사온데, 후일 스님이 만약 본국으로 가시거든 반드시 제 집을 지어 주소서" 하였다. 그러고 나서 여러 군데 설법 모임을 돌아다니다가 염관에게서 불법을 공부하고 회장 7년(847)에 귀국하여 우선 굴산사를 세우고 불법을 전파하였다.

대중 12년(858) 2월 15일 꿈에 전에 본 중이 창문 밑에 와서 말하기를 "전에 명주 개국사에 있을 때 스님의 약조가 있어 이미 승낙까지 받았는데, 어찌 그리 지체를 하고 계십니까?" 하였다.

조사가 놀라 깨어나 곧 수십 명을 데리고 익령현 경내에 이르러 그의 집을 찾았다. 낙산 밑 마을에 한 여인이 살고 있어 그 이름을 물으니 덕기라고 하였다. 그 여자는 겨우 여덟 살 난 아들을 하나 두었는데, 언제나 마을 남쪽 돌다리 옆에 나가 놀면서 그 어머니에게 고하기를 "나하고 같이 노는 친구 중에 금빛으로 빛나는 아이가 있다" 하였다.

아이 어머니가 조사에게 그 말을 전하자 조사가 놀라기도 하고 기쁘기도 해서 그 아이와 함께 놀던 다리에 가서 찾았더니 물속에 돌부처 하나가 있었다. 그 돌부처를 꺼내 보았더니 부처의 왼쪽 귀가 떨어진 것이 전날 보았던 어린 중과 같았다. 이것이 정취보살의 석상이었다. 곧바로 점치는 패쪽을 만들어 절을 지을 곳을 점쳐 보니 낙산 위쪽이 바로 그 자리였다. 이리하여 세 칸짜리 전각을 세우고 불상을 그곳에 모셨다.

절은 사라졌지만 굴산사지 당간지주는 남았다. 학산리 1181번지에 서 있는 이 당간지주는 보물 제86호로 지정되었는데, 네모반듯한 밑돌 위에 높이가 약 6미터 되는 두 개의 네모진 돌기둥이 약 1미터 사이를 두고 마주 서 있다.

학산리 731번지에 있는 굴산사지 승탑(보물 제85호)은 범일국사가 굴산사를 창건할 때 세운 탑이라 전해진다. 지대석 밑에 있는 지하실에 오백나한이 있었다고 하는데 일본인들이 훔쳐 갔다고 한다. 굴산사에서 멀지 않은 내곡동에 범일국사가 창건한 신복사지가 있다. 야산에 둘러싸인 아늑한 절터에 삼층석탑(보물 제87호)과 석조불상좌상(보물 제84호)만이 남아 있다. 삼층석탑을 향해 공양하는 모습의 석불좌상은 부드러우면서도 복스러운 얼굴에 웃음을 머금었다.

한편 강릉시 남항진동에 있는 강릉비행장 옆 숲에 한송사 터가 있는데, 그곳에서 석불좌상 두 구가 출토되었다. 강릉오죽헌시립박물관에 보관된 한송사지 석조보살좌상은 보물 제81호로 지정되었고, 국립춘천박물관에 있는 한송사지 석조보살좌상은 일본인 와다유지가 가져다가 도쿄제실박

굴산사지 당간지주

강릉시 구정면 학산리 너른 들판에 굴산사지 당간지주가 우뚝 서 있다.
이곳을 배경으로 세워졌던 굴산사는 창건 당시 강릉 지방에서 가장 큰 절이었다.

물관에 두었던 것을 1966년에야 찾아온 것이다. 고려시대의 작품이지만 경주 석굴암 감실의 보살상과 같은 통일신라 조각의 전통을 충실히 따른 정교한 작품으로 평가받고 있으며 국보 제124호다.

고려 때의 효자 김천

강릉시 옥계면 현내리의 두릉동杜陵洞은 드롱담 또는 효자리라고도 부른다. 이 마을에 슬프면서도 아름다운 사연이 전해 온다. 《한국지명총람》에 따르면 고려 고종 말 이 마을에 김천金遷이 살고 있었다. 그의 나이 15세 때 어머니와 동생 덕린이 몽골 병사에게 붙잡혀 연경(북경)으로 끌려갔다. 그때 붙잡혀 간 사람들이 모두 죽었다는 소식을 들은 김천은 몹시 비통해하며 어머니와 동생의 장례를 치렀다.

그 뒤 14년이 지난 어느 날 김천의 친구 김구가 명주장에 갔다가, 연경에서 온 김습성이 김천에게 전하라는 편지 한 장을 받게 되었다. 그 편지의 내용인즉, 죽은 줄로만 알았던 어머니가 동경으로 붙잡혀 가서 남의 종이 된 채 죽을 고생을 하며 살고 있다는 소식이었다. 김천은 즉시 빚을 얻어서 어머니를 빼내려고 나라에 호소했으나 거절당했다. 어찌할 바를 모르던 그는 충렬왕이 원나라에 간다는 소식을 듣고는 따라가겠다고 간청했다가 다시 거절당했다.

서울에 묵으면서 여러 방법을 모색하던 김천은 길에서 만난 승려 효연에게 눈물로 호소했다. 감복한 효연이 "우리 형 효지가 천호千戶로서 동

강릉오죽헌시립박물관

오죽헌과 강릉시립박물관이 통합되어 1998년 개관했으며
한송사지 석조보살좌상과 굴산사지 와당편 등 3000여 점의 유물이 소장, 전시되어 있다.

경으로 가게 되었으니 따라가 보라" 하므로 김천이 크게 기뻐한 뒤에 그를 따라 동경으로 갔다. 동경에 도착한 그는 별장 수룡守龍의 집에서 한 달을 묵으면서 어머니가 종으로 있는 요좌要左에게 백금 55냥을 바치고 어머니를 빼냈다. 하지만 동생 덕린은 금이 없어 속량하지 못하고 동경에서 서로 울고 있었다. 마침 중찬 김방경이 이 광경을 보고 크게 감탄하여 총관부에 명해 본국으로 보내 주었다. 진부역에 이르니 김천의 아버지가 마중을 나와서 서로 붙잡고 반가워했다. 그 후 6년이 되는 해에 덕린도 속량되어서 함께 효를 다하며 살았으며 훗날 이곳에 효자비가 세워졌다.

정선군 왕산면 구절리는 마을 앞을 흐르는 냇물이 아홉 굽이를 이루었으므로 구절이라고 했다. 사달산 서쪽 노추산 위에 이성대二聖臺라는 반반한 대가 있다. 신라 때 설총이 이곳에서 공부했다고 하며 조선시대에 이이도 이곳에서 도를 닦았다고 한다.

한편 장뚜둑 서북쪽의 자개自開에 있는 큰 바위에 문처럼 네모난 금이 그어져 있는데, 성인聖人이 나타나면 바위가 스스로 열린다고 하여 자개바위라고 한다. 왕산면 대기리의 노인봉은 다릿골 서쪽에 있는 산봉우리로 해발 1056미터인데 지형이 노를 젓는 형국이라 한다. 새터 서쪽 송천 냇가에 있는 배나드리마을은 예전에 횡계와 평창으로 가는 배가 드나들었다고 해서 배나들이라고 부른다. 왕산면 묵계리 기수문동奇壽門洞은 마지냇골 동남쪽에 있는 산골 마을이다. 임진왜란 때 기奇씨들이 피란을 왔다고 해서 기수문이라고 부른다. 마지내골 서남쪽 산기슭 선인당골 당바위에는 장기판처럼 줄이 새겨져 있는데 이곳에 신선이 내려와 장기를 두었다고 하며, 그 옆에 당堂을 짓고 기우제를 지냈다.

옛날에는 강릉시 교동 동사무소 부근에 기생들이 많이 살았다. 그런 연유로 당시 강릉 사람들은 그 근처에만 가면 눈이 밝아진다고 하여 밝은 고개 또는 이명고개라고 불렀다. 강릉시 유산동과 장현동 경계에 있는 모산母山은 저산이라고도 부른다. 중종 때 강릉 부사로 부임한 한급韓汲이 이곳의 지세를 살펴보고 인물이 많이 날 것이 두려워 이 산을 깎자 피가 흘렀다고 한다. 맞은편에 있는 산이 부산夫山이다.

2

하늘 아래 고을 삼척과 태백

천 길 푸른 석벽이 겹겹이 둘러 있고

삼척에는 오십천이 흐른다

《택리지》의 삼척에 대한 기록을 보자.

> 고성과 통천 다음으로 삼척에는 기름진 땅이 많다. 삼척은 논에 종자 한 말을 뿌리면 40말을 수확한다. 그러나 이 세 고을에선 인물이 나지 않는다. 강원도의 아홉 고을은 모두 해안에 접하여 주민은 물고기를 잡고 미역을 따며 소금 굽는 것을 생업으로 하므로 비록 땅은 메말라도 부유한 사람이 많다. 그러나 서쪽의 산(백두대간)이 너무 높아서 다른 나라나 마찬가지라 잠시 구경하고 머무르기에는 좋지만 오래 살 곳은 못 된다.

삼척三陟은 본래 실직국悉直國이었다. 신라 파사왕 2년(102)에 신라에 병합되었고 경덕왕 16년(757)에 삼척군이 되었으며, 조선 태조 2년(1393)에는 목조의 외가 고을이라 하여 부로 승격되었다. 태종 13년(1413)에 예에 따라 도호부로 개칭되었다. 조선 전기 문신 유사눌柳思訥은 시에서

"천 길 푸른 석벽이 겹겹으로 둘러 있고, 오십천 맑은 냇물이 졸졸 흐른다" 했다. 같은 시기의 문신인 김수온金守溫은 〈죽서루기竹西樓記〉에서 "북쪽으로 큰 영嶺에 의지했고, 서쪽으로 큰 냇물에 임했다"라고 했다.

《여지도서》에는 "무당과 귀신을 믿는다. 검소하며 꾸밈이 없다"라고 그 풍속이 실려 있다. 《신증동국여지승람》에 기록된 삼척의 풍속을 보자.

> 고을 사람이 오금잠烏金簪을 작은 함에 담아 관아 동쪽 모퉁이 나무 밑에 감추었다가 단옷날이면 끄집어내 제물을 갖추어 제사한 다음 이튿날 도로 감춘다. 전해 오는 말로는 고려 태조 때 물건이라 하나 제祭하는 이유는 알 수 없다. 예전부터 전해 오는 일이므로 관에서도 금단하지 않는다.

'오금잠'과 관련한 삼척의 단오 풍습이 《여지도서》에 다음과 같이 자세히 기록되어 있다.

> 예전에 오금(구리에 금을 섞은 합금으로 빛이 검붉으며 장식용으로 쓰인다)으로 만든 비녀인 오금잠이 있어 (섬겼는데) 귀신을 믿는 풍속이었다. 고려 태조가 남긴 물건이라고 하는 사람도 있으니, 1000년 동안 왕신王神으로 제사 지낸 것이다. 4월 초하루에 목욕재계하고, 오금장신에게 제사 지내기 시작해 단오까지 지내는데, 단오 이전 사흘은 바로 대사大祀를 지내는 사흘이다. 오금잠을 '두랑당斗郎堂' 석실에 감추어 두었는데 효종 4년(1653)에 부사 정언황이 그 제사를 금지하였다. 본래 오금잠은 임진왜란 때 잃어버렸으니, 지금 감추어 둔 오금장은 예전의 것이 아니다.

삼척시에는 오십천五十川이 흐른다. 오십천은 삼척시 도계읍 구사리 백병산에서 원통골로 넘어가는 큰덕샘에서 발원하여 삼척 정상리에서 동해로 들어가는 48.8킬로미터의 하천이다. 《신증동국여지승람》에서는 "오십천은 부의 성城 남쪽 105리에 있다. 수원水源이 우보현에 있으며, 죽서루 밑에 와서는 휘돌면서 못이 되었다. 또 동쪽으로 흘러 삼척포가 되어 바다로 들어간다. 부에서 수원까지 마흔일곱 번을 건너야 하므로 대충 헤아려서 오십천이라 일컫는다"라고 했다.

맑은 흐름을 굽어보는 죽서루

오십천이 휘돌아 가는 깎아지른 절벽 위에 관동팔경 중 하나이며 보물 제213호로 지정된 죽서루竹西樓가 있다. 《신증동국여지승람》에는 이런 글이 실려 있다.

> 죽서루는 객관 서쪽에 있다. 절벽이 천 길이고 기이한 바위가 총총 섰다. 그 위에 날아갈 듯한 누를 지었는데 죽서루라 한다. 아래로 오십천에 임했고 냇물이 휘돌아서 못을 이루었다. 물이 맑아서 햇빛이 밑바닥까지 통하여 헤엄치는 물고기도 낱낱이 헤아릴 수 있어서 영동 절경이다.

공민왕 때 강릉에 안렴사로 왔던 정추鄭樞는 다음과 같은 시를 남겼다.

죽서루 그림자 맑은 냇물에 일렁이며
못 위의 산빛이 작은 누에 가득하다
가절佳節에 멀리 와 노니 느낌이 많아
석양에 가려다 다시 머뭇거린다
일찍이 황학루黃鶴樓를 때려 부순 사람 있음을 들었더니
지금은 백구와 친한 사람 없음이 한스러워라
언덕을 끼고 붉은 도화 봄도 늙어 가니
나팔 부는 소리는 진주眞州(삼척의 옛 이름)를 찢으려 하네

죽서루는 이승휴가 처음 지었다고 한다. 고려 고종 11년(1224)에 태어나 충렬왕 때까지 개성과 강화, 삼척을 전전하며 살았던 동안거사 이승휴李承休는 감찰대부라는 높은 자리에 오른 뒤 기울어 가는 고려왕조를 일으켜 세우기 위해 국정을 문란케 하는 친원 세력의 횡포와 충렬왕의 실정을 비판했다. 감사로 근무하던 당시 이승휴가 충렬왕 6년(1280) 3월 왕에게 올린 상소문이 《고려사절요》에 남아 있다.

나라 형편이 어렵고 날은 가물어 백성은 굶주려 있습니다. 사냥하며 연회를 베풀 때가 아닙니다. 전하께서는 어찌 연회와 사냥에 몰두하면서 백성은 돌보지 않으십니까. (…) 또 홀치(왕을 지키는 의사)와 응방(매사냥 관리기관)이 다투어 궁중에서 잔치를 벌여 금을 오려서 꽃을 만들고 실을 꼬부려서 봉을 만드는 등 그 사치의 지나침을 말로 표현하기 어렵습니다. (…)

천 길 푸른 석벽이 겹겹이 둘러 있고

삼척 오십천

삼척을 한쪽에 끼고 흐르는 오십천은 50여 굽이를 돌아 흐른다 하여 붙여진 이름이다.
삼척 땅의 생명의 근원이 되는 하천이다.

이 상소를 접한 왕은 크게 화를 내며 상소를 작성한 주모자를 조사하게 했고 결국 전중시사 이승휴를 파직했다. 벼슬에서 파직된 이승휴는 아무런 미련 없이 두타산 자락 지금의 천은사 자리에 용안당容安堂이라는 초막을 짓고 은둔 생활을 하며《제왕운기帝王韻紀》를 쓰기 시작했다. 보물 제1091호로 지정된《제왕운기》는 우리나라와 중국의 역사를 율시 형식으로 기술했다.

원나라의 지배 밑에서 신음하는 우리 민족의 뿌리를 단군으로 본 이승휴는 우리 문화의 우수성과 올바른 왕도의 길을 역설했다. 이승휴는 김부식金富軾이 지은《삼국사기》와는 다른 각도에서 역사를 보았고,《삼국유사》에서조차 다루지 않은 발해사를 짧은 글로나마 우리 민족의 역사로 다루었다. 두 권으로 된《제왕운기》하권의 첫머리는 다음과 같이 시작한다.

> 요하 동쪽에는 한 건곤이 따로 있으니
> 뚜렷하게 중국과 갈라지고 구분된다
> 큰 파도 넘실넘실 삼면을 둘러싸고
> 북쪽에는 육지가 실같이 이어져 있다
> 그 사이 천 리 땅, 여기가 조선이니
> 강산 좋은 형세 그 이름이 천하에 펴졌다
> 밭 갈고 우물 파는 예의의 나라
> 화인이 이름해서 소중화小中華라 일렀도다
> 처음에 누가 개국해서 풍운을 열었던고
> 석제의 자손 그 이름이 단군이라

천 길 푸른 석벽이 겹겹이 둘러 있고

죽서루

죽서루는 오십천의 협곡이 끝나 가는 곳에 있어 절벽의 지형과 길게 늘어선 소나무숲 등이 태백산과 어우러져 절경을 자아낸다.

《제왕운기》는 충렬왕 13년(1287)에 처음 출간되었으며 공민왕 9년(1360)과 태종 17년(1417)에 중간되었다. 현재 초간본은 전하지 않고 중간본만이 전한다. 《고려사》 열전은 이승휴를 다음과 같이 기록했다.

> 충렬왕 26년(1300)에 죽으니 나이 일흔일곱이었다. 성품이 정직하여 세상 사람들처럼 지위도 재산도 요구하지 않았으며 불교의 교리를 아주 좋아하였다.

그가 죽은 뒤 100년도 채 지나지 않아 고려는 조선 태조 이성계에게 허물어지고 말았다.

관동팔경 중 바다에 접하지 않은 유일한 건물이며 제일 큰 누정인 죽서루는 그 뒤 태종 3년(1403)에 삼척 부사 김효손金孝孫이 고쳐 지어 정면 일곱 칸에 측면 두 칸의 장방형 평면을 이룬다. 죽서루를 세울 당시 죽죽선이라는 이름난 기생이 살던 집이 있어 이름을 죽서루라 지었다고 한다. 율곡 이이를 비롯한 여러 명사들의 시가 걸려있는데, 〈제일계정第一溪亭〉은 효종 때 삼척 부사를 지낸 허목이, 〈관동제일루關東第一樓〉는 숙종 때 부사를 지낸 이성조李聖肇가, 〈해선유희지소海仙遊戲之所〉는 헌종 때 부사를 지낸 이규헌李奎憲이 쓴 것이다.

조선 중기 문장가로 강원도 관찰사를 지낸 정구鄭逑가 죽서루를 두고 읊은 시를 보자.

> 겹으로 된 벼랑은 층층 누각을 버티었고
>
> 붉은 기와는 맑은 흐름을 굽어본다

여러 구렁은 서쪽을 따라
구불구불 백 굽이나 내려왔다
흰 돌 하얀 모래 깨끗하기에
홍진의 발을 씻고 싶구나
나는 여울은 돌다리에 뿌리고
급한 물결은 주옥珠玉을 뒤집는 듯하다
샘물이 달고 땅이 또 기름져
반곡盤谷(중국 태행산 남쪽에 있는 땅 이름으로 샘물이 달고 땅이 기름진 곳이다)에
왔는가 의심된다
산이 둘리고 초록이 우거졌고
길이 돌아서 간다는 것이 돌아오는 듯 여기에 오니
세상 뜻 적어져서 가려고 하다가 도로 묵는다
흥이 나서 높이 읊조리며
술항아리 잡고서 긴 대나무를 대했노라

바다를 잠재운 허목의 노래

오십천을 따라간 동해 바다 삼척항이 내려다보이는 육향산 언덕에 학자 미수眉叟 허목許穆이 써서 세운 척주동해비陟州東海碑가 있다. 헌종 2년(1661) 허목이 삼척 부사로 재임할 당시 심한 폭풍이 일어 바닷물이 삼척을 덮치면서 난리가 났다. 그때 허목이 동해를 예찬하는 〈동해송東

海頌〉을 짓고 비를 세우자 물난리가 가라앉았다. 그 뒤로는 아무리 거센 풍랑이 일어도 그 비를 넘지 않았다고 한다. 조수潮水를 물리치는 비라는 뜻에서 퇴조비退潮碑라고도 불린 이 동해비는 비문에 의하면 본래 정라진 만리도에 세워졌으나 48년 뒤 풍랑으로 섬이 파괴되자 숙종 36년(1710)에 지금의 자리에 다시 세운 것이라 한다. 허목이 노래한 〈동해송〉을 보자.

바다가 넓고 넓어
온갖 냇물 모여드니
그 큼이 끝이 없어라
동북은 사해여서
밀물 썰물이 없으므로
대택大澤이라 이름했네
파란 물 하늘에 닿아
출렁댐이 넓고도 아득하니
바다가 움직이고 음산하네
(…)
아침에 돋은 햇살
둥글게 올라 찬란하고도 휘황하여
붉은빛이 일렁거린다
(…)
바다 저편 잡종으로

천 길 푸른 석벽이 겹겹이 둘러 있고

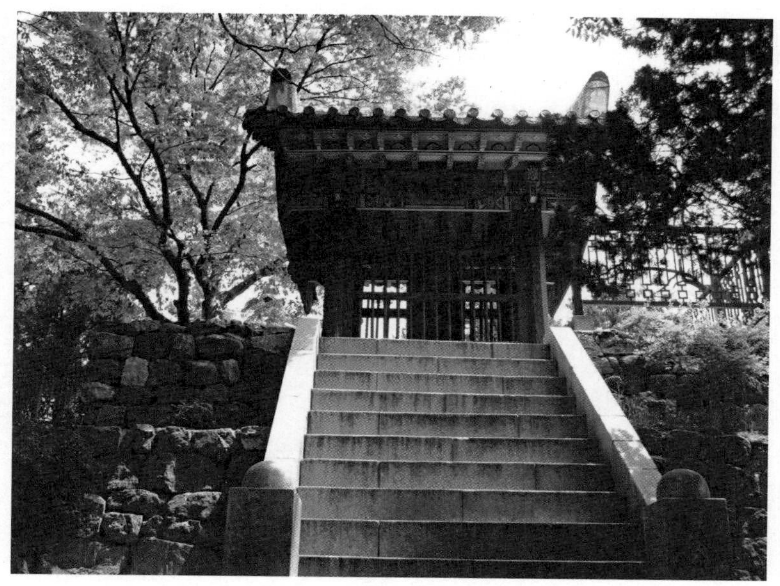

척주동해비

야트막한 육향산 정상에 있는 척주동해비는 숙종 때 삼척 부사로 재임한 허목이 세운 비으로 물난리를 잠재운 신비한 능력을 지녔다고 전해진다.

무리도 다르고 습속도 다른데
한 동산에 같이 자라네
옛 성왕의 원대한 덕화가 멀리 미쳐
오랑캐들이 중역으로 찾아오니
모두 복종하네
아아 빛나도다
거룩한 정치가 널리 미쳐
유풍이 끝이 없으리

선조 28년(1595)에 태어난 허목은 정언눌鄭彦訥에게서 처음 글을 배웠고, 거창 현감으로 부임한 아버지를 따라가 정구를 스승으로 모시고 글을 배웠다. 그림과 글씨, 문장에 능했으며, 특히 전서篆書에 뛰어나 동방의 일인자라고 불렸다. 효종이 세상을 떠난 후 계모인 조대비의 복상 문제로 남인과 서인의 의견이 대립했다. 서인의 영수 송시열宋時烈 등은 효종이 맏아들이 아니므로 1년간 상복을 입어야 한다고 했고, 남인의 허목 등은 효종이 왕위를 이었으니 맏아들로 여겨 3년간 상복을 입어야 한다고 했다. 왕위 계승 원칙인 종법宗法의 이해 차이에서 비롯된 서인과 남인 간의 이 이념 논쟁의 이면에는 둘째 아들로서 왕위를 계승한 효종의 자격을 따지는 시비가 깔려 있었다. 논쟁의 결과, 서인의 주장대로 조대비는 1년 동안 상복을 입었고 허목은 삼척 부사로 좌천되었다. 허목은 삼척에서 향약을 만들어 교화에 힘썼다.

숙종 원년(1675) 효종의 비이자 현종의 모후인 인선왕후가 죽자 또다시 복상 문제가 발생했다. 이때도 조대비가 살아 있어서 서인들은 9개월 복상으로 결정했다. 이에 남인들은 지난번의 경우와 맞지 않는다고 들고 일어났고, 현종이 이 주장을 받아들여 남인의 주장대로 1년간 상복을 입는 것으로 결정했다. 이 일이 있은 뒤 삼척 부사로 좌천되었던 허목은 다시 조정에 나와 대사헌과 이조판서를 역임했고 송시열은 유배 길에 올랐다.

남인이 권력을 쥐자 또다시 분열이 일어났다. 송시열의 처벌을 놓고 강경론과 온건론으로 나뉘었고 숙종은 남인들이 너무 설친다고 생각해 견제했다. 다시 조정은 서인의 손에 들어가 송시열은 귀양살이에서 풀려났다. 허목은 벼슬자리에서 물러나 있었으므로 제거 대상에서 벗어나 있었다. 송시열이 등장하자 남인의 처벌 문제를 놓고 강경파와 온건파의 감정이 대립하여 서인은 노론(송시열이 영수)과 소론으로 갈라졌다. 허목과 송시열의 사망 후에도 남인과 노론은 서로 상종하지 않고 사사건건 대립하며 골이 깊어졌다. 이후 영조와 정조가 탕평책 등으로 당파 간 화해를 도모했지만 그 화해는 결코 쉽지 않았다. 너무나 성격이 강한 두 사람의 견해 차이로 일어난 오랜 정치 싸움의 결과였는데, 그 싸움은 오늘날의 정치에도 그대로 이어지는 듯하다.

관동대로상에 있는 소공대비

관동대로 소공령에 있는 소공대비 召公臺碑(강원문화재자료 제107호)는 조선 전기 명재상인 황희 黃喜의 선정을 기리기 위해 세운 것이다. 《신증동국여지승람》에 "소공대는 와현瓦峴 위에 있다"라고 실려 있다. 조선 태종 3년(1403) 관동 지방에 큰 기근이 들어서 수많은 사람들이 굶어 죽게 되었다. 그때 이명덕이라는 관찰사가 백성을 잘 보살피지 못하자 황희가 대신 가서 백성을 구호했다. 이에 감동한 백성들이 당시 그가 쉬던 고개 바위(와현)에 돌을 쌓아 대臺를 만들어 소공대라 했다. 훗날 황희의 현손인 황맹헌黃孟獻이 중종 11년(1516) 강원도 관찰사가 되어 이곳에 와서 소공대의 돌무덤을 다시 쌓고 비를 세웠으며 비문은 영의정 남곤南袞이 지었다. 《신증동국여지승람》에 실린 소공대비 이야기를 좀 더 살펴보자.

> 삼척부 치소의 남쪽 70리 지점에 와현이 있고, 현에 돌로 쌓은 것이 있는데 소공대라 한다. (…) 남곤이 비문에 쓰기를 "명주 남쪽 실직국의 옛 지역에 대가 있는데 처음 지은 것은 아득한 옛날이라. 들으니, 옛날에 익성공(황희의 시호)은 덕이 소공(주나라시대 지방의 한 제후로 백성에게 매우 관대했던 사람)과 같아서 주린 자는 배부르게, 추워하는 자는 따뜻하게 관동에 은택을 남겼다 한다. 고개 위에 대를 쌓고 공이 쉬었던 곳이라 한다. (…)"

조선왕조 500년 동안 손꼽히는 청백리인 황희에 대한 글이 《해동잡록海東雜錄》에는 이렇게 실려 있다.

> 방촌은 타고난 모습이 웅위雄偉하며 침중하고 도량이 있었다. 30년간을 정승으로 있으면서 기쁨과 노여운 기색을 얼굴에 보이지 않았다. 종들을 대하는데 매질을 하지 않아도 일하기를 즐겨하였다. 한번은 보좌관들과 무슨 일을 의

소공대비

소공대비는 조선 전기 명재상인 황희의 선정을 기리기 위해 백성들이 세운 비석이다.

논하고 막 붓을 적시어 문서를 쓰려는데 어린 종이 그 위에다 오줌을 누었다. 그런데도 공은 성내는 기색이 없이 다만 손으로 닦아 낼 뿐이었다. 아이들이 좌우에 몰려들어 울고불고 장난치고 깔깔대며 혹은 그의 턱살을 잡아당기기도 하였으나 조금도 금하지 않았다. 친족 가운데 고아가 되거나 과부가 되어 빈궁하여 홀로 생존할 수 없는 사람에게는 반드시 재산을 털어 구휼해 주어 안주할 곳을 마련해 주고야 말았다. 대사헌이 되어서도 대체大體를 세워 하나하나 까다롭게 굴지 않아도 간악한 자들이 두려워하여 조정의 기강이 진작되고 진숙되었다.

조선 전기 문신 이석형李石亨이 소공대에 와서 다음과 같은 시 한 수를 읊었다.

비로소 구름 끝에 나와 멀리 보니
소공은 어디에 가고 대만 남았나
위에는 하늘, 아래는 물 한없이 아득하니
하늘과 땅이 밤낮 떠 있다는 것 알게 되었다

훗날 평해로 유배 가던 이산해의 시에 "높고 높은 소공대에서는, 멀리 울릉도가 역력히 보였고"라는 구절도 보인다.

삼척을 두고 노래한 시들이 많이 있는데, 옛 시절이 그대로 눈앞에 선하게 떠오르는 시들이다. 먼저 김극기의 시를 보자.

나그넷길 기구하여 웃을 때가 적었는데
다락에 올라 잠시나마 한가함 얻은 것을 기뻐한다
땅은 티끌 모래 밖에 고요한 경지를 이루었고
하늘은 물과 돌 사이에 청유淸遊하는 것을 주었다
일렁거리는 물결은 아침에 해를 토하고
음음한 들 기운에 저녁 산이 잠긴다
시절이 평화로워 조두刁斗 소리 들리지 않고
목동의 피리와 나무꾼 노래만이 오가네

고려 충혜왕 때 강원도 존무사로 파견된 안축安軸의 시를 보자.

산 옆 연기 속에 외로운 마을이 있고
대숲 밑엔 삽살개 누워 문을 지키네
농부는 농사일하며 해를 아껴서
별을 보며 나갔다가 저물녘에 돌아오네

이곡도 다음과 같은 시 한 수를 남겼다.

강 위엔 푸른 산, 산 밑엔 마을
평화로운 시절이라 문도 닫지 않네
백성이야 어찌 강산 좋은 줄 알랴
일찍 일어나 일하고 저물면 돌아오네

고려 후기 문신으로 시문에 능했던 이달충李達衷은 "이 물이 참으로 황공탄惶恐灘(중국 강서성에 있는 여울 이름)이 되었으니, 다리를 밟을 제 자국마다 물결이 일 것이네. 그대로 무심하게 지날 것인가, 두려워하며 유의해 보지를 마소"라고 노래했고, 조선 전기 강원도를 비롯한 5도 제찰사를 지낸 한명회의 종사관이었던 김수녕金壽寧은 시에서 "엇비슷한 고목을 앞 여울에 가로질러서, 걸음마다 서늘한 마음 몇 번이나 놀랐던가. 평지에 이는 풍파 아무도 모르면서, 다리에 와서는 두렵게 보누나" 했다.

새 왕을 낳을 명당

한편 삼척시 미로면 활기리活耆里는 고려 목종 황고비가 살던 곳이라 황터〔皇基〕라고 부르다가 활기〔弓基〕, 활계闊鷄 등으로 와전되기도 했다. 이곳 능곡에 준경묘濬慶墓·영경묘永慶墓(사적 제524호)가 있다. 준경묘는 조선 태조의 5대조이며 목조의 아버지인 양무陽茂 장군의 묘다. 목조가 한 도승의 예언대로 백우금관으로 양친을 안장한 뒤, 5대에 이르러 조선을 창업하게 되었다는 전설이 있다. 이 무덤을 쓸 때 도승의 말이, 소 100마리를 잡아 개토제開土祭를 지내고 널을 금으로 하면 자손 중에 왕이 날 것이라고 했다. 살림이 넉넉지 못하여 소 100마리 대신 흰〔白〕소를 잡고 금관金冠 대신으로 황금빛 보리 짚으로 널을 만들어 묻었더니 후에 태조 이성계가 태어났다는 것이다. 예전에는 이 무덤이 어디 있는지 몰라 각처를 돌아다녀 본 결과 세종 29년(1447)에 나이 든 사람들이 전하는 말과 기록을 참고하여 이곳이라고 단정했다. 1899년에 묘소를 수축하고 제각과 비각을 세웠다.

이 일대는 울창한 소나무숲이라 원시림의 경관을 구경할 수 있다. 산자수려한 이곳의 황장목들은 조선 후기 경복궁 중수 때 목재로 쓰였고 남대문 복원에도 선정된 낙락장송이다. 준경묘에서 4킬로미터 떨어진 곳에 목조의 어머니 이씨의 묘인 영경묘가 있다. 능 아래에는 목조가 살았던 집터가 있었다고 하는데 삼척의 향토지 《삼척주지三陟州誌》에는 다음과 같이 실려 있다.

> 산골짜기 깊숙한 곳인데 아주 널찍해서 기름진 밭이 있고, 뽕나무와 삼을 길러 이익을 얻을 수 있다. 옛날부터 이 고을 사람들이 말하기를 택기宅基, 택전宅田이라 불렀다.

영경묘가 있는 동산리에 지금도 옛 집터의 주춧돌이 남아 있다. 선조 원년(1568) 현감 전방경全方慶이 이곳에서 거주했는데 시에 이르기를 "금릉金陵은 천 년 된 땅이니, 왕의 기운 얼마나 기이한가. 해마다 사우社宇가 흘리는 눈물이, 밤마다 꽃나무 가지를 물들이네" 했다.

삼척시 원덕읍 호산리 바닷가에 해망산海望山이 외따로 떨어져 있다. 전설에 따르면 옛날에 관북 지방의 바다 가운데에 있던 삼형제섬이 바닷가로 떠내려와 첫째는 삼척시 근덕면 덕봉산이 되었고 둘째는 선녀가 내려와 놀다 갔다는 이곳 해망산이 되었으며 셋째는 경북 울진의 축산이 되었다. 그중 옛날에 봉화대가 있었던 덕봉산에 얽힌 이야기가 재미있다. 조선 선조 때 홍견洪堅이 대나무가 우는 소리를 듣고 그 대나무를 찾기 위하여 7일 밤을 빌었더니, 한 포기에 다섯 줄기가 있는 대나무를 발견해 그것으로 화살을 만들어 무과에 급제했다고 한다.

한편 삼척시 원덕읍 갈남리는 갈산리와 신남리가 합해져 이름 지어졌다. 이 마을의 오래된 이름은 '섶너울'이다. 해신당은 이 마을 북쪽 끝 동해의 물결이 치오르는 벼랑 위에 있는데, 이 마을 처녀인 애랑과 향나무를 모신 조그만 당집이다. 나무를 깎아 만든 남근석을 엮어 마치 송이 두름처럼 만들어 매달았고, 향나무에는 동전을 넣은 복주머니를 여러 개 매어 놓았다. 마을을 지켜 주는 수호신인 해신당 주인 애랑 낭자에 얽힌 설화가 전해져 온다.

500여 년 전 이 마을에 결혼을 약속한 처녀와 총각이 있었다. 어느 날 총각은 해초를 따러 가는 처녀를 배에 태워 해변에서 조금 떨어진 바위에 내려 주며 다시 태우러 오겠다는 약속을 하고 해변으로 돌아왔다. 그런데 갑자기 강풍이 불자 바다는 거센 파도에 휩싸였다. 처녀를 태우러 다시 바다로 나갈 수 없게 된 총각은 먼발치에서 발을 동동 구를 수밖에 없었다. 결국 처녀는 물에 휩쓸려 죽고 말았다. 그 후 이상하게도 고기가 잡히지 않자, 그것이 파도에 휩쓸리지 않으려고 애를 쓰다 죽은 처녀 때문이라는 소문이 어민들 사이에서 퍼져 나갔다. 이에 마을 사람들은 처녀의 원혼을 달래기 위해 나무로 남근 모양을 실물 크기로 여러 개 만들어 걸어 놓고 제사를 지냈다. 그러자 신기하게도 많은 고기가 잡혔다고 한다.

지금도 여전히 매년 정월 대보름이면 남근 모양의 나무를 매달아 제사를 지낸다. 신남 앞바다에 가면 처녀가 애를 쓰다 죽었다는 애바위를 볼 수 있으며, 해신당 부근에는 어촌민속전시관과 남근 모양의 장승을 줄지어 세워 놓은 성민속공원 등이 조성되어 있어 사람들의 발길이 끊이지 않는다.

삼척시 도계읍 신리에는 두꺼운 나무껍질이나 널조각으로 지붕을 이은 너와집이 있다. 논이 흔한 지대와 달리 산에서 쉽게 구할 수 있는 나무껍질로 지붕을 이었는데, 너와가 바람에 날아가는 것을 방지하기 위해 지붕에 무거운 돌을 얹거나 통나무를 처마와 평형으로 지붕면에 눌러놓기도 했다.

방 안에 들어가 누우면 하늘이 보이기도 하고 불을 때면 연기가 펄펄 새어 나가기도 해서 신기하면서도 재미있다. 환기가 잘되고 비가 오면 방수도 되어 사는 데는 전혀 불편함이 없는 것이 너와집의 장점이다. 너와의 수명은 평균 10년에서 20년 정도인데, 이은 지 오래되면 2~3년에 한 번씩 부식된 나무를 갈아 끼워야 하는 번거로움이 있다.

이 지역 가옥의 특징은 집 한 채에 방과 부엌 그리고 외양간이 다 있다는 것이다. 문만 닫으면 나갈 길이 없는 이러한 주택의 구조가 결과적으로는 산짐승이나 외부의 침입으로부터 가축을 보호하고 겨울에는 보온 효과를 극대화한다. 너와집은 함경도나 평안도의 산간 지역과 울릉도에 분포하며 신리의 너와집은 중요민속자료 제33호로 지정되었다.

강원도 지역에서 흔하게 볼 수 있는 또 다른 가옥 형태가 점판암 조각 지붕으로 유명한 돌능애집이다. 얇게 판 모양으로 쪼개지는 성질을 가진 점판암을 두께 1센티미터, 폭 40~50센티미터로 잘라서 기와 대신 지붕을 이은 일종의 돌기와집이다. 돌능애집은 겨울이 길고 추운 강원도 지역 사람들이 추위를 이기기에 알맞은 집이다.

맹방해수욕장 아래 마읍천

삼척시 근덕면 하맹방리에 있는 해수욕장이다.
초당과 장호 관광지 등과 함께 1980년 이 일대가 국민 관광지로 지정되었다.

공양왕릉

삼척시 근덕면 궁촌리에 있는 고려 공양왕의 묘이다. 고양시 원당동에도 공양왕릉이 있는데, 문헌이 빈약하여 고증이 어려운 까닭에 이처럼 두 곳이 거론되고 있다.

한편 삼척시 원덕읍 사곡리와 경북 울진군 북면 온정동 사이에 있는 응봉산應峰山은 해발 999미터인데, 2010년에 유네스코 인류무형문화유산에 등재된 '매사냥'에 얽힌 이야기가 전해져 오는 산이다. 옛날에 울진 조씨가 매사냥을 하다가 매를 잃어버렸다고 한다. 이 산으로 날아간 것 같아서 찾다 보니 잃어버린 매가 한 곳에 앉아 있다가 다시 1킬로미터쯤 떨어진 곳으로 날아가 앉았는데, 그곳이 바로 길지였다. 그 자리에 묘를 쓴 울진 조씨들이 잘되었다는 이야기다.

신선의 땅 태백의 상징 황지

태백산, 함백산, 대덕산, 금대봉, 연화산 등 높은 산들에 둘러싸인 태백시가 삼척시에서 분리된 것은 그리 오래전 일이 아니다. 1981년 대도시의 과밀화 해소 및 국토의 균형 개발과 부존자원 개발을 위해 삼척군 장성읍과 황지읍을 통합하여 시로 승격시켰다. 시의 이름이 태백太白인 것은 우리 민족의 성산인 태백산에서 연유한다.

태백이 시로 승격되기 전부터 광산 개발로 태백 경기는 활황이었다. 다음의 글은 낙동강을 따라 걸을 때 만난 택시 기사의 이야기다.

> 장성 일대에 광산촌이 시작된 건 1933년부터라고 해요. 그전만 해도 이곳은 손바닥만 한 밭에다 콩이나 옥수수를 일구고 살았던 화전민촌이었지요. 1960년대 들어서면서 이곳 태백은 숯 검댕으로 변했지요. 이 근처에 크고 작은 광

산이 마흔다섯 개가 있었고 황지와 장성을 합해 시로 만든 1981년에 태백 인구가 13만 명쯤이었다고 해요. 유흥업소가 500곳이 넘었을 정도로 흥청거렸는데 그 좋았던 시절이 한 10년이나 갔는가, 지금 남아 있는 광업소는 장성광업소, 태백광업소, 통보광업소 세 곳뿐이고 인구도 전체 통틀어 6만 명이나 되는가… 하여간 옛날엔 좋았지요. 공무원들 넉 달 월급을 합쳐 봐야 광산 근로자 한 달 월급도 안 되었어요. 길 가던 강아지도 만 원짜리를 물고 다닌다고 했지요. 1960년대에서 1970년대까지 그 좋았던 탄광이 석유를 많이 쓰게 되면서 막을 내리고 석탄 산업 합리화 정책에 따라 태백 경기는 한동안 힘들었지요. 그래서 만든 것이 정선 카지노 아녜요. 석탄을 많이 캐내던 그 시절에는 황지천 물이 온통 새카맣게 흘렀어요. 그래서 미술 시간에 아이들에게 강물을 그리라고 하면 물빛을 새까맣게 그렸다고 하지요. 지금 황지천과는 달랐어요. 요즘은 물이 좋아져서 고기도 얼마나 많이 사는데요. 그리고 태백에는 여름에 모기가 없어요. 한여름에도 모기 한 마리 구경할 수가 없어요. 특히 이곳에서 전국 고랭지 채소의 60퍼센트가 나와요.

태백의 상징이라고 할 수 있는 황지黃池는 《신증동국여지승람》에 다음과 같이 실려 있다.

부 서쪽 110리에 있다. 그 물이 남쪽으로 30리를 흘러 작은 산을 뚫고 남쪽으로 나가는데, 천천穿川이라 한다. 곧 경상도 낙동강의 원류다. 관에서 제전祭田을 두어서 날씨가 가물면 기우제를 지낸다.

《한국지명총람》에 따르면 낙동강의 발원지인 황지의 유래는 이렇다. 옛날에 이곳에 황씨라는 인색하기로 소문난 부자가 살았다. 어느 날이었다. 마구간을 쳐내고 있는 황씨 집에 중이 와서 시주를 청하자 황씨는 곡식은 주지 않고 쇠똥을 던져 주었다. 그러한 처사를 민망하게 여긴 황씨의 며느리가 시아버지 모르게 쌀 한 되를 중에게 주면서 사과를 하자 그 중이 시아버지 모르게 다음과 같이 말했다. "이 집이 곧 망할 것이니 그대는 나를 따라오라. 그러나 어떤 일이 일어나더라도 뒤를 돌아보지 마라." 그 말을 들은 며느리가 아이를 업은 채 중을 따라서 구사리 산 정상 무렵까지 왔는데 벼락 치는 소리가 나면서 천지가 진동했다. 놀란 며느리가 중의 당부를 잊은 채 뒤를 돌아보니 그가 살았던 집이 못으로 변해 있었다. 어떤 일이 있어도 뒤를 돌아보지 말라던 중의 당부를 어긴 며느리는 그 자리에서 아기를 업은 채 돌부처가 되고 말았다. "그 여인은 슬픔에 젖어 돌이 되었다"는 오비디우스의 글이 사실로 화한 것이다.

525킬로미터 물길인 낙동강의 발원지 황지는 수온이 영하 30도로 떨어져도 얼지 않으며 아무리 큰 홍수나 가뭄이 와도 넘쳐나거나 주는 일이 없다고 한다. 황지는 태백시를 둘러싼 태백산과 함백산, 백병산, 매봉산 등의 줄기를 타고 땅속으로 스며들었던 물로서 우리나라 최대의 석탄 생산지 황지, 도계, 장성, 철암을 연결하는 태백산 지구의 지하수가 솟아오른 것이다.

조선왕조 때의 기록에 따르면 황지를 성역으로 모셨다고 한다. 가뭄이 닥치면 관가의 제관이 나와 기우제를 지냈고, 못 물의 빛깔로 그해 농사의 풍흉을 점쳤다. 그 물빛이 맑은 쪽빛에 희뿌연 우유색을 띠면 풍년이

천 길 푸른 석벽이 겹겹이 둘러 있고

황지

태백시 황지동에 있는 낙동강의 발원지다. 황지는 태백시를 둘러싼 산들의 줄기를 타고 땅속으로 스며들었던 물이 모인 연못이다.

들고 시뻘건 빛이면 흉년이 든다고 믿었다.

예로부터 이 샘의 물길이 끊어지면 왜적이 쳐들어온다는 말이 있었다. 그런데 임진왜란이 일어나기 전인 선조 4년(1571) 12월 18일 진시辰時에 경상 감사가 낙동강 상류의 물이 끊겼다는 장계를 보냈다. 그로부터 20여 년의 세월이 흐른 뒤 임진왜란이 일어나게 된 것이다.

황지 물은 우리나라의 명수名水 100선에 들고 양이 풍부하며 맛이 좋아 1989년까지만 해도 태백시 상수도의 수원으로 이용되었지만, 지금은 삼척시 하장면에 있는 광동댐의 물을 끌어다 쓰고 있다. 이 물은 백두대간 너머 한강 발원지에서 흘러내린 것이다. 《신증동국여지승람》이나 《택리지》, 《삼척주지》에도 황지라는 이름이 빠지지 않고 나오는데, 원래의 못은 지금의 두 배쯤 되었고 주변에는 나무숲이 울창하게 우거져 있었다고 하지만 현재는 높고 낮은 건물들에 둘러싸여 있는 작은 못일 뿐이다.

황지천을 따라가다가 장성읍을 지나면 구문소동에 강이 산을 뚫고 지나가는 도강산맥이라는 세계적으로 진귀한 지형이 있는데 이곳에 구문소가 있다. 구문소(한자 표기는 求門沼)는 '구멍', '굴'의 고어인 '구무'와 늪을 뜻하는 '소'가 어우러져 만들어진 이름이다. 구문소는 동점리 남서쪽 굴 밑에 있다. 황지에서 나오는 낙동강 상류에서 흐르는 물이 폭포가 되어 흐르면서 조그마한 산을 뚫고 흐르는데, 이 뚫린 구멍 밑에 연못이 있어 구문소 또는 뚜루내, 천천이라고 부른다. 전하는 얘기로는 옛날 경북 안동의 영호정映湖亭을 지을 때 그 대들보감을 화전리禾田里에서 베어 황지의 냇물에 띄워 날랐는데, 마침 홍수가 나서 대들보감이 산벼랑에 부딪혀 큰 천둥소리가 나면서 벼랑이 뚫리고 물이 그 아래로 흐르게 되었다 한다.

천 길 푸른 석벽이 겹겹이 둘러 있고

구문소

태백 구문소는 석회 동굴의 땅 위에 드러난 구멍을 통해 철암천으로 흘러들어 오는 황지천 하구의 물길 가운데 있다.

구문소는 석회 동굴로 3억~1억 5000만 년 전쯤 생긴 것으로 추정된다. 오랜 시간 동안 주변의 물이 석회암을 녹여 내 마침내 산을 뚫는 희귀 지형이 된 것이다. 그런 연유인지 이곳에는 많은 전설이 깃들어 있다. 동점리에 엄종한이란 사람이 구문소에서 고기를 잡아 생계를 이어 가고 있었다. 하루는 쳐 놓은 그물이 없어져 그것을 찾으려고 물 밑으로 들어가니 그 안에 별천지가 나타났다. 명사십리 들판이 열리고 큰 기와집들이 즐비한데, 문 안으로 들어서 보니 잃어버린 그물이 거기 걸려 있었다. 한 노파가 나와 이곳에 온 까닭을 묻기에 사실대로 말했다. 그러자 노파가 자신의 어린 두 아들이 그 그물에 걸려 급류에서 죽을 뻔했기 때문에 화가 나서 그물을 걷어 왔다고 했다. 지금 아들들이 사냥하러 나갔는데 돌아와 당신을 보면 죽일 것이니 빨리 돌아가라고 했다. 그러면서 흰 강아지와 흰떡을 주었는데, 흰 강아지를 따라가다가 배가 고프거든 흰떡을 먹으라고 했다. 노파의 말대로 엄종한이 좌우 산천을 구경하면서 돌아가다가 마침내 자기가 빠졌던 곳에 이르렀다. 그런데 무당의 굿 소리가 울리고 조문객이 오락가락하기에 그 연유를 묻자 엄씨가 빠진 지 3년이 되어 대상大喪을 지내는 중이라고 했다. 그가 물 위로 올라오자 흰 강아지는 죽고 흰떡은 굳어져 돌이 되었으므로 강아지는 둔산에 장사 지내고 흰 돌은 가보로 길이 간직했다. 그 후 엄씨는 큰 부자가 되었다. 3년 후 죽은 엄씨는 강아지 무덤 옆에 묻혔고, 흰 돌은 경북 대지에 사는 조씨가 훔쳐서 안동 우전지芋田地로 가져갔다.

이 밖에 중국의 우왕이 이곳을 찾아 구문소를 뚫고 치수를 했다는 전설이 있고, 백룡과 청룡에 얽힌 이야기도 전해 온다. 《정감록》에서 "낙동강

최상류로 올라가면 더 이상 길이 막혀 갈 수 없는 곳에 이르는데 그곳에 커다란 석문이 있다. 그 석문은 자시에 열리고 축시에 닫히는데 자시에 열릴 때 얼른 안으로 들어가면 사시사철 꽃이 피고 병화가 없으며 삼재가 들지 않는 오복동五福洞이란 이상형이 나온다"라고 했으니, 원래 태백은 연화부수蓮花浮水의 형국에 자리한 신선의 땅 이었을 것이다.

또한 구문소 남쪽에는 자개문子開門이라는 바위가 문처럼 서 있다. 이 길을 통하여 사람들이 경북 지방으로 갔다고 한다. 높이 20~30미터, 폭 30미터의 거대한 무지개 모양의 석회암으로 이루어진 구문소의 정경은 신비롭기 짝이 없다. 구문소와 자개문 두 개의 바위굴이 동점리에 있어서 이 마을 남자들이 첩을 많이 둔다는 이야기도 있다. 한편 구문소 부근에는 고생대의 다양한 생물 화석이 많이 남아 있다. 동물 화석인 삼엽충이 가장 많고 오징어의 조상으로 볼 수도 있는 연체동물인 두족류와 연필처럼 길쭉하게 생긴 필석류 화석도 널려 있다.

한강의 근원 검룡소

《택리지》에는 한강의 발원지를 "강릉 서쪽이 대관령이고 대관령 북쪽이 오대산인데, 우통수于筒水가 여기에서 나오며 한강의 근원이 된다"라고 기록되어 있다. 그렇다면 한강의 발원지는 어디인가? 《세종실록지리지》, 《신증동국여지승람》, 《대동지지大東地志》 등 옛 문헌들에는 《택리지》와 같이 한강의 발원지를 오대산 우통수라고 기록하고 있다. 조선 전기 학자 권근權近은 기문에 우통수에 대해 이렇게 적고 있다.

오대산 서대西臺 장령長嶺 밑에 샘물이 솟아나는데 그 빛깔과 맛이 보통 우물물보다 낫고 물의 무게도 무거운데 사람들은 그 샘물을 우통수라고 불렀다. 서쪽으로 수백 리를 흘러 한강이 되어 바다에 들어간다. 한강은 비록 여러 곳에서 흐르는 물이 모인 것이나, 우통수가 중령中泠이 되어 빛깔과 맛이 변하지 않는 것이 중국에 양자강이 있는 것과 같으니 한강이라는 이름도 이 때문이다.

중령이란 중국의 고사에 나오는 물 이름으로, 여러 줄기의 냇물이 모여서 강을 이루고 바다를 이루지만 중령의 물만은 다른 물과 어울리지 않고 그 찬 기운을 그대로 간직했다고 한다.

한강의 발원지가 오대산 우통수에서 지금의 태백시 하장면 금대산 밑 검룡소儉龍沼로 바뀐 것은 1918년 조선총독부 임시토지조사국에서 실측 조사한 결과 때문이다. 오대산 우통수와 태백시 창죽동까지의 골지천骨只川 길이를 계측한 결과 골지천이 32.5킬로미터 더 길었다고 한다. 하천 연구가 이형석이 조사한 바에 따르면 한강의 발원 산인 금대산에는 네 개의 샘이 있다. 첫 번째인 고목나무샘은 금대산 정상에서 북서쪽으로 700미터쯤에 위치한 아름드리나무 아래에서 솟는데, 해발 1340미터에 있다. 두 번째는 제당궁샘으로 금대산 북쪽으로 250미터쯤에 있으며 해발 1340미터 지점에 있다. 세 번째는 금대샘으로 고목나무샘과 제당궁샘이 합수되는 바로 위쪽에 있다. 네 번째가 검룡소로 고목나무샘에서 1750미터 아

천 길 푸른 석벽이 겹겹이 둘러 있고

검룡소

한강의 발원지로 알려진 검룡소는
물이 솟아 나오는 굴속에 검룡이 살고 있다 해서 붙여진 이름이다.

래, 해발 950미터 지점에 있다. 고목나무샘에서 발원한 한강의 물줄기는 검룡소를 거쳐 하장천을 지나 골지천으로 들어가고, 아우라지에서 송천과 합하게 된다.

영월에서 동강과 서강을 받아들인 남한강은 남류하면서 평창강과 주천강을 합하고, 단양을 지나면서 북서로 흘러 달천, 섬강, 청미천, 흑천을 합친 뒤 양수리에서 북한강과 합류한다. 양수리에서 북한강과 남한강을 합한 한강은 계속 북서 방향으로 흐르면서 왕숙천, 한천(중랑천), 안양천 등의 작은 지류와 합류하여 김포평야를 지난 뒤 김포시 월곶면 보구곶리에서 강으로서 생을 마감한 후 서해로 들어간다.

사람만이 사람을 그리워한다

백두대간이 석병산과 백복령을 지나 무릉계를 굽어보며 두타산과 청옥산이 되었는데, 두 산을 합쳐 두타산頭陀山이라고 부른다. 《택리지》의 기록을 보자.

> 두타산에는 옛사람이 쌓은 돌성이 있고 산 밑에는 중봉사重峯寺가 있다. 중봉사 북쪽은 곧 강릉 임계역臨溪驛인데 고려 때 이승휴가 여기에 숨어 살았고, 근래에는 찰방을 지낸 이자李耔가 벼슬하지 아니하고 이 산속에 집을 짓고 살았다. 산중에는 평평한 들판이 조금 열렸고 논도 있다. 또 시내와 바위가 이루는 경관이 아주 훌륭하다. 경작과 어업에 모두 적당하니 이곳이야말로 별세계다.

동해시가 내려다보이는 두타산에는 두타산성이 있다. 일설에는 두타산성과 관음암觀音庵 사이에 허공다리가 있어서 임진왜란 때 사용되었다고 하는데 아무래도 낭설일 듯싶다. 태종 14년(1414)에 축성된 두타산성은 산세의 험준함을 이용하여 부분적으로 쌓은 성으로, 성을 한 바퀴 도는 데 약 7일이 소요된다고 하며 성벽이 그렇게 견고하지는 않으나 천연의 요새로서 손색이 없다.

두타산성 아랫길을 따라 쌍폭포와 용추폭포를 지나 넘는 박달재는 임계, 정선을 거쳐 서울로 가는 옛사람들의 고갯길이었다. 그 길에는 호랑이바위, 베틀바위, 학소대, 벼락바위, 병풍바위, 번개바위, 문바위 등의 절경이 사람들을 기다린다. 두타산에 있는 삼화사三和寺는 신라 선덕여왕 11년(642) 자장율사가 짓고 흑련대黑蓮臺라고 한 것이 효시지만, 경문왕 4년(864)에 구산선문 중 사굴산파의 개조인 범일국사가 중창하여 삼공암三公庵이라고 한 때부터 뚜렷한 사적을 갖는다. 고려 태조 원년(918)에 삼창되면서 세 나라를 하나로 화합한 영험한 절이라는 뜻으로 삼화사라고 이름 지었다. 태조 이성계는 칙령을 내려 이 절의 이름을 기록하여 후사에 전하게 하면서, 신인神人이 절의 터를 알려 준 것이니 신기한 일이라 했다. 삼화사는 임진왜란 때 전소해 효종 때 중건했으며 이후에도 여러 차례 중수해 오늘에 이른다. 지금 남은 건물로는 적광전과 약사전 그리고 요사채가 있으며 대웅전 안에 안치된 철조노사나불좌상(보물 제1292호)이 있다. 이 철불은 삼화사 창건 설화와 관련된 약사 삼불 가운데 만형 격의 불상이다. 한편 대웅전 아래 마당에 있는 높이 4.95미터의 삼화사 삼층석탑(보물 제1277호)은 전체적으로 안정감이 있는 신라시대 석

삼화사

신라시대 자장이 창건한 절이다. 임진왜란 때 전소해 효종 때 중건했으며
이후 몇 차례의 중수를 거쳐 오늘에 이른다.

천 길 푸른 석벽이 겹겹이 둘러 있고

무릉반석에 새겨진 토포사 이름들

삼화사 일주문을 나서서 다리를 건너면 거대한 무릉반석이 나타난다.
너럭바위에는 수많은 시인 묵객들의 글과 이름이 새겨져 있는데,
그중에는 토포사들의 이름도 선명하게 남아 있다.

탑이다.

삼화사 일주문을 나서서 다리를 건너면 거대한 무릉반석이 나타난다. 1000여 명이 앉아도 너끈할 정도로 널찍한 너럭바위에는 수많은 시인 묵객들의 글과 이름이 새겨져 있다. 단종 폐위 이후 조선의 산천을 주유했던 김시습의 글도 있다. 조선 전기 4대 명필 중 하나인 양사언楊士彦의 '무릉선원武陵仙源 중대천석中臺泉石 두타동천頭陀洞天'이라는 달필 속에는 무슨 계契 무슨 계 하며 계원들의 이름도 나온다. 그 이름들 속에는 조선시대 이 산에 숨어들었던 사람들을 잡기 위해 왔던 수많은 토포사들이 새겨 놓은 이름들도 선명하게 남아 있다. 신해 3년 또는 계미 3년 등의 글자들과 함께 토포사 아무개라고 새겨 놓았는데, 그들이 바위에 자신들의 이름을 남기기 위해 쪼아댔을 날카로운 정의 끄트머리가 보이고 내리치는 망치의 불꽃에 스러지는 백성들의 신음이 들리는 듯하다.

김지하 시인은 이 바위에서 임진왜란과 한국전쟁을 거치며 죽어 갔을 수천 명의 아우성을 들었다고 한다. 시인은 시집 《검은 산 하얀 방》 서문에서 "그 어버이를 부르는 아이들의 울음소리/그리고 이상하게 떨리던 여인들의 귀곡성, 귀곡성/(…)/머리 뒤를 잡아끄는 보이지 않는 손길들/(…)/마치 썩어 가는 시체처럼/거무칙칙한 절벽에서 빛나는 음산한 햇빛/검은 갈가마귀들의 울부짖음"이라고 썼다. 그는 달아나다시피 비린내골(피내골), 파소굽이(흘러내린 핏줄기가 오래 머물렀다 하여 피소굽이 또는 파소굽이라 했다)라는 원한 서린 이름들이 남아 떠도는 골짜기를 떠났다. 그의 시 〈두타산〉을 보자.

쓸데없는 소리 말라
산이 산을 그리워하던가
된장이 된장을 그리워하던가
양파가 양파를 그리워하던가
쓸데없는 소리 말라
사람만이 사람을 그리워한다

이것은 절대 지상 철학이다
나는 이것을 두타산에서 배웠다

개새끼들!

오징어 만국기가 걸린 묵호항

1980년 명주군의 묵호읍과 삼척군의 북평읍이 합쳐져 하나의 시가 된 동해시는 강원도 영동 지방의 중남부에 있으며, 석회석을 캐서 시멘트를 만드는 쌍용양회 공장을 비롯한 여러 공장들이 있다. 심상대는 소설 〈묵호를 아는가〉에서 묵호항의 모습을 다음과 같이 묘사했다.

예전의 목호는 전국에서 몰려든 사람들로 흥청거렸다. 산꼭대기까지 다닥다닥 판잣집이 이어졌고, 아랫도리를 드러낸 아이들은 오징어 다리를 물고 뛰어다녔다. 그리고 붉은 언덕은 오징어 손수레가 흘린 바닷물로 언제나 질퍽했다. 그때가 참다운 묵호였다. 가까운 바다에서도 풍성한 어획고를 올렸고, 밤이면 오징어 배의 불빛으로 묵호의 바다는 유월의 꽃밭처럼 현란했다. 아낙네들은 오만 가지 사투리로 욕설을 해대며 오징어 가랑이에 겨릅대를 끼웠고, 아이들은 수없이 끊어지는 백열전구를 사러 산등성이를 오르내렸다.

비린내. 묵호에 살았던 사람이라면 누구나 상한 오징어와 조미공장에서 흘러나온 오징어 다리를 먹어야 하였다. 지독하게도 물고기를 먹어대던 시절이었다. 어느 집 빨랫줄에나 한 축이 넘거나 두 축에서 조금 빠지는 오징어가 만국기처럼 열려 있었고, 집집에서 피워 올린 꽁치 비늘 타는 냄새가 묵호의 하늘을 뒤덮었다. 후미진 구석마다 쌓여 있던 생선 내장의 악취. 비 온 다음 날의 시뻘겋게 상한 오징어. 건조장 바닥에서 떨고 있던 개. 양동이로 머리를 후려치며 싸우던 공동 수도의 아낙네들. 욕설과 부패. 묵호의 모든 것이 그랬다.

뱃사람들은 수협 공판장 담 아래에 산짜꾸틀을 깔고 앉아 물이 삔 오징어를 화덕에 올려놓고 술을 마셔댔다. 오징어가 다 구워지기도 전에 그들은 성급하게 취했고, 십구공탄 불꽃 위에서 오징어가 다 구워졌을 때 그들은 이미 미쳐 있었다. (…) 여보게나 조심하게나. 산다는 것이 호랑이 아가리보다 더 무서운 것이라네. 부디 산다는 것을 조심하게나.

당시 묵호의 풍경이 파노라마처럼 펼쳐지는 소설 속 묵호는 묵호항으로 남았지만 옛날의 그 풍경은 없다. 다만 사람들의 삶은 그 당시나 지금이나 팍팍하기가 매한가지다.

동해시 구미동의 전천 남쪽에 음풍정淫風井이라는 우물이 있었다. 안

천 길 푸른 석벽이 겹겹이 둘러 있고

북평 해암정

고려 공민왕 10년(1361) 삼척 심씨의 시조 심동로沈東老가 낙향하여 세운 정자로 정조 18년(1794)에 다시 중수한 것이다.

구미〔內九美〕의 지형이 여자의 음문처럼 생겼는데, 여기서 효가동에 있는 자지산이 바라다보이기 때문에 이 물을 마시면 여자들이 바람이 난다고 하여 음풍정을 메우고 다른 곳에 새로 팠다고 한다.

동해시 나안동의 마을 중앙에 있는 느티나무는 수령 1000년이 넘었는데 이 나무의 잎이 모두 잘 피면 풍년이 들고 그렇지 못하면 흉년이 든다고 한다. 또한 비천동에는 발자국처럼 파인 곳이 있는데, 마고할미 발자국이라고 해서 '마고할미 발자구'라고 부른다.

동해시 삼화동 사원터에서 삼척시 하장면으로 넘어가는 고개가 연칠성령連七星嶺이다. 해발 1193미터의 이 고개는 청옥산과 고적대 중간쯤에 있는데, 옛날에는 삼척에서 서울로 가는 지름길이었다고 한다.

3

동해에 연한 설악산 아래 고을들

어디가 험하다 말하리

남대천을 거슬러 올라오는 연어

《여지도서》에 "농사와 잠업에 힘쓰고, 상례와 장례를 돕는다. 잔치를 베풀어 놀기를 좋아하며, 학문을 숭상하고 예의를 존중한다"라고 풍속이 실려 있는 양양襄陽은 본래 고구려의 익현현翼峴縣 또는 이문현伊文縣이었다. 신라 때 익령翼嶺이라 고쳐서 수성군의 속현이 되었고, 고려 고종 때 양주 방어사를 두었다. 조선 태조 6년(1397) 이성계의 고조할아버지인 목조의 외가 고을이라 하여 도호부로 승격되었으며, 태종 16년(1416)에야 지금의 명칭이 되었다. 안축이 양양향교를 두고 지은 기문에는 다음과 같은 내용이 나온다.

대관령 동쪽은 산수가 기이하고 빼어났는데 양양이 그 가운데 있다. 영령의 정기와 청숙한 기운이 반드시 허로 축적되지 않았을 테지마는, 100여 년 동안에 기이한 재주와 덕을 품은 사람이 이 고을에서 나와 인륜을 빛나게 한 자가 있었다는 것은 듣지 못하였다. 그러나 이것은 산수의 정기가 영험 없음과 고을 사람의 성품이 착하지 않기 때문이 아니다. 대개 이 고을은 예부터 오랑캐 지경에 이웃하여 변란이 여러 번 일어났으므로 학교를 세우지 못하였기 때문이다.

조선시대 문장가인 강희맹姜希孟이 "큰 들녘 동쪽 끝에 바다 해를 보고, 긴 숲 일면에 강 하늘이 보인다"라고 노래한 양양 땅은 백두대간이 지나는 길목에 동해의 푸른 바다를 바라보며 높고도 험한 산들과 함께 자리한다. 모양이 수려하여 매처럼 보인다는 매봉이 양양군 서면에 있으며, 점봉산(덤봉산)과 약수산을 비롯해 강원도뿐만 아니라 우리나라를 대표하는 설악산이 있다. 조선시대에 어떤 사람이 점봉산 골짜기에서 엽전을 만들다가 발각된 이후 지금까지도 이 근처에서는 꽹과리 소리를 가리켜 '덤봉산 돈 닷 돈, 덤봉산 돈 닷 돈'이라 한다. 이러한 높은 산골짜기에서 남대천과 서림천, 물지천, 오색천 등의 물길이 발원한다. 강릉시 연곡면 오대산에서 발원하여 북쪽으로 흘러 양양에서 동해로 들어가는 양양의 남대천이 널리 알려지게 된 것은 연어가 돌아오면서부터다.

연어는 북태평양의 베링해와 캄차카반도를 거치는 장장 1만 6000킬로미터를 모천회귀母川回歸라는 본능에 따라 헤엄쳐 온다. 안도현 시인은 어른을 위한 동화《연어》에서 다음과 같이 묘사했다.

> 거슬러 오른다는 것은 지금은 보이지 않는 것을 찾아간다는 뜻이지. 꿈이랄까, 희망 같은 거 말이야. 힘겹지만 아름다운 일이란다. (…) 연어가 아름다운 것은 떼를 지어 거슬러 오를 줄 알기 때문이야.

그러면서 이렇게 묻는다.

저 먼 곳 알래스카의 짙푸른 바다를 떠나 한반도의 크고 작은 강 남대천으로 연어들이 거슬러 오르는 이유를 아십니까? 거센 물살을 헤치고 높다란 폭포를 온몸으로 뛰어오르면서 좁고 가파른 강의 상류로 그들의 고향인 남대천으로 힘겹게 헤엄쳐 오르는 한 마리 은빛 연어를 아십니까?

연어들이 어떠한 연유로 고향을 찾아 회귀하는지는 잘 알려진 바가 없다. 어떤 사람은 모천의 특유한 냄새를 맡으면서 찾아온다 하고, 어떤 사람은 별을 보고 방향을 찾는다고 한다. 연어는 시속 200~300킬로미터 속도로 헤엄치는 데, 북태평양에서 남대천까지 보름 정도밖에 걸리지 않는다고 한다.

한편 양양은 이름난 송이 산지다. 버섯 중 최고가 송이이고, 둘째가 표고, 셋째가 능이라고 한다. 어느 지방을 막론하고 송이 밭은 딸에게도 알려 주지 않는다는 말이 있다. 그 송이 밭을 사돈집에서도 욕심을 내기 때문이다.

양양군 현남면 인구리에는 기이한 바위들이 둘러서 있어 장관을 이루는 죽도竹島가 있다. 예전에는 질 좋은 대나무가 많이 나서 화살용으로 나라에 진상했다고 한다. 《신증동국여지승람》의 기록을 보자.

죽도는 양양대도호부 남쪽 45리 관란정觀瀾亭 앞에 있으며, 푸른 대나무가 온 섬에 가득하다. 섬 밑 바닷가에 구유같이 생긴 오목한 돌이 있는데 갈리고 닳아서 교묘하게 깎였다. 오목한 속에 자그마한 둥근 돌이 있다. 민간에 전하기를 "둥근 돌이 그 속에서 이리저리 구르므로 닳아서 오목하게 된 것이며, 다 닳으면 세상이 바뀌어진다" 한다.

언제쯤 그 돌이 다 닳아서 이 불평등한 세상이 모두가 잘 사는 태평성대로 바뀔까? 조선 성종 때 문장가인 청파거사 이륙李陸이 이곳의 아름다운 경치를 시로 읊었다.

명사십리에 주문朱門을 열었는데
버들 그늘지고 꽃이 밝아 한마을이 되었구나
달이 동해에 돋으니 물결 망망하고
바람이 서새西塞에 부니 비가 침침하다
봉래와 영주(봉영 蓬瀛)는 반드시 삼천리나 격하지 않았고
운몽雲夢을 오히려 여덟아홉 개나 삼킬 듯하다
머리를 돌리니 장안이 어디멘고
응당 단정히 팔짱 끼고 엄연히 높은 자리에 계시리라

그러나 관란정은 사라져 지금은 빈터만 남았다.

죽도에는 북쪽 입구에 방선암訪仙岩이라는 큰 바위가 있고 중허리에는 주절암駐節岩이 있으며 동해 가에 연사대鍊沙臺가 있는데, 이 바위 위에 무어라 설명하기 어려운 자국들이 있다. 일설에는 옛날에 신선이 주사朱砂(진한 붉은색의 다이아몬드 광택이 있는 괴상塊狀 광물)를 연마하던 자

리라고 한다. 연사대 앞으로 한국전쟁 당시 날개 한쪽이 떨어져 나갔다는 학 모양의 바위가 있다.

"양양대도호부 남쪽 25리에 있다. 바다 곁에 소나무가 10리를 연달아 푸르게 그늘져서 쳐다봐도 해가 보이지 않는다. 소나무 사이에 잡풀이 없고, 오직 산철쭉이 있어서 봄에 꽃이 피면 붉은 비단같이 난만하다"라고 《신증동국여지승람》에 실려 있던 상운정祥雲亭 역시 사라지고 없다.

《용재총화慵齋叢話》에도 양양에 관한 한 일화가 짤막하게 전하는데 다음과 같다.

양양에서 남쪽으로 몇 리 떨어진 곳 길가에 돌이 서 있는데 항간에 전하는 말로는 옛날에 한 암행어사가 주기州妓를 몹시 사랑하다가 벼슬이 갈리어 이별하게 되자 시를 지어 돌에 썼다.

너는 어느 때 돌이냐
나는 금세의 사람이로다
이별의 괴로움도 모르고
홀로 서서 몇 번이나 봄을 지내었던고

어떤 사람은 함부림咸傅霖이 지은 것이라고도 말한다.

설악산 자락의 진전사지

설악산 자락 양양군 강현면 둔전리에는 진전사지陳田寺址(강원도기념물 제52호)가 있다. 설악을 바라보고 들어가는 골짜기 길은 비좁기는 해도 가을이면 감나무에 매달린 붉디붉은 감들이 보여 설렘으로 가득하다. 설악산이 더욱 깊어지기 전, 신라 구산선문의 효시가 된 도의선사가 창건한 진전사 터에 닿는다.

도의선사道義禪師는 선덕여왕 5년(784)에 당나라로 건너가 마조도일馬祖道一의 선법禪法을 이어받은 지장에게 배웠고 헌덕왕 13년(821)에 귀국하여 설법을 시작했다. 도의가 신라에 도입해 온 선종은 달마대사가 인도에서 동쪽에 전파한 것으로 '문자에 입각하지 않으며 경전의 가르침 외에 따로 전하는 것이 있으니, 사람의 마음을 가르쳐 본연의 품성을 보고 부처가 된다'는 뜻이었다.

달마대사의 뜻은 다시 당나라 승려 마조도일의 남종선南宗禪에 이르러 '타고난 마음이 곧 부처'라는 뜻으로 이어졌다. "염불을 외우는 것보다 본연의 마음을 아는 것이 더 중요하다"라고 외치고 다닌 도의의 사상은 당시 교종만을 숭상하던 시기에 맞지 않는 일이었다. '중생이 부처'라는 도의의 말은 신라 왕권(불교)에서 보면 반역이나 마찬가지였으므로 '마귀의 소리'라고 배척을 받을 수밖에 없었다. 도의선사는 진전사에서 40여 년 동안 설법하다가 입적했고, 그의 선법은 제자 염거廉居에서 체징體澄으로 이어져 맥을 이었다. 보조선사 체징은 구산선문 중 전남 장흥의 가지산에 보림사를 짓고 선종을 펼쳤다.

진전사의 역사는 전해지지 않고 도의선사에 대해서도 알려진 것이 별로 없다. 다만 보림사 보조선사 비문에 "이 때문에 달마가 중국의 1조가 되고 우리나라에서는 도의선사가 1조, 염거화상이 2조, 우리 스님(보조선사)이 3조다"라는 구절이 남아 있을 뿐이다. 도의선사의 선종은 신라 말에 와서야 지방 토호들의 절대적인 지원을 받게 되었고, 그로 인해 구산선문이 이루어졌다. 그 뒤 고려 중기에 《삼국유사》를 지은 일연이 이 절의 장로였던 대웅의 제자가 되었던 것으로 보아 당시까지 사세를 이어 왔던 것으로 볼 수 있지만, 《신증동국여지승람》에는 이 절의 이름이 보이지 않는다.

조선 초에 폐사된 것으로 추정되는 이 절에는 국보 제122호로 지정된 진전사지 삼층석탑과 보물 제439호로 지정된 진전사지 도의선사탑이 있을 뿐이다. 9세기쯤 세워졌을 것으로 추정되는 진전사지 삼층석탑은 높이가 5.04미터이고 신라 양식의 일반형으로 2층 기단을 갖추었다. 상륜부는 노반석까지 남아 있고 그 이상은 남아 있지 않다. 상하 2층의 기단에 각각 비천상과 팔부신중八部神衆을 조각했으며 1층 몸돌에는 사방불을 조각했다. 하층 기단에는 탱주를 모각한 다음 각 면에 연화좌 위에 앉아 있는 비천상을 두 구씩 조각했다. 비천상은 합장을 하거나 천의를 잡고 있는 모습으로 각각 다르고, 1층 몸돌의 동면에는 약사여래, 서면에는 아미타불을 조각했다. 이 석탑은 1968년에 해체, 보수되었다.

석탑을 답사하고 산길로 난 오솔길을 따라 오르면, 좌측으로 저수지가 펼쳐지고 우측으로 오르막 산길이 나타난다. 오르막을 한참 오르면 도의선사탑으로 추정되는 승탑 앞에 이른다. 도의선사탑은 기단부 구조가 2층으로 되어 있어 우리나라 승탑의 일반적 형태와 차이를 보인다. 이러한 형태 때문에 이 승탑을 초기의 것으로 본다.

도의선사가 선종을 열기 전 신라의 의상, 원효, 자장 같은 큰스님들은 누구도 승탑을 남기지 않았다. 화엄의 세계에서 큰스님의 죽음은 그저 죽음에 지나지 않지만, '타고난 마음이 곧 부처'인 선종에 이르면서 큰스님의 죽음을 부처의 죽음과 같게 보기 시작한 것이다. 그런 연유로 다비한 사리를 모시게 되었고 이를 보관하는 승탑이 만들어졌다. 진전사지 도의선사탑은 처음 시도되는 승탑이라 신라 석탑의 양식을 따르고 당나라 초장사의 사리탑에서 탑신부의 팔각당 양식을 빌려와 세운 것이다.

아름다운 폐사지 선림원지

응복산(해발 1360미터)과 만월봉(해발 1281미터) 아랫자락에 위치한 선림원지禪林院址로 들어가는 미천골은 고적하기 이를 데 없다. 얼마 전까지만 해도 비포장이었던 길이 포장도로가 되었고, 길 아래로는 사시사철 맑은 물이 쉴 새 없이 흐른다. 56번 국도에서 2.5킬로미터쯤 들어가면 산비탈에 축대가 쌓여 있고 그 뒤에 선림원지가 있다.

응복산 아랫자락에 있었던 선림원은 확실하지 않지만 신라 애장왕 5년(804)에 순응법사가 세운 것으로 전해진다. 1948년 선림원지에서 출토된 신라 범종에 순응법사가 제작했다는 명문이 새겨져 있었다. 그러나 그 범종은 당시 아무도 돌볼 사람이 없어서 월정사로 보내졌다가 한국전쟁으

진전사지 도의선사탑

양양군 강현면 둔전리 진전사지에 있는 신라시대 승탑이다.
진전사지 삼층석탑과 함께 교종에서 선종으로 넘어가는 시기의 문화유산으로서
중요한 의미가 있다고 한다.

로 월정사와 함께 불에 타 사라지고 말았다. 조성 내력과 연대가 새겨져 있던 선림원지 동종은 오대산 상원사 동종, 경주 성덕대왕 신종과 더불어 통일신라시대의 가장 빼어난 유물 중 하나였다.

그렇다면 선림원을 창건한 순응법사는 누구인가? 순응順應이 언제 태어나고 어디에서 입적했는지 기록은 남아 있지 않지만 애장왕 3년 해인사를 창건했다. 일찍이 출가한 순응법사는 신림神琳의 지도를 받다가 혜공왕 2년(766)에 당나라로 건너가 불경을 배우고 선禪을 공부했다. 그 뒤 보지공寶誌公의 제자를 만나 《답산기踏山記》라는 책을 얻었고 보지공의 묘소에서 7일 동안 선정에 들어가 법을 구했다. 그때 묘의 문이 열리면서 보지공이 나와 친히 설법하고 의복과 신발을 전해 주며 우두산 서쪽 기슭에 대가람 해인사를 세우라고 지시했다. 귀국한 순응법사는 가야산으로 들어가 사냥꾼의 인도로 현재 해인사 자리에 초암을 짓고 선정에 들었다.

그 무렵 애장왕의 왕후가 등에 큰 부스럼이 났는데 어떤 약도 듣지 않았다. 애장왕이 신하들을 보내 고승들의 도움을 얻고자 했고 가야산에 들어간 신하들이 선정에 든 순응법사를 발견하여 왕궁으로 갈 것을 청했지만 거절당했다. 대신 순응은 오색실을 주면서 실의 한쪽 끝을 배나무에 매달고 다른 한쪽 끝을 아픈 곳에 대면 나을 것이라고 했다. 그대로 실행했더니 배나무는 말라 죽고 왕후의 병은 씻은 듯이 나았다. 애장왕은 고마움의 표시로 해인사를 지을 때 인부를 동원하여 중창 불사를 도왔고, 순응법사는 해인사에서 수많은 승려들을 지도하다가 갑자기 세상을 떠났다.

순응법사가 창건할 당시 선림원은 화엄종 사찰이었다고 한다. 그러나 경문왕 때 고승 홍각弘覺이 이 절로 옮겨 왔고 헌강왕 때 이 절을 크게 중창하면서 선종 사찰로 전이해간 것으로 보인다. 홍각선사에 대해서 자세히 알려진 것은 없으나 비의 파편과 역대 탑본搨本을 정리한《대동금석서大東金石書》에 따르면, 경서와 사기에 해박하고 경전을 암송했으며 영산을 두루 찾아 선을 단련했고 수양이 깊어 따르는 이가 많았다고 한다.

순응법사가 창건한 절

선림원은 당시 화엄종의 승려들이 대거 선종으로 이적한 사실을 보여 주는 최초의 사찰이다. 1985년 동국대학교 발굴 조사단이 발표한 보고서에 따르면 금당 터의 주춧돌이나 여타의 다른 유물들이 매몰되어 있는 것으로 보아 이 절은 10세기 전 반기에 태풍과 대홍수로 산사태가 나면서 금당, 조사당 등 중요 건물들이 무너진 뒤 복원되지 않은 것으로 보인다. 삼층석탑 뒤에 정면 세 칸, 측면 네 칸의 맞배지붕 금당 건물이 있었음을 알려 주는 주춧돌이 남아 있고, 금당 터 서북쪽에 석등을 앞에 세운 조사당이 있었다. 이곳 조사당에 홍각선사의 영정을 봉안한 것으로 보이며 조사당 터 동편에는 홍각선사탑비가 있다.

이 절터에는 선림원지 삼층석탑과 승탑, 홍각선사탑비, 석등 등의 보물급 문화재들이 남아 있다. 선림원지 삼층석탑(보물 제444호)은 무너져 있던 것을 1965년에 복원했다. 누군가가 사리 장치를 훔쳐 가기 위해 오래 전에 무너뜨린 것을 한 승려가 옮겨 세우려고 해체하던 중 기단 밑에서 많은 납석제 소탑小塔과 동탁銅鐸이 나왔다. 그런데 1층 몸돌에 사리공이 있기는 하지만 그 많은 소탑을 봉안할 공간이 없었으므로 원래부터 기단부나 그 밑에 넣었던 것으로 생각된다. 납석제 소탑은 동국대학교박물관에서 소장 중이다. 탑의 높이는 약 5미터로, 2층 기단 위에 3층의 탑신부를 쌓아 올린 전형적인 통일신라시대 양식이다. 하층 기단과 상층 기단에는 각각 우주와 탱주를 조각했다. 특히 상층 기단에 팔부신중을 우주와 탱주 사이에 두 개씩을 조각해 놓은 것이 눈에 띄는데 마모가 심해 안타깝다. 탑신부는 각각 1매석으로 된 몸돌과 지붕돌을 듬직하게 쌓아 올렸고 지붕돌의 추녀는 수평으로 한 뒤 오단의 층급 받침을 두었다. 네 모서리의 전각부에는 풍경을 달았던 작은 구멍이 남아 있고 낙수 면은 급하지도 원만하지도 않아서 경쾌해 보인다. 지붕돌 위에는 그 단의 굄을 마련하여 그 위층에 몸돌을 얹었다. 상륜부에는 직경 10.5센티미터의 찰주원공이 남아 있고 그 위에 보륜 조각들을 적당히 쌓았으며, 탑 앞에는 장방형의 비례석이 놓여 있다.

삼층석탑과 마찬가지로 9세기경에 만들어진 것으로 추정되는 선림원지 석등(보물 제445호)은 높이가 2.92미터에 이른다. 4매석으로 짠 지대석 위에 팔각 하대석이 놓여 있고 그 측면에는 한 구씩 안상이 조각되어 있다. 하대석 위에 간석을 놓았고 간석 상단과 하단에 원형으로 구름무늬를 조각했으며 전체적으로 장구 같은 모습이다. 화사석은 팔각이고 사면에 장방형 화창을 냈으며 각 면 아랫부분에는 안상을 얕게 조각했다. 지붕돌에는 팔각의 추녀마다 하대석과 같은 양식의 귀꽃이 있고 꼭대기에는 팔각의 연꽃이 귀엽게 조각되어 있다. 상륜부는 현재 대부분 없어졌지

선림원지 삼층석탑

선림원지 삼층석탑은 보물 제444호로 도굴꾼이 무너뜨려 해체하던 중 기단 밑에서 납석제 소탑과 동탁이 나왔다.

만 큰 연꽃을 엎어 놓은 모양의 무늬가 조각된 둥근 석재가 하나 남아 있을 뿐이다.

선림원지 홍각선사탑비(보물 제446호)는 일제 강점기에 파괴되어 귀부와 이수만 남아 있던 것을 2008년에 비신을 새로 복원하여 현재의 모습을 되찾게 되었다. 비문이 새겨지는 비몸은 파편만 남아 국립춘천박물관에 소장되어 있다. 귀부의 높이는 73센티미터이고, 이수의 높이는 53.5센티미터다. 그 외에 신라 헌강왕 12년(886)경에 건립되었을 것으로 추정되는 선림원지 승탑(보물 제447호)은 승탑 중대석에 운룡문이 나타나는 최초의 작품으로 크지도 작지도 않은 아름다움을 발한다. 현재 높이는 1.2미터다. 선림원지에서 출토된 신라 범종은 한국전쟁 때 파손되어 그 잔해만이 국립중앙박물관에 보관되어 있다.

선림원지에서 멀지 않은 곳에 홍천군 내면으로 넘어가는 아름다운 구룡령 옛길이 있다. 명승 제29호로 지정된 구룡령 옛길은 양양과 홍천 지방을 연결하는 길이다. 양양과 고성, 간성 사람들이 한양으로 가기 위해 넘나들던 고갯길이었다. 미시령과 한계령보다 산세가 평탄하여 사람들이 이 길을 선호했다고 한다. 특히 강원도의 영동과 영서를 잇는 중요한 상품 교역로였고, 고성과 간성, 양양의 선비들이 과거를 보기 위해선 꼭 넘어야 하는 길목이었다.

구룡령九龍嶺이라는 이름은 '아홉 마리의 용이 고개를 넘어가다가 지쳐서 갈천리 마을 약수터에서 목을 축이고 고갯길을 넘어갔다'고 하여 붙여진 이름이라고도 하고, 큰 구렁이가 지나간 자국을 따라서 길을 냈기 때문에 붙여진 이름이라고도 한다.

바로 이곳 광원리에 단종의 외조부이자 문종의 비 현덕왕후의 아버지인 화산 부원군 권전權專의 비가 있다. 권전은 단종이 승하하자 세상을 피하여 실론골에 와서 살다가 어느 날 말을 타고 가던 길에 산중에서 갑자기 튀어나온 사슴에 놀란 말이 칡넝쿨에 걸려 넘어지자 낙마해 죽고 말았다. 그 일이 있고 나서 이 근처 산에는 지금까지도 칡이 없다고 하며, 그 후 후손들이 사당을 짓고 제사를 지내고 있다.

남북으로 오가는 나그네 얼마나 많았던가

청간정과 화진포가 위치한 강원도 간성군이 고성군으로 편입된 것은 그다지 오래된 일이 아니다. 간성杆城의 고구려 때 이름은 가라홀加羅忽이었는데 신라 때 수성군守城郡이라고 고쳤으며 고려 때 지금의 이름으로 고치고 현으로 강등하여 영令을 두었다. 후에 군으로 승격하고 고성을 겸임하게 했다. 공양왕 원년(1389)에 다시 갈라서 둘로 나뉘었으며 조선시대에도 그대로 두었다가 1895년 강릉부에 속하게 했다. 1914년 군면 통폐합 당시만 해도 군내, 오대, 고성, 신북, 서면, 수동, 현내, 토성 등 아홉 면을 관할하다가 1919년에 군이 폐지되면서 고성군에 편입되었다. 《여지도서》에 기록된 간성군의 풍습을 보자.

> 세속의 풍습이 순박하고 어리석다. 글 읽는 사람이 적으며, 농업에 힘쓰는 사람은 많다. 옷을 입거나 음식을 먹는 것은 모두 검소함을 따른다. 질병에 걸

린 백성이 있어도 의술이나 약을 믿지 않고 다만 기도만 한다. 그런 까닭에 지역에 무당이 많다.

《신증동국여지승람》에 따르면 군의 경계가 "동쪽은 바닷가까지 7리, 남쪽은 양양부 경계까지 56리, 서쪽은 인제현 경계까지 80리, 북쪽은 고성군 경계까지 67리이며, 서울과의 거리는 527리"였다. 고려 때 시인 채련蔡璉은 간성의 형세를 "서쪽으로 철령에 잇닿고, 남쪽으로 기성箕城에 이른다" 했다. 《신증동국여지승람》에서 "마기라산痲耆羅山은 고을 서쪽 30리에 있는 진산이다. 남산은 고을 남쪽 5리에 있다"라고 하면서 "금강산은 고을 서쪽 20리에 있는데 '회양부淮陽府' 조에 자세하다"라고 간성의 산천 설명했다. 또한《증보문헌비고增補文獻備考》에는 "또 일설에는 간성에 산이 있는데, 장차 비가 오려고 하거나 눈이 내리려고 하면 산이 스스로 울기 때문에 천후산天吼山이라 부른다고 한다"라고 쓰여 있다.

또한 안축은 "중첩한 멧부리 사면으로 둘러싸여 지경이 그윽한데, 세월이 오래니 소나무 비늘 백 자나 길구나. 큰 관도에 나무가 깊으니 바람은 원집에 가득하고, 바다 문에 안개가 개니 물은 다락에 밝구나. 비 오는 날 도롱이 삿갓 쓰고 고깃배 타기 평생의 기약인데, 티끌 묻은 옷으로 길가는 행장은 조만간 그만두려네. 만일 성 남쪽 경호의 달을 준다면, 예전 살던 곳이라고 하필 이 고을을 그리워할 것이랴"라고 노래했다.

간성 근처에는 험준한 백두대간이 펼쳐져서 그런지 고개들이 많다. 소파령所坡嶺 또는 석파령石破嶺이라고도 부르는 고개를 김극기는 다음

화진포 해수욕장

김일성 별장에서 본 화진포 해수욕장.
망망대해가 일망무제로 펼쳐져 장관을 연출한다.

(…)

관동은 산수의 고장인데

지나는 나그네 어조魚鳥와 함께 섞이네

돌아가는 길 사람 마음과도 같아

험한 가운데 평지가 적구나

석양은 말 머리에 떨어지는데

서쪽 변방엔 달이 처음으로 비치네

곤하여 침상 위에 거꾸러지니

태산이 가을철의 털과 같이 작게 보이네

(…)

간성군에는 누정도 많았다. 관아의 남쪽 20리에 있는 능파대는 바위 언덕이 구불구불 이어지며 바닷속으로 들어가는 곳에 있다. 능파대 남쪽 10리에 있는 정자가 무진정이다. 바위 언덕이 바닷속으로 들어가는 곳에 정자를 짓고 바위 언덕이 끝이 없다는 뜻으로 '무진정無盡亭'이라는 이름을 붙였다. 화진 호숫가에 있는 가평대는 가평의 수령을 지냈던 사람이 정자를 짓고 살았기 때문에 가평대이고, 무송정茂松亭은 무송부원군 윤자운尹子雲이 사신으로 이곳에 들렀다가 정자를 짓고서 노닐었기 때문에 붙은 이름이다. 관아의 서쪽 15리 선유령仙遊嶺 아래 골짜기에 '비음정悲吟亭'이라는 정자가 있었다. 평평하고 반듯한 너럭바위에 있는데, 100여 명이나 앉을 수 있다. 사면이 모두 돌과 물로 이루어진 터라 이곳에서 구슬프게 시를 읽는다는 뜻으로 지은 이름이다.

봄에 바람이 많이 불고, 겨울에 눈이 많다

한편 강원도 양양과 간성 지방의 기상 현상을 표현하는 말 가운데 '양간지풍襄杆之風' 또는 '양강지풍襄江之風'이 있다. 봄철 강원도 양양과 간성 지역에서 자주 나타나는 국지적 강풍을 일컫는 말로 특히 영동 중북부 지방에서 4월에 강하게 분다. 양양과 간성 그리고 양양과 강릉 사이에서만 국지적으로 강하게 나타나는데 남고북저의 기압 배치에서 서쪽으로부터 불어온 바람이 고도가 높은 백두대간을 넘는 순간 압력이 높아져 고온 건조한 강풍으로 바뀌는 것이다. 양간지풍은 양양과 간성 지방에는 바람이 많이 분다는 뜻이기도 한데, 바람이 거세게 부는 겨울철에는 그 육중한 소나무들이 반으로 부러져 길을 막는 것을 자주 목격할 수 있다.

2005년 4월 사흘간 강원 양양의 산간 지역을 휩쓴 산불은 양간지풍을 타고 확산되면서 임야 1161헥타르와 낙산사가 소실되는 최악의 사태를 초래했고, 2019년 4월 변전소가 폭발하면서 일어난 산불로 고성에서 강릉까지 대형 산불이 일어나 막대한 피해를 보았다. 그래서 양간지풍을 불을 몰고 오는 '화풍火風'이라고 부르기도 한다.

'통고지설通高地雪'이라는 말도 있다. 통천과 고성 지방에는 눈이 많이 내린다는 뜻인데, 폭설이 내리면 며칠씩 교통이 끊기는 곳이 바로 이 지역이다.

공수진公須津 북서쪽에 있는 호수 선유담仙遊潭은 신라 때 네 신선이 놀았다는 곳이고, 공수진 서쪽에 있는 장막재마을은 간성 수령이 장막을 치고 놀았다는 곳이다.

간성 근처의 거진巨津은 조선시대에 초가집 몇 채가 올망졸망하게 모여 있는 조그만 어촌이었다. 서울로 과거를 보러 가던 어느 선비가 해안이 활처럼 휘어들어 간 땅의 형세를 보고 마치 '클 거巨' 자와 닮았으니 앞으로 큰 나루가 될 것이라고 말한 뒤부터 큰 나루라는 뜻으로 거진이라 부르기 시작했다고 한다. 그래서인지 몰라도 일제 강점기에 고성군 일대를 중심으로 정어리가 많이 잡히기 시작하면서 고깃배가 몰려들어 거진은 제법 큰 항구가 되었다. 그러나 광복이 될 무렵 정어리가 사라지며 침체 일로를 걷다가 함경도 지방에서 주로 잡히던 명태가 잡히면서 다시 활기를 찾기 시작했다.

명태를 부르는 이름은 여러 가지다. 얼린 것은 동태, 말린 것은 북어라 한다. 특히 간성읍 진부리에서 한겨울 매서운 바람을 맞으며 얼었다 녹았다 하는 과정에서 노란빛을 띠며 마른 것은 황태라고 한다. 명태라는 이름의 유래는 이렇다. 조선시대 함경도 명천明天 지방에 살던 태太씨 성을 가진 어부가 어느 날 이름을 알 수 없는 고기를 많이 잡았다. 어부는 처음 보는 고기라서 그 고을 수령을 찾아가 이름을 지어달라고 했는데, 수령이 그 고을의 이름 첫 글자와 어부의 성을 합해서 명태라 이름했다.

금강산 자락의 고성군

고성高城의 고구려 때 이름은 달홀達忽이다. 신라가 이 지역을 차지한 후 진흥왕 29년(568)에 달홀주를 삼고 군주를 두었으며, 경덕왕 때 지

금강산 철길

고성군은 1945년 광복 후 북한 땅에 들었으나 한국전쟁이 끝나고 휴전선이 그어지면서 둘로 나뉘었다. 외금강과 해금강 지역은 대부분 고성군에, 내금강 지역은 금강군에 속한다.

금의 이름으로 고친 뒤 군이 되었다. 《택리지》에는 "강원도는 땅이 매우 메마르고 자갈밭이어서 논에 종자 한 말을 뿌리면 겨우 10여 말을 거둔다. 다만 고성과 통천은 논이 가장 많고 땅이 메마르지 않다"라고 실려 있다. 《신증동국여지승람》에는 이곳 주민들이 "삼을 심어서 길쌈하지 않고 노를 꼬아 그물을 만들어서 고기 잡는 것으로 생업을 삼는다"고 적혀 있다. 《여지도서》는 지역의 형승을 "왼쪽으로 넓고 큰 바다에 닿았고, 오른쪽으로 금강산을 끼고 있다" 했다.

고성군은 강원도 남동부의 동해 연안에 장방형으로 위치하며, 동쪽은 동해, 서쪽은 인제군과 금강군, 남쪽은 속초시 그리고 북쪽은 통천군과 접한다. 백두대간이 남서부로 내려오면서 금강산의 최고봉인 비로봉을 비롯하여 집선봉과 국사봉, 오봉산 등의 장엄하고 아름다운 산봉우리들을 형성했는데, 동쪽으로 급격히 지세가 낮아지면서 동해로 흘러드는 남강과 온정천, 운전천, 장림천, 북천, 남천 등이 하류에 비교적 넓은 충적평야를 펼쳐 놓는다.

1945년에 광복된 뒤 38선 이북으로 북한 땅에 들었던 고성군은 한국전쟁 뒤에 휴전선이 그어지면서 둘로 나뉘었다. 고성군청이 있던 고성읍과 장전읍, 외금강의 서면 등 금강산 지역은 북한 땅에, 간성읍과 거진읍, 현내면, 토성면, 죽왕면, 수동면은 남한 땅에 들게 되었다. 금강산을 외금강, 내금강, 해금강으로 분할 때 외금강과 해금강 지역은 대부분 고성군에 속하고, 내금강 지역은 현재의 금강군에 속하며, 총석정 해변은 통천군에 속한다.

관동팔경의 한 곳으로 이름난 삼일포를 안축은 기문에서 이렇게 기록했다.

삼일포가 고성 북쪽 7~8리에 있는데 밖으로는 중첩한 봉우리들이 둘러쌌으며 그 안에 36봉이 있다. 깊고 큰 골짜기가 맑고 그윽하며 소나무와 돌이 기이하고 예스럽다. 물 가운데 작은 섬이 있고 푸른 돌이 평평하니 옛날에 네 신선이 여기서 놀며 3일간이나 돌아가지 않았다고 하여 이렇게 이름 붙인 것이다. 물 남쪽에 또 작은 봉우리가 있고 봉우리 위에 돌 감실이 있으며, 봉우리의 북쪽 벼랑 벽에 붉은 글씨 여섯 자가 있으니 '영랑도남석행永朗徒南石行'이다. 작은 섬에 옛날에는 정자가 없었는데 존무사存撫使 박공朴公이 그 위에 지으니 곧 사선정四仙亭이다.

삼일포 남쪽에는 매향비埋香碑가 있었다고 한다. 고려 충선왕 원년(1309)에 강릉도 존무사 김천호金天皓 등이 승려 지여志如와 더불어 향나무를 해변의 각 고을에 묻고서, 그 묻은 곳과 가지의 수효를 적어서 단서丹書 곁에 세웠다고 한다.

이곳 고성을 지나던 서경덕에 관한 이야기가 차천로車天輅가 지은 《오산설림초고五山說林草藁》에 아래와 같이 실려 있다.

화담이 젊을 때 금강산에 가 놀았다. 바다를 끼고 가다가 도중에서 양식이 떨어졌다. 쌀을 고성 태수에게 빌리러 갔더니, 태수는 무인武人이라서 서생을 경시하고 누워서 대답하기를, "산 구경을 하니 무슨 장관이 있었소?" 하였다. 화담이 대답하기를, "불정대佛頂臺에 올라가 해 뜨는 것을 보는 게 가장 기관

奇觀이었습니다" 하였다. 화담의 말을 들은 태수가 "그것이 어떤 것이었는데요?" 하자 화담은 다음과 같이 말했다.

"새벽이 되어 절정에 발걸음을 날려 굽어 만 리를 내다보니, 구름과 안개는 자욱하고 하늘과 바다는 한데 붙어 뒤범벅이 되어 분별이 없는 듯하더니, 갑자기 밝은 기운이 점점 열리고, 상하 사방이 걷혀 올라가기 시작하자, 하늘과 땅이 정하여지고 만상이 나뉘었습니다. 조금 있다가 오색구름이 바다를 뒤덮고 붉은 기운이 하늘에 치솟았으며, 물결은 겹겹이 늠실거리고 둥근 해를 치받쳐 올리니 바다 빛이 밝아지고 구름 기운이 흩어졌습니다. 상서로운 햇빛이 애애하여 눈이 부시어 볼 수가 없고, 점점 높아져서 우주가 광명하고, 먼 봉우리와 가까운 산부리가 비단같이 얽히고 실처럼 나뉘어서 붓으로 그릴 수 없고 입으로 형용하여 말할 수 없었습니다. 이것에 제일 장관이었습니다."

화담의 말이 끝나자마자 태수는 벌떡 일어나 말하기를, "자네 말이 매우 통쾌하여 사람에게 세상을 초월하여 독립하는 뜻이 있게 하였네" 하고서 마침내 후하게 대접하여 보냈다.

상대가 어떻든 그것을 따지지 않고, 열심히 아름다운 경치를 설명한 화담의 마음 씀씀이를 미루어 짐작할 수 있는 이야기다.

금강산과 그 산자락 아래 해금강이 있는 바닷가 고을 고성을 찾아왔던 많은 이들이 시를 남겼다. 먼저 정추가 남긴 시를 보자.

빈 여관에 이 생각 저 생각 잠 못 드는데

호수 빛 밤새도록 밝구나

새벽안개는 먼 물에서 생기고
밝은 해는 동쪽 난간에 올라오네
처마 밖에는 산이 가로질렀고
하늘가엔 평평하게 잇따랐네
모자가 별처럼 들에 흩어졌으니
두 번 탄식하네, 너의 생애를

안축 또한 시를 남겼다.

한가롭게 남북으로 노니는 길은 멀고 먼데
오가기를 베틀에 북 나들듯 무엇이 그리 바쁜고
푸른 산기슭 끊어진 곳에 불탑이 보이고
가로지른 봉우리의 높은 곳에서 호상胡床에 앉았네
마을 나무엔 늙은 까마귀가 앉았고 가을 연기는 엷구나
여윈 말은 물가 언덕에 있는데 늦은 풀이 누르네
피폐한 고을 쇠잔한 백성 정녕 민망스럽네
일 년간의 생업 농사와 누에고치 모두 흉년일세

사람은 가고 없어도 시는 남아 지난 역사를 돌아보게 하니, 세월은 정녕 무엇이란 말인가.

실향민의 도시 속초

신흥사를 품에 안은 설악산 자락에 속초시가 있다. 원래 양양군 도천면의 작은 포구였던 속초束草의 옛 이름은 속새 혹은 속진束津이었다. 속초가 속초면으로 이름이 바뀐 것은 1937년이다. 교동 서쪽에 있는 만천동萬千洞은 집이 만호萬戶가 될 것이라는 누군가의 예언 때문에 지어진 이름이다. 그런데 그 예언이 맞았는지 자그마한 포구 마을인 속초가 1942년에는 읍으로 승격되었고 한국전쟁 이후 인구가 비약적으로 늘어났다. 압록강까지 밀고 올라갔던 국군과 유엔군이 인민군에 밀려 내려오자 남쪽으로 같이 내려온 북한 지역 사람들이 눌러앉았기 때문이다. 지금도 나이 든 어르신들이 "눈보라가 휘날리는 바람 찬 흥남부두에"라는 노래를 부르곤 하는데, 그 노랫말 속에 남아 있는 역사적 사건이 바로 '흥남 철수 작전'이다. 1950년 12월 4일부터 25일까지 단행되었던 이 사건의 전개 과정은 다음과 같다. 인천 상륙 작전의 성공으로 북진했던 국군과 유엔군이 중공군의 제2차 공세로 12월 6일 평양을 내어 주고 38선으로 철수했다. 그러자 함경도 흥남 일대로 모여든 미 제10군단과 국군 제1군단은 순식간에 적진에 고립되어 버렸다. 한때 함흥과 원산 해안 일대에 교두보를 구축하고 저항하는 방안도 검토했지만 12월 8일 맥아더는 해상 철수를 지시했다. 철수 작전을 총지휘한 알몬드 미 제10군단장은 흥남항을 통해 아군이 순차적으로 철수하는 동안 퇴조항과 함흥 그리고 동천리를 연결하는 반경 12킬로미터에 교두보를 설치하여 중공군의 공격을 막도록 했다. 이를 위해 흥남 앞바다에는 항공모함 7척, 전함 1척, 순양함 2척, 구축함 7척, 로켓포함 3척이 배치되었고 이들이 퍼부어대는 엄청난 화력으로 중공군의 접근을 차단했다. 그때 흥남에서 철수하는 아군의 병력은 총 10만 5000여 명이었고, 차량이 1만 8422대 그리고 각종 전투 물자가 3만 5000여 톤인 막대한 규모였다. 상상을 초월하는 병력과 병기의 철수를 위해 미 해군은 125척의 수송선을 동원했다. 그러나 절대량이 부족하여 2회 이상 운항해야 하는 경우도 부지기수였다. 가장 큰 피해를 본 미 제1해병사단의 철수를 시작으로 12월 11일부터 개시된 해상 철수 작전은 순조롭게 이루어졌고 흥남 남쪽에 있는 연포 비행장을 통한 항공 철수도 병행되었다.

철수 과정에서 중공군의 공격은 예상외로 미약했다. 한반도 북부의 동부 지역 12개 사단에 집중했던 중공군이 흥남 일대에 밀집된 미 제10군단과 국군 제1군단을 일거에 격멸시킬 호기였으나 그때 그들의 상황도 그리 좋지 않았기 때문이다. 그들 주력 부대의 대부분이 장진호 일대에서 미 제1해병사단과 힘겨루기를 하다가 패했고, 남아 있는 전력 또한 유엔군의 강력한 함포 사격과 공중 공격으로 인한 불벼락의 장벽을 넘을 수는 없었다. 흥남 철수 작전은 순조롭게 진행되다 난제가 발생했다. 바로 피난민 문제였다. 아군의 엄중한 통제에도 장사진을 이루며 흥남항으로 끝없이 밀려오는 피난민에 대한 해결 방책이 없었다. 대대로 살았던 곳을 떠나 목숨을 걸고 남쪽으로 내려오고자 하는 피난민들을 남겨둔 채 떠날 수는 없었다.

당시 알몬드는 3000명 정도의 피난민을 철수시킨다는 생각이었다. 하지만 예상외로 많은 피난민이 흥남부두로 밀려들자, 국군 제1군단장 김백일 장군 등의 건의를 받아들여 배편이 허락하는 대로 피난민을 철수시키기로 했다. 그러한 상황 속에서 9만 8000명 정도의 피난민이 해상으로 탈출할 수 있었다. 세계 전쟁사에서 찾아보기 힘든 철수 작전이었다. 이러한 작전이 가능했던 이유는 대규모의 함포와 공중 폭격 덕분이었다. 그때 미 제7함대에서 발사한 5인치 함포는 1만 8637발이었다. 12월 24일 오후 2시 30분 마지막 엄호 부대와 폭파 요원들이 해안을 떠나면서 흥남항은 굉음과 함께 화염에 휩싸였다. 미처 철수하지 못한 전투 물자들과 항만 시설을 북한군이 사용하지 못하도록 폭파한 것이다. 한 많은 흥남 철수 작전이 완료되는 순간이었다.

그 뒤 미군 함정을 타고 부산으로 내려갔던 피난민들이 피난살이를 하다가 1953년 7월 27일에 휴전이 되면서 속초로 많이 몰려왔다. 속초가 함경도로 가는 가장 가까운 길목이었기 때문이다. 아무것도 가진 것 없이 속초에 정착한 실향민 중 남자들은 별다른 기술이 없어도 일할 수 있는 고깃배를 탈 수밖에 없었고 여자들은 그물째 건어 온 고기를 그물에서 떼어 내거나 낚시에 미끼를 다는 일을 하며 어려운 시절을 이겨냈다. 사람이 몰려들다 보니 상업이 활발해져서 갈대밭이 우거졌던 언덕배기가 중앙 시장으로 탈바꿈했고, 초창기에 장사를 시작했던 피난민 중 일부가 현재 속초의 상권을 잡고 있기도 하다. 속초는 그런 의미에서 실향민들이 이루어 낸 도시라고 할 수 있다. "건너다 뵈는 곳이 우리 형제 집이구나/외치면 반겨 듣고 쫓아 나와 맞으련만/천 리 길 되돌아가니 이한 언제 풀을까/(…)/오가는 고기떼처럼 뜻 이룰 날 있으리"라는 김제 출신의 시조 시인 양상경의 시조처럼 지금도 청호동의 관광객들을 건네주는 나룻배나

아바이순대가 사람들에게 실향의 아픔을 일깨워 주고 있다.

양양에서 속초로 접어드는 초입에 대포동이 있다. 대포라는 지명은 조선 성종 21년(1490)에 강릉 안인포에서 대포영大浦營을 옮겨 오며 생긴 것이다. 그리고 이때 쌓은 성이 대포성이다. 대포 북쪽에 솟은 말처럼 생긴 산인 마산째(마성대)에 중종 15년(1520)에 쌓은 이 성은 높이가 12척에 둘레가 1469척이었다는데 지금은 모두 헐리고 흔적만 남았다. 세월이 흐른 지금은 대포항에 횟집들이 단지를 이룬 채 줄지어 있고, 좁은 골목으로 이어진 길을 따라가면 외옹치에 이른다. 외옹치리 동쪽 동해 바닷가 덕산德山에 조선시대 봉수가 있었다. 북쪽으로는 간성의 죽도에, 남쪽으로는 수산에 응하여 봉화를 들었던 곳이지만 지금은 봉수대만 남아 있다.

속초를 지키는 두 개의 눈동자

설악산에서 바라보면 바다를 사이에 두고 두 개의 호수가 보인다. 그 호수가 청초호와 영랑호다. 전설에 따르면 청초호와 영랑호에 두 마리의 용이 살고 있었다. 청초호의 수컷 용과 영랑호의 암컷 용이 지하 통로를 오가며 살고 있는데, 한 어민의 실수로 청초호 주변의 솔밭에 불이 나자 수컷 용이 불에 타 죽고 말았다. 이에 격노한 암컷 용이 이 지역에 가뭄과 흉어 등의 벌을 내렸다. 농민들은 기우제와 용신제를 지내 용의 죽음을 위로하고 나룻배들의 무사고를 기원하며 한 쌍의 나룻배끼리 힘을 겨루는 민속놀이를 만들었다. 싸움에서 진 마을은 이긴 마을에 술과 음식을

속초항

1905년 연안 항로가 처음으로 개설되어 연안 선박의 기항지로서 선박 출입이 잦았다. 근해에 수산 자원이 풍부해 어항으로 발전했으며 철광석 적출항과 관광 항만으로도 큰 역할을 하고 있다.

아바이마을

대교 북단 해안 쪽에 있는 아바이마을은 실향민촌으로 유명한 곳이다.

대접하고, 이긴 쪽은 대풍과 풍어를 맞는다고 믿었다.

17세기 학자 정시한丁時翰이 명산의 고찰과 서원을 두루 돌아보며 기록한 유람기《산중일기山中日記》에는 바다 같은 호수 영랑호가 다음과 같이 그려져 있다.

> 아침 식사 뒤에 15리 남짓을 가서 영랑호에 이르렀다. 둘레는 30여 리나 되었다. 물가는 둘러서 굽어 있었고, 바위는 기이하고 절묘하였다. 호수 동쪽의 작은 봉우리는 끊어져 호수 속으로 들어갔다. 큰 바위 위에는 '영랑호永郎湖'라는 세 글자를 크게 새기고 붉게 칠하였다. 문생과 함께 올라 사방을 바라보니 설악산은 병풍으로 둘러쳐진 것 같았다. 동쪽은 큰 바다에 다다라 밝고 쾌활함이 비교할 수 없이 사랑스러웠다. 떠나지 못하고 오랫동안 구경하였다.

설악산에서 발원한 두 물줄기가 동쪽으로 흘러서 쌍천과 소야천을 이룬다. 쌍천은 속초의 남쪽에서 양양군과 경계를 이루며 동해로 접어들고, 소야천은 청초호로 흘러든다. 이곳 속초의 청초호 부근을 논뫼, 또는 논산論山이라고 불렀다. 논산조양論山朝陽이라 하여 소야팔경所野八景 중 하나로 유명했다. 이곳 속초의 논뫼호에서는 고을 수령의 환영연을 베풀며 불꽃놀이도 벌어졌다. 호수에 꽃배를 띄우고 연이어 사흘 동안 관기들의 가무가 펼쳐졌는데, 밤이면 널빤지에 숯불을 피워 호수 위에 띄워서 흥을 돋우었다. 놀이를 구경하러 나온 주민들까지 어우러져 즐겼는데, 조선 후기에 최양락 군수의 환영연 때 배가 전복되는 사고가 있은 뒤로 이 놀이를 금지했다.

또한 이곳의 특산품 중 하나가 도루묵이다. 1970년대 중반에 군 생활을 했던 사람들은 도루묵이라 하면 고개를 절레절레 흔든다. 맛도 없이 이상한 냄새가 나는 그 생선이 시도 때도 없이 국으로 끓여져 올라왔기 때문이다. 그 고기의 원래 이름은 묵이었다. 임진왜란 때 왜군에 밀려 함경도 의주까지 피난을 간 선조의 밥상에 올랐던 고기라고 한다. 피난살이에 지친 선조는 묵이 맛은 좋았으나 그 이름이 마땅치 않게 여겨져 맛도 좋고 빛깔도 은빛이 도는 생선이니 앞으로는 은어라고 부르라 했다. 피난살이가 끝나 서울로 돌아온 선조는 피난 시절에 맛본 그 생선이 생각나서 은어, 즉 묵을 다시 찾았으나 맛이 그전만 못하자 은어를 '도로' 묵, 곧 다시 묵으로 부르게 했다고 한다. 한때 맛이 없다고 푸대접을 받았던 이 도루묵이 일본 사람들에게 고혈압과 신경통에 좋다고 알려진 뒤 전량 수출되면서 서민들의 밥상에서 사라지게 되었다. 한때 속초 부둣가의 술집에서 값싼 술안주로 팔리던 도루묵이 1980년대에 접어들면서 다시 은어 대접을 받게 된 것이다.

세노야 세노야 어야디야 세노야
어기여차 어기여차 어야디야 어기여차
담아내라 퍼내어라 저건 전부 싣고 가자
세노야 세노야 어야디야 세노라
한 배 실었다 세노야 어디로 갈까 세노야
올려나 봐라 세노야 어서 펴라 세노야
만선이다 세노야 어이야 차야 세노야

영랑호

설악산에서 바라보면 바다를 사이에 두고 보이는 영랑호는 역사적으로 화랑들의 수련장이자 그 아름다운 경관에 취한 많은 시인 묵객들의 걸음이 끊이지 않는 곳이었다.

청초호

영랑호와 더불어 속초를 지키는 두 개의 눈동자라 불리는 청초호는
이중환이 영동의 호수 가운데 유일하게 관동팔경의 하나로 언급한 곳이다.

한 배 실었다 세노야 따라오너라 세노야

양희은이 부른 〈세노야〉와는 다른 〈세노야〉를 부르며 고달픈 삶을 영위해 갔던 뱃사람들의 생애가 줄기차게 이어진 것이 동해 바닷가 속초 고을이었다.

설악산에 눌러앉은 울산바위

속초를 병풍처럼 감싸고 있는 설악산을 바라보면 전면에 보이는 바위가 바로 울산바위다. 거대한 바윗덩이인 울산바위는 울타리처럼 생겨서 그런 이름이 붙었다고도 하고, 천둥이 치면 하늘이 울린다고 하여 천후산天吼山이라고도 한다. 울산바위에는 여러 전설이 전해진다. 조물주가 천하에 으뜸가는 경승을 하나 만들고 싶어 온 산의 봉우리들을 금강산으로 불러들여 심사했다고 한다. 둘레가 4킬로미터쯤 되는 울산바위는 원래 경상도 울산 땅에 있었는데 소식을 듣고 급히 달려갔다. 그러나 덩치가 크고 몸이 무거워 지각하는 바람에 금강산에 들지 못했다. 울산바위는 그대로 고향에 돌아가면 체면이 구겨질 것이 걱정되어 돌아가지 못하고 정착할 곳을 물색했다. 그러다가 하룻밤 쉬어 갔던 설악이 괜찮겠다 싶어 지금의 자리에 눌러앉았다고 한다.

그래서 생긴 또 하나의 전설이 있다. 조선시대에 설악산 유람을 왔던 울산 부사가 이 울산바위의 전설을 듣고 신흥사를 찾아가 주지를 불러 세

울산바위

외설악의 팔기八奇 중 한 곳이다.
속초를 병풍처럼 감싸고 있는 설악산을 바라보면 전면에 보이는 바위가 바로 울산바위다.

우고, "울산 땅의 바위가 너희가 관장하는 사찰림에 와 있는데 땅세를 물지 않으니 괘씸하기 그지없다. 땅세를 내놓아라" 했다. 억울한 일이긴 하나 주지는 마지못해 매년 산세를 물게 되었다. 그러던 어느 해에 신흥사의 동자승이 이 문제를 해결하겠다고 나서서 "이제 세금을 주지 못하겠으니 이 바위를 도로 울산 땅으로 가져가시오" 하자, 이에 화가 난 울산 부사가 "이 바위를 재로 꼰 새끼로 묶어 주면 가져가겠다"라고 했다. 재로 새끼를 꼴 수 없으니 계속해서 산세를 받겠다는 심보였다. 그러자 꾀를 낸 동자승이 청초호와 영랑호 사이 지금의 속초 시가지가 자리한 땅에 많이 자라던 풀로 새끼를 꼬아 울산바위를 동여맨 뒤에 그 새끼를 불로 태워 꼰 새끼처럼 만들었다. 당연히 울산 부사는 이 바위를 가져갈 수 없었고 세금도 더 이상 받을 수 없었다. 그 후 청초호와 영랑호 사이의 지역을 한자로 '묶을 속束', '풀 초草' 자를 써서 속초라고 부르게 되었다 한다.

울산바위 아래에 있는 목탁바위를 뚫고 석굴 사원으로 지은 절이 계조암繼祖庵이다. 목탁 속에 들어 있는 절이어서 다른 절에서 10년이 걸릴 공부를 5년이면 끝낼 수 있다는 이야기가 전해 오며, 그래서 그런지 법력 높은 승려들이 많이 배출되었다. 자장율사 이후에 동산, 각지, 봉정이 주지직을 계승했으며, 의상과 원효가 이 절에 주석했다. 불교에서 조사로 일컬어질 만한 승려들이 계속 나왔다고 해서 계조암이라 불린다는 설도 있다. 계조암 아래, 곧 와우암 위에 놓인 크고 둥근 바위가 바로 흔들바위다. 한 사람이 흔들어도 백 사람이 흔들어도 그 움직이는 정도가 한결같으며, 그 모양이 소의 뿔과 같이 생긴 이 바위는 설악산의 명물이다.

설악산의 비선대에서 대청봉으로 오르는 7킬로미터에 이르는 계곡을 천불동계곡이라고 부르는데, 정확히는 비선대에서 오련폭포까지를 말한다. 설악산에 있는 대표적 계곡의 하나인 천불동계곡은 대청봉의 공룡능선과 화채능선 사이의 골짜기다. 오련폭포를 지나 골짜기가 양쪽으로 갈라지는 곳에는 왼쪽에서 흘러내리는 물이 양陽폭포가 되고, 오른쪽에서 흘러내리는 물이 음陰폭포가 되어 양과 음 두 골짜기가 합쳐져 천불동계곡을 이룬다. 이 계곡을 설악 중의 진설악이라 부르며 설악산 최고의 경승지로 꼽는다. 골짜기마다 1000여 개의 각각 다른 부처를 옮겨다 놓은 듯한 절승을 이루며 그 경관을 금강굴에서 한눈에 조망할 수 있다. 와선대와 귀면암, 오련폭포, 양폭, 천당폭포를 비롯하여 비선대, 문주담, 이호담 등 빼어난 경관들이 계곡을 따라 이어진다.

와선대臥仙臺는 큰 너럭바위인데, 옛날 마고선이 바둑과 거문고를 즐기며 아름다운 경치를 누워서 감상했다는 곳이다. 나무숲이 울창하고 기이한 절벽으로 둘러싸여 있다. 비선대飛仙臺는 와선대에서 놀던 마고선이 하늘로 올라간 곳이라고 하며 그 경치가 금강산의 만폭동과 비교될 만큼 빼어나다. 비선대 부근에서 바라보면 미륵봉 중간쯤에 금강굴이 보이는데, 길이가 18미터쯤 된다. 신라 때 고승 원효가 불도를 닦은 곳이라고 전해진다. 천불동千佛洞이라는 이름은 천불폭포에서 비롯한 것이다. 죽음의 계곡을 벗어나면 소청봉을 지나 대청봉에 이른다.

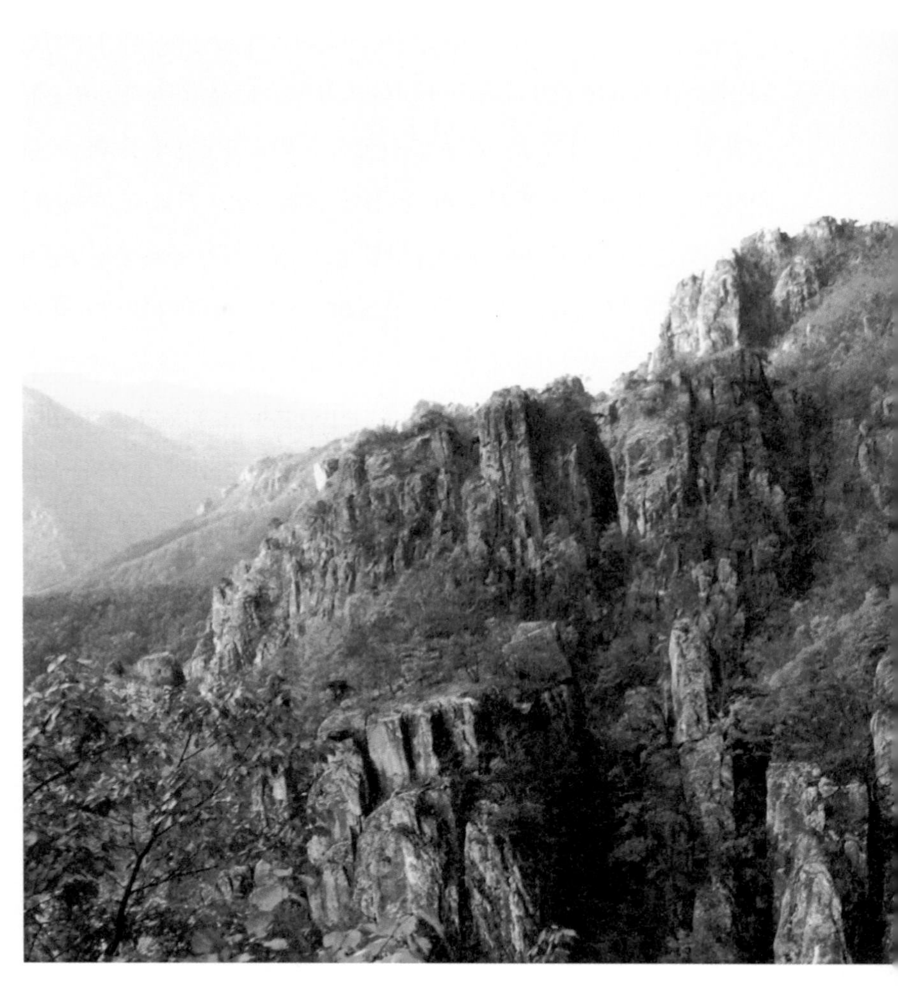

와선대

와선대는 큰 너럭바위다.
옛날 신선 마고가 바둑과 거문고를 즐기며 아름다운 경치를 누워서 감상했다는 곳이다.

영원히 사랑하지 않고는 못 배기는 설악산

한편 속초시 도문동道門洞에 신라 때 고승 원효와 의상에 관한 이야기가 서려 있다. 원효와 의상 두 대사가 양양군 강선면 강선리에서 신선의 안내를 받아 설악산으로 가는데, 이곳에 이르자 갑자기 숲속에서 맑은 노랫소리가 들렸다. 그 노래가 무상무아無常無我의 법을 아뢰는 듯하여 법장을 멈추고 서 있다가 홀연히 크게 깨달았기 때문에 도통의 문이 열린 곳이라고 한다.

속초시 설악동의 장항리와 신흥사 사이에 있는 고개에도 의상과 관련된 이야기가 남아 있다. 의상대사가 설악산으로 가다가 이곳에 이르러 산이 겹겹이 둘러싸고 숲이 우거져 길을 잃었는데, 문득 흰 노루 한 마리가 나타나 고개와 몸짓으로 길을 인도했다. 그리하여 의상대사가 이 고개 이름을 노루목고개라고 지었다 한다. 달마봉 서쪽 기슭에는 신라 문무왕 2년(662)에 창건된 소림암小林庵이 있었다. 어느 대사가 중국 양나라 무제武帝를 만난 뒤 포도전법布道傳法의 부족을 깨닫고 9년 동안 도를 닦은 곳이라고 한다.

'설악산을 한 번이라도 찾은 사람은 영원히 사랑하지 않고는 못 배긴다'는 말이 있는데, 설악산의 대청봉을 가는 사람들이 꼭 거쳐 가야 하는 길목에 자리한 절이 신흥사다. 신흥사神興寺는 대한불교 조계종 제3교구 본사로 진덕여왕 6년(652) 자장慈藏이 창건하고 구층탑을 만들어 불사리를 봉안했다고 한다. 하지만 그 탑이 어느 탑인지는 분명하지 않다. 한편 외설악 입구에 신라 진덕여왕 7년에 자장율사가 지었다가 폐사가 된 향성사香城寺 터가 있다. 진덕여왕 7년에 계조암, 능인암能仁庵과 함께 지은 향성사는 현재 신흥사에서 쌍천계곡을 따라 1킬로미터쯤 내려온 곳인 뉴설악호텔 자리에 있었다고 한다. 향성사는 그 뒤 효소왕 7년(698)에 능인암과 함께 불타 버린 뒤 3년 동안 폐사지로 남아 있었다.

그 절을 다시 중건한 사람이 바로 의상이었다. 효소왕 10년에 의상대사가 절을 능인암 터로 옮긴 뒤 향성사를 중건했고, 그 뒤 절 이름을 선정사禪定寺라고 바꿨다. 향성사가 있던 절터에 그 당시에 세워진 탑이라고 전해지는 향성사지 삼층석탑(보물 제443호)이 남아 있다. 1000여 년에 걸쳐 번성했던 선정사는 선조 25년(1592) 임진왜란 당시에 구층탑이 파괴되었고, 인조 20년(1642)에 화재로 전소되고 말았다. 2년 뒤인 인조 22년 이 절에 있던 세 승려 운서, 연옥, 혜원의 꿈에 소림암으로부터 나타난 신인神人이 "나는 달마다. 저 건너편에 절을 지으면 수만 년이 지나도 삼재三災가 범하지 못하리라" 했다. 그 신인의 가르침을 받아서 지은 절이 오늘날의 신흥사인데 그 뒤 신흥사에는 수많은 불사가 이루어졌다.

《삼국사기》에 "재앙과 복록이란 따로 문이 있는 것이 아니라 오직 사람이 부르는 것"이라는 글이 있는데, 그 말처럼 세상의 모든 이치도, 사람의 일생도 그와 다르지 않다. 설악산 일대뿐만 아니라 여러 절을 관장하고 있는 신흥사는 현재 가장 번성한 절 중 하나일 것이다. 이 역시 시대나 사람들이 타고난 운명에 의해서 번성하고 있는 것이리라.

한편 선정사를 지금의 이름인 신흥사라고 고친 내력이 영조 37년(1761)에 국일도대선사 용암龍岩 체조體照가 지은 〈설악 신흥사 대법당 석체기嶽山神興寺大法堂石砌記〉에 다음과 같이 실려 있다.

신흥이 신흥이 되는 까닭은 무엇인가? 세존 당시에는 설산에서 도道를 얻으셨는데 하물며 신흥사의 10리쯤 위에 홀로 빼어난 천척고봉이 있으니 곧 미륵봉이고, 만 길 층진 바위 위아래 사람이 올라가지 못하는 곳을 돌아보면 한 굴이 있어 금강굴이라 하며 또한 피팔라毘鉢羅굴이라 한다. 《화엄경》 중에서 이르기를 가섭존자가 금란가사와 벽옥기발을 가지고 미륵보살이 피팔라굴에서 출현하심을 기다린다고 하였다.

또한 이 굴의 형세를 살펴보건대 양식을 구할 수 없으니 승려가 주석한 형태이고, 정에 들어 말이 없는 듯하니 승려가 계율을 지키는 모습이며, 고요히 앉아 벽을 쳐다보는 듯하니 승려가 소림사에 있는 모습이라. 제불조사諸佛祖師들이 심인을 주고받던 아름다운 곳이다. 이 절이 이미 설산의 미륵봉 피팔라굴 아래에 있으니 이런 까닭으로 신흥사가 되는 것이다.

훗날에 미륵이 출현하여 성불하는 신비로움이 일어날 곳이며 이미 석가세존께서 성불하신 신비로움이 일어났던 곳이므로 신흥사라 했다는 것이다. 신흥사에는 인조 때 지어진 극락보전과 효종이 하사했다는 향로, 추사秋史 김정희金正喜의 진필眞筆, 순조가 하사한 청동 시루가 있다. 조선시대에 이 절에서 왕이 제사를 지낼 때에는 이 청동 시루에 떡을 쪘다고 한다.

또 하나 이곳 속초에 이름을 남긴 사람이 《열하일기》를 지은 연암燕巖 박지원朴趾源이다. 정조 승하 직후인 순조 즉위년(1800) 8월에 박지원이 양양 부사로 승진했다. 하지만 궁속宮屬(각 궁에 속한 구실아치 이하의 종)과 결탁하여 횡포를 일삼던 중들을 징계하는 문제로 상관인 강원도 관찰사와 불화를 일으켰다. 결국 다음 해 박지원은 병을 핑계대고 벼슬자리를 사임한 후 서울로 돌아왔다. 한 시대를 소신껏 살았던 박지원은 순조 5년(1805) 음력 10월 20일 서울 북촌에 있던 재동 자택에서 세상을 떠났다. 그의 나이 예순아홉이었다.

설악산에서 이인을 만난 김창흡

신흥사를 품에 안은 설악산에서 이인異人을 만난 사람이 조선 중기 빼어난 문장가 김창흡이다. 삼연三淵 김창흡金昌翕은 기사환국이 있은 뒤로 명산을 두루 유람했다. 조선 말기 야담집인 《기문총화記聞叢話》(김동욱 옮김)에 김창흡이 설악산에서 겪은 일화가 한 편 전하다.

장사꾼들 틈에 섞여 설악산으로 들어가는 길에 소나기를 만났다. 잠시 바위 아래에서 쉬는데, 한 노인이 먼저 와서 앉아 있고, 한 승려는 잠을 자고 있었다. 김창흡은 시상이 떠올라 쉴 새 없이 조그만 소리로 읊조리고 있었다. 그러자 옆에 앉아 있던 노인이 말했다.

"선비께선 아주 좋은 구절을 떠올린 모양이오. 그래서 얼굴에 기쁜 빛이 도는 게 아니오?"

"노인장께서 시를 아신다면 내 마땅히 말씀드리리다."

"말해 보시오."

김창흡은 다음과 같이 읊고 나서 말했다.

선산仙山을 한 번 보고 연분 없다고 알았는데〔知〕
가을비 쓸쓸히 내려 마魔가 든 것이었네

"좋지 않소이까?"

"시구가 제법 좋소이다. 하나 '알 지知' 자는 온당치 않소."

"이 구절이 이 시의 핵심인데, 어찌 더 나은 글자가 있겠소?"

"왜 다른 글자가 없겠소? 선비께서 미처 생각을 못 했겠지요."

김창흡이 한동안 생각에 잠겼다가 말했다.

"무슨 글자로 고치면 되겠소?"

"'아닐 비非' 자로 한번 고쳐 보시오. '알 지' 자는 이 구절에서 말이 얕고, '아닐 비' 자는 운이 길고 뜻 또한 심후하지요."

김창흡은 깜짝 놀라 말했다.

"노인장께서 시를 알고 계시니 틀림없이 좋은 시를 지으셨을 것이오. 외워서 들려주실 수 있겠소이까?"

"비가 벌써 갰소이다. 갈 길이 바쁜데 어찌 시나 읊고 있겠소? 저 스님이 시를 잘 지으니 이야기를 나눌 만할 게요."

그러고는 마침내 옷을 떨치고 가 버렸다.

김창흡이 잠자는 승려를 불러 깨우고는 말했다.

"듣자니 스님은 시에 능하여 읊조릴 수 있다던데… 좀 들려주시오."

그 승려는 천천히 일어나 심드렁하게 대답하는 것이었다.

"뜬구름같이 바람 부는 대로 물결치는 대로 다니는 사람에게 무슨 전할 만한 시가 있겠소?"

"그러면 이 자리에서 한 편 지어 보시구려."

"선비께서 억지로라도 시킬 듯하니 한번 읊어 보리다."

승려는 즉시 다음과 같은 시를 지었다.

늙은 스님 바랑 베고 자면서
꿈에 금강산 길 가고 있는데
우수수 낙엽 지는 소리에
놀라 깨니 가을 하늘이 저물었네

승려는 읊기를 마치고 바로 가 버렸다. 김창흡은 쉴 새 없이 그 시를 외웠다.

4

동강의 아름다운 열두 경치

사시사철 님 그리워 나는 못 살겠네

아우라지 뱃사공아, 배 좀 건네주게

이 시냇물은 영월의 상동을 지나 정선 고을로 들어간다. 고을 앞 임계 서쪽에 있는 산기슭 남쪽이 정선 여량촌餘糧村이고, 우통수 물이 북쪽에서 여량촌을 둘러 남쪽으로 흘러간다. 양쪽 기슭이 제법 넓고 언덕 위에는 키 큰 소나무와 흰 모래가 맑은 물결을 가리고 비추기 때문에 참으로 은자隱者가 살 만한 곳이다. 다만 논이 없는 것이 한스러우나 마을 사람들은 모두 자급자족하여 넉넉하다.

《택리지》의 기록이다. 정선은 산 깊은 골짜기인지라 사는 것이 쉽지 않은 척박한 고을이었다. 정선을 찾았던 고려 공민왕 때 문신 허소유許小由는 다음과 같은 감상을 시로 남겼다.

땅이 궁벽하니 누구인들 쉽사리 갈 수 있으랴
온종일 몰아 달려서 강성江城을 택했네
개 어금니처럼 울퉁불퉁하여 고르지 않은 험한 길에 당했으니 고단高丹이

멀고

여인의 눈썹처럼 공중에 떴으니 태백산이 가로질렀네

냉담한 것으로 즐거움을 삼으니 세속의 취미 어긋나고

평안하고 한가로움으로 스스로 즐기는 것이 나의 진정이네

토지는 메마르고 세금은 무거워서 유리流離해 도망한 백성이 많으니

집집마다 석청石淸(돌 사이에 모은 벌꿀)을 뽑아 바치는 것을 차마 못 보겠네

임계천을 받아들인 골지천은 구미정九美亭을 지나 정선군 북면 여량리, 즉 아우라지에서 송천을 받아들인다. 아우라지는 정선군 북면 여량리 한강 상류에 있는 나루터로, 평창군 대관령면의 황병산과 구절리에서 흘러내린 송천, 동쪽에서 흘러온 임계천이 합류하는 곳이다.

이 아우라지의 뱃사공이 부르던 노래가 바로 〈정선 아리랑〉이다. 〈정선 아리랑〉, 즉 〈정선 아라리〉가 처음 불리기 시작한 것은 조선 초기였다고 한다. 고려왕조를 섬기고 벼슬에 올랐던 선비들 가운데 전오륜, 고천우, 김충한, 변귀수, 김한, 이수생, 신안 등의 7인이 불사이군不事二君의 충성을 다짐하면서 개성의 깊은 산골 두문동에 은신하다가 지금의 정선군 남면 낙동리 거칠현동居七賢洞으로 옮겨 와 살면서 지난날 섬기던 왕을 사모하고 충성을 맹세했다. 그들이 멀리 두고 온 고향의 가족을 그리워하는 마음과 본래 그곳에 사는 사람들의 애달픈 모습을 보고 한시로 지어 읊은 것이 〈정선 아리랑〉의 기원이 되었다고 하는데 확실하지 않으며 구전된 가사만 50종이 넘는다 한다.

사시사철 님 그리워 나는 못 살겠네

아우라지 뱃사공아 배 좀 건네주게
싸리골 올 동백이 다 떨어진다
떨어진 동백은 낙엽에나 쌓이지
사시사철 님 그리워 나는 못 살겠네

또 다른 설에 따르면 옛날 여랑리에 사는 처녀와 아우라지 건너편 유천리에 사는 총각이 연애를 했다. 그들은 동백을 따러 간다는 구실로 유천리에 있는 싸리골에서 서로 만나곤 했다. 그러나 어느 가을에 큰 홍수가 나서 아우라지에 나룻배가 다닐 수 없게 되자 그 처녀가 총각을 만나지 못하는 안타까운 심정을 〈정선 아리랑〉 가락에 실어 부르게 된 것이다.

눈이 오려나 비가 오려나 억수장마 지려나
만수산 검은 구름이 막 모여든다
(후렴) 아리랑 아리랑 아라리요 아리랑고개 고개로 나를 넘겨주게
명사십리가 아니라면은 해당화는 왜 피나
모춘 삼월이 아니라면은 두견새는 왜 우나
(후렴)
정선읍내 일백오십 호 몽땅 잠들여 놓고서
이오장네 맏며느리 데리고 성마령을 넘자

〈정선 아리랑〉은 사회적, 시대적 흐름에 따라 새로 만들어지기도 한다. "반달 같은 우리 오빠는 대동아전쟁 갔는데 샛별 같은 우리 올케는 독수

공방 지키네"라거나, "사발그릇은 깨어지면은 세네 쪽이 나고 삼팔선이 깨어지면은 한 덩어리로 뭉치네"라고 분단 상황을 노래하기도 했으며, "아우라지 건너갈 때는 아우라지더니 가물재 넘어갈 때는 가물감실하네" 라고 날 가문 날을 노래하기도 했다. 이뿐만이 아니다. "동면같이 경치 좋은 곳에 놀러 한번 오세요. 용산소, 폭포수 물밑에도 해당화만 핍니다. 산천이 고와서 뒤돌아다봤소. 정든 곳이라서 뒤돌아다봤지"라는 가사도 있고, "겉눈은 슬쩍 감구야. 속눈으로 보니, 대관령 서낭님도 돈 시구 가잔다. 영감은 할멈 치고, 할멈은 아 치고, 아는 개치고, 개는 꼬리치고, 꼬리는 마당 치고, 마당 가역에 수양버들은 바람을 받아치는데, 우리 집 그대는 낮잠만 자느냐"라고 노래하기도 했다.

성마령星摩嶺은 정선군과 평창군 사이에 있는 고개로 지금은 잘 쓰이지 않지만 옛날에는 고을의 관문이었다. 어찌나 높은지 '그 마루에 서면 별을 만질 수가 있을 듯하다'는 뜻에서 성마령이라고 불렀다 한다.

정선군 북면 유천리 양짓말에서 갓거리로 넘어가는 가물재는 몹시 가팔라서 재 밑을 내려다보면 정신이 가물거린다고 하여 생긴 이름이고, 자족령이라고도 부르는 칠족령은 정선군 신동읍 덕천리 제장에서 평창군 미탄면 마사리 뇌룬으로 넘어가는 고개다.

꽃베리는 강릉에서 정선읍으로 오려면 반드시 지나야 했던 베리, 곧 벼루(벼랑)였다. 조선시대에 어느 관리가 가마를 타고 지나면서 가도 가도 끝이 보이지 않자 가마꾼에게 얼마나 더 가야 되느냐고 몇 차례를 물었는데, 그때마다 가마꾼들이 곧 베리가 끝난다고 했던 데서 '곧베리'가 되었다가 나중에 '꽃베리'로 바뀌었다.

마전치는 정선읍 광하리 마전에서 평창군 미탄면 백운리로 넘어가는 재로, 고개가 하도 높아서 마치 비행기에서 내려다보는 것처럼 보인다고 하여 비행고개라고도 부른다.

한편 조선시대에 이곳 여량리에는 여량역이 있었다. 큰 말 두 마리, 짐 싣는 말 네 마리, 역리 84명, 역조 77명, 역비 12명이 배속되어 있었다.

피곤에 지친 말은 실처럼 가는 길 뚫고 가기 주저하는데
삐죽삐죽 산봉우리는 깎아지른 듯 겹쳐진 성과 같네
바람이 바위틈에서 나오니 대포 실은 수레가 구르는 듯하고
물은 마을 안고 흐르니 한 필의 흰 비단 가로놓인 듯
내 신세 백 년을 살며 양쪽 귀밑머리만 희어지고
강산 천 리 길로 벼슬살이하러 다니는 심정이여
난간에 기대앉아 동산에 떠오르는 달 기다리는데
고요한 밤 시를 짓고 싶은 마음 오래될수록 더욱 맑아지네

성현의 시가 흐르는 듯한 아우라지를 지난 강물은 나진을 지나고 한반도 지형을 빼닮은 선암마을을 지나 정선에 이른다. 여기부터가 동강이다.

〈정선 아리랑〉을 연구하는 진용선은 "옛 문헌을 보면 우리 선조들은 아우라지에서부터 동강이라는 말을 썼고, 표기도 지금의 '동녘 동東'이 아니라 '오동나무 동桐'을 썼다"라고 말한다. 영월읍을 중심으로 동쪽은 동강, 서쪽은 서강이라고 한 것은 일제 강점기부터였다는 것이다.

동강에는 열두 곳의 아름다운 경치가 있다. 여울과 소, 절벽, 섶다리, 마

을 풍경이 그것들이다. 1경은 가수리 느티나무와 마을 풍경이고, 2경은 신동읍 운치리의 수동 섶다리다. 3경은 나리소와 바리소(신동읍 고성리~운치리), 4경은 백운산(고성리~운치리)과 칠족령(덕천리 소골~제장마을), 5경은 고성리산성(고성리 고방마을)과 주변 전경, 6경은 바새마을 앞 뼝창, 7경은 연포마을과 황토담배 건조장, 8경은 백룡동굴(평창군 미탄면 마하리), 9경은 황새여울과 바위들, 10경은 두꺼비바위와 어우러진 뼝대(영월읍 문산리 그무마을), 11경은 어라연(거운리), 12경은 된꼬까리여울과 만지나루(거운리) 등이다.

산은 높고 골은 깊은 정선군에서 흘러내린 물이 골지천, 오대천, 지랑천, 용탄천, 어천, 임계천 같은 여러 내를 이루며 흘러내리다가 조양강이 되고 다시 더 내려가 동강이 된다.

이웃집 닭이 살쪄도 훔쳐가는 이 없는 정선

정선旌善은 고구려 때 잉매현仍買縣이었다가 신라 경덕왕 때 지금의 이름으로 고쳤고, 현종 때 군으로 승격되어 조선에서도 그대로 이어졌다.

고려 때 사람인 곽충룡郭翀龍은 이곳 정선을 두고 "풍속은 순박하고 백성들은 송사를 벌이지 않는다" 했고, 역시 고려 때의 문장가인 이색李穡은 "일천 산엔 겹겹 푸름이 가로놓였으니, 한 가닥 길은 푸른 공중으로 들어간다" 했다. 곽충룡은 시에서 "일백 번 굽이져 흐르는 냇물은 멀리 바다로 향하고 천 층으로 층계진 절벽은 하늘에 의지해 가로질렀네"라고

아우라지 섶다리

정선군 여량면 아우라지에 놓인 섶다리다.
강물이 적어지는 늦가을부터 초겨울 사이에 다리를 놓았다가
다음해 장마로 떠내려가면 다시 새 다리를 놓았다.

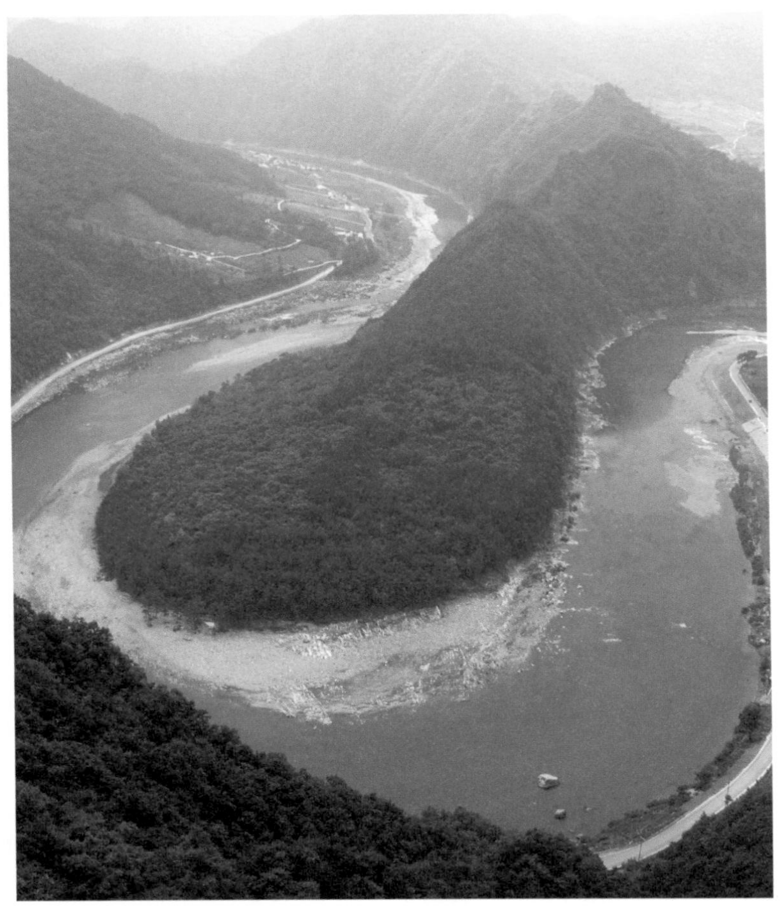

동강 광하리 부근

정선군에서 흘러내린 물이 여러 내를 이루며 흘러가다가 조양강이 되고 다시 더 내려가 동강이 되며 열두 곳의 아름다운 경치를 펼쳐 보인다.

서강

영월군 서면에서 만난 평창강과 주천강이 영월읍 서쪽으로 흐르다가 다시 동강과 합류할 때까지의 강을 서강이라 한다.

했다. 이렇듯 산이 높고 물이 깊은 정선군을 일컬어 고려 때의 문인 한철충韓哲沖은 그의 시에서 "벼랑을 따라 보일 듯 말 듯 가느다란 길이 있구나. 옛 읍이 산을 의지하였는데, 산은 성城을 이루었네. (…) 산중에 숨어 살고자 하나 참으로 방도가 없구나. 비록 벼슬을 그만두겠다고 말하나 진정이 아닌 것만 같네. (…)"라고 했다. 정추의 시를 보자.

하늘 모양은 작은 것이 우물 속에 비쳐서 보이는 것 같고
산의 푸름은 멀리 구름 위에 가로놓였다
다섯 동혈洞穴은 차고 서늘하여서 능히 뼛속까지 시리게 하고
한 시냇물은 목메어 울어 순정을 호소하는 것 같다

그래서 이 근래에도 정선 사람들은 자신들의 고장을 두고 '하늘이 세 뼘밖에 되지 않는다'라거나 '앞산과 뒷산을 이어서 빨랫줄을 맬 수 있는 곳' 또는 '닭이 울면 그 소리가 온 고을을 메울 것'이라고 말하기도 한다. 안축은 그의 시에서 "산마을에 돼지의 배부름은 반드시 새벽에 물 먹인 것이 아니요, 이웃집 닭이 살쪄도 날마다 훔쳐 가는 자가 없다"라고 했다.

정선 관아의 북쪽에는 봉서루鳳棲樓라는 이름의 정자가 있었다. 그 정자를 두고 안축은 다음의 시를 남겼다.

가파른 언덕을 빙빙 돌아 말을 급히 몰아가니
뽕나무와 삼〔麻〕이 십 리를 이은 황폐한 옛 성터
거친 땅엔 자갈만 삐죽삐죽 규전圭田도 적고

비좁은 산허리에 가로질러진 실낱같이 가는 길
빗소리 들으니 나그네 시름 더하고
구름 보니 어버이 그리는 마음 참기 어렵네
바람 바위와 물구멍은 사람 세상 아니로세
티끌 흔적 씻어 내니 뼛속까지 시원하네

한편 이곳 정선에서 거두어들인 전세田稅는 무명이 1동同 19필疋이었고《여지도서》에 그 이동 경로가 다음과 같이 실려 있다.

3월에 거두어들여 4월에 바친다. 처음에는 육로로 실어 날라 사흘이면 충주 목계강에 도착한다. 배에 싣고 출발해 자진포, 두무포를 거쳐 경강의 뚝섬에 도착한다. 순풍을 만나면 이틀 반이면 호조에 바칠 수 있다. 대동과 균세도 이와 같다.

두메산골이었던 정선이 새롭게 변모하고 있다. 그 대표적인 것이 정선 오일장의 부활이다. 5월에서 가을까지 2일과 7일에 서는 정선 오일장에는 서울에서 관광차 오는 사람들이 줄을 잇는다. 정선 읍내의 오일장에는 정선군 일대에서 채취된 산나물이 다 쏟아져 나온다. 참취, 곰취, 며느리취, 나물취(참나물), 누루대(누룩취), 참두릅, 개두릅, 더덕, 고비, 도라지, 곤드레 등 나물도 좋지만 무엇보다 정선 여행의 별미인 콧등치기와 올챙이국수를 맛볼 수 있어 더욱 좋다. 콧등치기는 일종의 메밀국수다. 메밀을 반죽하여 국수를 만든 것인데 올챙이국수에 비해 끈기가 있고 단단하여 국숫발이 물에 쉽게 풀어지지 않는다. 육수에 된장을 살짝 풀고 깨소금 양념을 하여 먹는데 맛이 좋아 급히 빨아들이다 보면 국숫발이 살아 있는 듯 콧등을 친다 하여 그런 이름이 붙었다. 올챙이국수는 찰옥수수를 갈아서 묽게 반죽하여 나무로 만든 굵은 체에 내려 만든 것이다. 찰기가 적어서 국숫발이 부슬부슬 끊어지는데, 갖은 양념을 하여 묵처럼 말아서 숟갈로 떠먹는다. 하지만 옛 시절 정선의 명물이었던 꿩꼬치산적 같은 음식은 아쉽게도 찾아볼 수가 없다.

세속의 티끌마저 끊어진 곳 정암사

태백에서 시작된 남한강이 유장하게 흐르는 영서 지방을 성호 이익은 《성호사설》에서 다음과 같이 평했다.

> 영의 오른쪽은 영서嶺西라고 한다. 모든 물이 서쪽으로 흘러 한강과 합류하여 바다로 들어가는데, 물이 적은 데는 거룻배가 다닐 수 있고 물이 많은 데는 큰 배가 다닐 수 있다.

18세기 중엽만 해도 남한강엔 수없이 많은 배들이 오르내렸지만 오늘날엔 큰 배는커녕 고깃배도 없는 것이 현실이다.

이곳 정선군 고한읍에 자장율사가 세운 정암사가 있다. 신라의 큰 스님이었던 자장율사가 태백산 서쪽 기슭에 정암사를 창건한 것은 선덕여왕

14년(645)이었다. '숲과 골짜기는 해를 가리고 멀리 세속의 티끌이 끊어져 정결하기 짝이 없다'는 의미에서 정암사淨巖寺라 이름한 이 절은 오대산의 상원사, 양산의 통도사, 영월의 법흥사, 설악산의 봉정암과 더불어 석가모니의 진신사리를 모신 적멸보궁寂滅寶宮이다. 정암사의 창건 설화와 문수보살을 만난 자장율사에 대한 이야기가 〈정암사사적기淨巖寺事蹟記〉에 전한다.

당나라에서 귀국하여 불교 융성에 힘쓰던 자장율사는 진덕왕 때 대국통의 자리에서 물러나 강릉에 수다사를 세우고 살았다. 어느 날 꿈에 한 스님이 나타나 말했다. "내일 너를 대송정에서 보리라." 놀라 깨어난 자장이 대송정에 이르자 문수보살이 나타나 "태백의 갈반지에서 만나자" 하고 말한 뒤 다시 사라져 버렸다. 그 말을 따라 태백산에 들어가 갈반지를 찾아 헤매던 자장은 큰 구렁이들이 나무 아래 서로 얽혀 똬리를 틀고 있는 것을 보고, 그곳이 문수보살이 말한 갈반지라 여겨 '석남원石南院(곧 정암사)'이라는 절을 지었다.

자장율사가 석남원에 머물며 문수보살이 나타나기를 몹시 기다리던 어느 날 다 떨어진 가사를 걸친 초라한 늙은이가 죽은 개를 삼태기에 싸 들고 와서 "자장을 보러 왔다"라고 하는 게 아닌가. 자장율사의 이름을 함부로 부르는 것이 언짢았던 자장의 시중이 "어디서 온 누구인가?" 하고 호통을 치자, 그 늙은이는 천연덕스럽게 "자장에게 전해라. 그래야 갈 것이다"라고만 대꾸했다.

자장율사는 대수롭지 않게 여겨 늙은이를 쫓아내게 했다. 그러자 늙은이는 "아상이 있는 자가 어찌 나를 볼 수 있으리오" 하고 탄식하면서 가지고 온 삼태기를 뒤집으니 죽은 강아지가 푸른 사자로 변했다. 늙은이는 그 사자를 타고

빛을 뿌리며 하늘로 솟구쳐 올라갔다. 알고 보니 바로 그 노인이 문수보살이었던 것이다.

그 이야기를 전해 들은 자장이 곧바로 뒤를 쫓아갔으나, 이미 문수보살은 떠나가 버린 뒤였다. 자장은 죽기 전에 몸을 남겨 두고 떠나며 "석 달 뒤에 돌아오마. 몸뚱이를 태워 버리지 말고 기다려라" 하고 당부했다. 그러나 한 달이 채 지나지 않아 한 스님이 와서 오래도록 다비하지 않음을 크게 나무란 뒤 자장의 몸뚱이를 태워 버렸다. 석 달 뒤 자장이 돌아왔으나 이미 몸이 없어진 뒤였다. 자장은 "의탁할 몸이 없으니 끝이로구나! 어찌하겠는가. 내 유골을 석혈石穴에 안치하라" 부탁하고 사라져 버렸다.

한편 자장은 사북리의 산꼭대기에 사리탑을 세우려 했으나 세울 때마다 계속 쓰러졌다. 간절히 기도했더니 하룻밤 사이에 칡 세 줄기가 눈 위로 뻗어 지금의 수마노탑, 적멸보궁, 사찰 터에서 멈추었으므로 그 자리에 탑과 법당과 본당을 짓고 그 절의 이름을 갈래사葛來寺라고 했다. 그래서 고한읍에는 갈래라는 마을의 이름과 함께 갈래초등학교가 있고, 상갈래와 하갈래라는 지명이 남아 있다. 정암사는 숙종 39년(1713)에 중수되었으나 낙뢰로 부서져 6년 뒤 다시 중건되었고, 영조 47년(1771)과 고종 9년(1872) 그리고 지난 1972년에 다시 중건되어 오늘에 이르고 있다.

한편 이곳 정암사 계곡에는 천연기념물 제73호로 지정된 열목어 서식지가 있다. 물이 맑고 찬 곳에서만 사는 열목어는 여름에 수온이 섭씨 20도 이상 올라가는 곳에서는 살지 못한다. 나무가 울창하게 우거져서 햇살이 비치지 않아야 하므로 열목어가 사는 곳은 대부분 심심산골이다. 열목어

정암사

태백산 서쪽 기슭에 자리한 정암사는 적멸보궁 뒤편 언덕 위에 수마노탑을 지어 놓고 그 안에다가 진신사리를 봉안했다고 한다.

의 몸길이는 보통 30~70센티미터지만 1미터가 넘는 것도 있다.

떼돈을 번다는 떼꾼들은 사라지고

한편 이곳의 소나무 재목은 이름이 높았는데 이익의 《성호사설》〈인사문〉에는 그 소나무 재목에 관한 글이 다음과 같이 실려 있다.

> 오늘날 온 나라 안에서 쓰고 있는 관재棺材는 모두 영동과 영서에서 뗏목으로 만들어서 띄워 보낸 것들이다. 영동은 토지가 메마르지만 가뭄을 걱정하지 않는다. 그 풍속이 호화로워서 잔치를 벌여 놓고 놀기를 좋아한다. 영서는 넓은 들이 없고, 오직 화전만이 있으므로 조밥을 먹을 뿐 쌀밥은 없다. 벌을 길러 꿀을 따서 돈을 마련하며, 임목林木을 벌채하여 서울로 운반하는 역사役事로 벌어먹는 백성이 많다.

이렇듯 질 좋은 소나무 재목을 실어 내던 뗏목꾼들의 애환이 오랜 세월에 걸쳐 켜켜이 쌓이고 쌓인 곳이 정선과 영월이다. 당시 정선 군수와 영월 군수의 월급이 20원일 때 정선에서 떼 한 바닥 타고 가서 강 주인한테 넘기면 단번에 30원을 받았고, 보통 떼꾼들이 정선에서 서울을 한 번 다녀오면 큰 소 한 마리를 살 수 있었다고 한다. 얼마나 잘 벌었는지 '떼돈 번다'는 말이 바로 여기서 생겨난 것이라고 한다.

광복 이후 정선에서 한강까지 오는 길목에는 1000여 개의 객줏집이 늘어서 있어 떼꾼들의 떼돈에 기대어 살았다. 밤낮없이 떼를 모는 떼꾼들을 위해 객줏집 여자들은 거룻배에 장구와 술 등을 싣고 아예 한강까지 따라나서기도 했다. 그러니 여자를 사귀거나 노름하는 데 떼돈을 모두 날려 버려 서울에 도착한 뒤에는 집으로 돌아갈 여비마저 없어 고생하는 떼꾼들도 적지 않았다. 능숙한 떼꾼들은 1년에 대여섯 차례 서울을 오가며 돈을 벌었다는데, 그들은 지금 모두 어디로 가 버렸는지….

최영준은《국토와 민족생활사—한국역사지리학 논고》에 이렇게 썼다.

뗏목은 정선군 여량에서 통나무 8~10개(큰 나무는 3개)를 한 동가리로 엮어 물에 띄웠다. 한 동가리는 폭 25자, 길이 12자 내외이며 통나무의 굵기는 보통 40센티미터였다. 정선군 가수리에서는 정선군 각지의 뗏목을 모아 6~7개의 동가리를 칡으로 엮어 반 바닥짜리 뗏목을 만들었다. 영월 맛밭(나루)에 집결된 뗏목들은 평창에서 온 뗏목과 합쳐져 한 바닥짜리 뗏목으로 엮였다. 한 바닥 뗏목은 보통 15동가리로 구성되며 이 뗏목엔 앞과 뒤에 각각 벌부筏夫 한 명씩이 탔다. 뗏목 운행은 4월부터 11월까지 계속되었는데 영월 맛밭 상류 쪽은 급류가 많아 숙련된 벌부들조차 사고를 많이 당하였다. 정선 가수리에서 맛밭까지는 하루가 걸렸으며, 맛밭에서 서울까지는 수량이 풍부할 때는 이틀, 적을 때는 열흘, 일반적으로는 닷새 정도 걸렸다. 1910년대 광나루·뚝섬 등지에 집산되었던 목재의 4분의 1이 정선산이었다고 하므로 당시 뗏목 집산지였던 여량·가수리·맛밭·사평의 경기를 짐작할 수 있다. 1918년 한양에 이입된 상류 지방 화물 총액은 약 60만 원인데 그중 할목割木 16.3퍼센트, 잡목雜木 4.4퍼센트, 시목柴木 17.1퍼센트로 임산물이 약 37.8퍼센트를 차지하였다.

한편 정선군 남면에 있는 민둥산(해발 1118.8미터)은 가을 억새로 이름이 높은 데, 그 산을 따라 내려가면 도착하는 곳이 정선군 동면 화암리다. 이 일대에 기암절벽과 물 그리고 신화가 한데 얽혀 태고의 신비를 그대로 간직한 화암팔경畵岩八景이 있다. "정선의 구명舊名은 무릉도원 아니냐. 무릉도원은 어디 가고 산만 충충하네. 일강릉, 이춘천, 삼원주라 하여도 놀기 좋고 살기 좋은 곳은 동면 화암이로다" 하는 〈정선 아리랑〉의 노랫말 속에 나오는 화암팔경의 일경은 화암약수다. 1910년경에 발견된 약수로 위장병과 피부병에 효과가 있다고 한다. 거북바위와 용마소, 화암동굴, 화표주, 설암이라고 부리는 소금강 등의 명소가 있으며 깎아지른 절벽으로 된 몰운대가 칠경이고, 몰운리에는 계곡인 광대곡이 있다. 황동규 시인의 〈몰운대행〉에 녹아든 풍경을 보자.

4

화암약수터 호텔 여주인은 웃으며 말했다.
"제철인 데다 버섯 재배농가 회의로
정선군 모든 방이 다 찼지요.
몰운대 저녁노을이나 보시고
밤도와 영월이나 평창으로 나가시죠."
표고버섯죽 한 그릇 비우고
길을 나선다.
신선하고 기이한 뼝대
저녁빛을 받아 얼굴들이 환했다.

민둥산

정선군 남면에 있는 민둥산은 이름처럼 정상에 나무가 없고
억새가 무성하다. 산나물이 많이 나게 하려고 매년 한 번씩 불을 질렀기 때문이다.

그 위에 환한 구름이 펼쳐진 길
그 끝을 향해.

5

몰운대는 꽃가루 하나가 강물 위에 떨어지는 소리가 엿보이는 그런 고요한 절벽이었습니다. 그 끝에서 저녁이 깊어가는 것도 잊고 앉아 있었습니다.

새가 하나 날다가 고개 돌려 수상타는 듯이 나를 쳐다보았습니다. 모기들이 이따금씩 쿡쿡 침을 놓았습니다.

(날것이니 침을 놓지!)

온몸이 젖어 앉아 있었습니다.

도무지 혼자 있는 것 같지 않았습니다.

그토록 깎아지른 벼랑 몰운대에 청청하고 고고하게 서 있던 소나무도 죽은 지 이미 오래. 100여 명이 너끈하게 앉아 있을 정도로 넓은 바위에서 바라보는 세상은 한가하다.

떼꾼들의 무덤 된꼬까리여울

물살이 너무 심하게 꼬이고 얽혀서 '되게 꼬꾸라진다'는 뜻으로 이름 붙여진 된꼬까리여울은 황새여울, 범여울, 물여울, 황공탄여울과 함께 떼꾼들의 무덤 같은 곳이었다. 운이 좋아 제대로 빠지면 몰라도 운이 나빠

여울목에서 뗏목이 휘돌고 있으면 뒤에 오던 다른 떼꾼은 뗏목의 가장 약한 부분을 슬쩍 치고 강 쪽으로 내려가야 했다. 그렇지 않으면 앞서가던 떼꾼과 마찬가지로 저승길로 갈 수밖에 없기 때문이다. 어쩌다 잘 알고 있는 떼꾼의 뗏목이 된꼬까리여울에서 휘돌고 있으면 할 수 없이 같이 뗏목을 빼내고 나무들을 건져서 칡넝쿨로 다시 묶고 출발했다고 한다. 그렇지 않으면 오매불망 그리워하던 떼돈은 날아가 버린 것이고, 강변에 뗏목을 붙잡아 맨 다음 주막에서 속 쓰린 하룻밤을 지낼 수밖에 없었을 것이다. 〈정선 아리랑〉 한 소절을 들어보자.

눈물로 사귄 정은 오래가지만
돈으로 사귄 정은 잠깐이라네
돈 쓰던 사람 돈 떨어지니
구시월 막바지에 서리 맞은 국화라
놀다 가세요, 쉬다 가세요
그믐 초승달이 뜨도록 놀다 가세요
황새여울 된꼬까리에 떼 띄워 놓았네
만지산 전산옥이야 술상 차려 놓게나

바로 전산옥 상류에 동강의 절경인 어라연이 있다. 영월읍 거운리 길운마을에서 만난 한 아주머니는 물이 없어서 줄로만 갈 수 없다고 하는데 노 젓는 솜씨가 수준급이다. 동강의 절경 중 제11경으로 꼽힐 만큼 아름다운 어라연은 상선암을 가운데 두고 양쪽으로 물길이 갈라져 흐른다.

《신증동국여지승람》에는 어라연(어라사연)에 관한 이야기가 이렇게 실려 있다.

> 어라사연於羅寺淵은 영월군 동쪽 거산리에 있다. 세종 13년(1431) 이곳에 큰 뱀이 있었는데 어떤 때는 못에서 뛰어놀기도 하고, 어떤 때는 물가를 꿈틀거리며 기어다니기도 하였다. 하루는 그 뱀이 물가의 돌무더기 위에 허물을 벗어 놓았다. 그 길이가 수십 척尺이고 비늘은 동전만 하고 두 귀가 있었다. 이곳 사람들이 비늘을 주어서 조정에 보고하니 나라에서 권극화라는 사람을 보내 알아보게 하였다. 권극화가 연못 한가운데에 배를 띄우자 갑자기 폭우가 쏟아지면서 끝내 그 자취를 알 수 없었다. 그 후에 뱀도 또한 다시 보이지 않았다고 한다.

전해 내려오는 이야기처럼 이곳 어라연 부근에는 뱀들이 많다고 한다. 만지나루 뒷산을 오르다 보면 지금도 뱀들을 심심치 않게 만날 수 있다. 상선암, 하선암, 중선암과 동강의 물줄기가 빚어낸 어라연의 이름에 얽힌 세 이야기가 전해 온다. 어라사라는 절이 있었다고 해서 붙여진 이름이라는 것이 그 첫 번째고, 물 반 고기 반일 정도로 물고기가 많아서 어라연이라고 했다는 이야기가 두 번째고, 상선암 표면의 하얀 이끼가 물에 차면 마치 고기 떼가 비늘을 반짝이는 것처럼 보인다 해서 붙여진 이름이라는 설이 세 번째다.

그러저러한 사연들 속에 전해 오는 또 다른 이야기가 있으니, 삼촌이었던 세조에게 왕위를 빼앗기고 죽임을 당한 비운의 왕 단종에 얽힌 이야기다. 억울하게 죽임을 당한 단종의 혼백이 이곳저곳을 떠돌던 중에 어라연으로 오게 되었다. 단종의 혼백이 갈 곳을 잃어 멍한 채 이곳저곳을 둘러보고 있자 물고기들이 모두 머리를 들고 단종의 혼백에게 눈물로써 이제 그만 갈 길을 가시라고 간청을 했다. 그 정성을 받아들인 단종은 그길로 태백산으로 들어갔고 그 후 단오 때만 되면 아무리 날이 맑다가도 큰비가 내려 어라연 일대를 구슬프게 적신다고 한다.

어라연에는 황쏘가리가 사람을 구한 이야기도 전해져 온다. 어라연에서 정씨 성을 가진 사람이 낚시를 하고 있었다. 그런데 갑자기 큰 뱀이 한 마리 튀어나와 그의 몸을 칭칭 감았다. 곧 숨이 막혀 죽을 지경이 되었는데 그때 웬 황쏘가리 한 놈이 펄쩍 솟구치더니 등에 난 톱날 지느러미로 뱀을 쏘아 정씨를 구했다. 그래서 정선에 사는 정씨들은 쏘가리를 먹지 않는다고 한다.

한편 영월읍 거운리에서 문산리로 넘어가는 재가 조운령이라고도 불리는 절운재다. 고개의 경사가 심하여 사람들이 이 고개를 넘으려면 절하는 것처럼 허리를 구부린다고 하여 붙여진 이름이다.

거운리를 지난 강물이 이르는 곳인 영월읍 삼옥리에 둥글바위가 있다. 둥글에 생긴 이 바위는 멀리서 보면 강 가운데 우뚝 서 있는 독립된 하나의 바위로 보이지만, 떼꾼들이 떼를 운반할 때 어려움을 겪어 바위의 가운데를 정으로 쪼아 물길을 내었다. 고려 때부터 아니 그 이전부터 이어진 떼꾼들의 애환을 확인할 수 있는 이곳 둥글바위는 귀중한 생활 유산이다.

칼 같은 산들이 얽히고설킨 영월

동강을 지난 물길이 영월읍에 닿는다. "어려운 일이 생기면 서로 돕는다. 온순하고 인정이 많다고들 한다"라고 《여지도서》에 그 풍속이 소개된 영월은 원래 고구려 땅이었다. 영월寧越의 옛 이름은 내성군奈城郡이고 고려 때 지금의 이름으로 고쳤으며, 조선 태종 원년(1401)에 충청도에서 강원도로 편입되었다.

정추는 영월에 대하여 "칼 같은 산들은 얽히고설키었는데 소나무와 전나무에 달이 비추고, 비단결 같은 냇물은 맑고 잔잔한데 풀과 나무에는 연기가 잠겼다" 했다. 고려 후기 문신 이첨李詹도 시 한 수를 읊었다.

성곽이 쓸쓸하고 돌길은 비꼈는데
민가와 아전의 집이 반반씩 여남은 집 살고 있네
물방아 찧는 소리 밤 도와 급한데 날이 장차 새려 하고
벼랑 위의 벌꿀에 가을이 깊어지니 국화가 한창이라네
풍속은 때때로 옛 늙은이에게 묻고
관가에 일이 없으니 아침의 아참衙參을 폐지하였네
작은 고을을 누워서 다스리고 그대는 박하다고 하지 마라
어린이들이 죽마 타고 맞이함이 또한 자랑할 만하네

영월은 단종의 유배지로 역사의 땅이다. 《택리지》에도 다음과 같은 언급이 나온다.

영월읍 동쪽에 이르면 상동의 물과 만나고, 서쪽으로 조금 흘러가서 주천강과 만난다. 두 강 안쪽에 단종의 장릉莊陵이 있다. 숙종이 병자년(숙종 22, 1696)에 단종의 왕위를 추복追復하고 능호를 봉했던 것이다. 또 이보다 앞서 육신六臣의 묘를 능 곁에 지었으니 매우 장한 뜻이었다.

영월 땅에는 비운의 왕 단종의 자취가 여러 곳에 남아 있다. 세종의 큰아들인 문종이 2년 만에 병사하자 단종은 열두 살 어린 나이에 왕위에 올랐으나 3년 후인 세조 원년(1455)에 첫째 작은아버지인 수양대군, 즉 세조에 의해 왕위에서 쫓겨났다. 그러자 성삼문, 박팽년, 하위지를 비롯한 이른바 사육신이 단종을 왕위에 다시 앉히려고 꾀하다가 모두 죽임을 당했다. 단종은 노산군으로 강등되어 의금부도사 왕방연과 중추부사 어득해가 이끄는 군졸들에게 둘러싸여 영월군 남면 광천리 태화산 아래 청령포로 유배를 떠났다.

단종을 유배지로 인도하는 직책을 맡았지만 세조의 처사를 못마땅하게 여겼던 사람이 왕방연王邦衍이었다. 그는 서울로 돌아가는 길에 청령포를 감싸고 흐르는 서강의 물을 보고 자신의 괴로운 심정을 "천만리 머나먼 길에 고운 님 여의옵고, 내 마음 둘 데 없어 냇가에 앉았더니, 저 물도 내 맘 같도다. 울어 밤길 예도다"라고 노래했다.

단종의 자취는 충청도와 강원도 일대에 많이 남아 있는데 서면 광전리에 있는 고개는 단종이 유배를 올 때 넘었다고 해서 '왕이 오른 고개'라는 뜻으로 군등치君登峙라 불렸고, 서면 신천리에 있는 고개는 오랫동안 흐리던 날씨가 단종이 넘으려고 하자 개어 단종이 하늘을 향해 절을 올린 곳이라 해서 배일치拜日峙라고 불린다. 또한 단종의 유배를 슬프게 여긴 사람들이 통곡했다는 우래실(울래실)마을이 서면 신천리에 있다.

단종이 귀양을 와서 머물렀던 청령포淸泠浦는 아름드리 소나무가 우거지고 삼면이 깊은 강물로 둘러싸였으며 한쪽은 벼랑이 솟아 배로 건너지 않으면 빠져나갈 수 없는 절해고도와 같은 곳이다. 단종이 유배된 그해 여름에 청령포가 홍수로 범람하자 단종은 영월읍 영흥리에 있는 관풍헌觀風軒으로 옮겨 갔다. 단종은 이곳에서 지내면서 동쪽에 있는 누각인 자규루子規樓에 자주 올라 구슬픈 자신의 심정을 시로 읊었다. 자규루는 현재 시가지 한가운데에 있지만 그 무렵에는 무성한 숲으로 둘러싸여서 두견새가 찾아와 울 정도였다고 한다. 단종이 이곳에서 지은 시 가운데 가장 널리 알려진 〈자규시子規詩〉는 구중궁궐을 떠나 영월 땅에서 귀양살이하는 자신의 피맺힌 한을 표현한 것이다.

한 마리 원한 맺힌 새가 궁중을 떠난 뒤로
외로운 몸 짝 없는 그림자가 푸른 산속을 헤맨다
밤이 가고 밤이 와도 잠을 못 이루고
해가 가고 해가 와도 한은 끝이 없구나
두견 소리 끊어진 새벽 멧부리에 지새우는 달빛만 희고
피를 뿌린 듯한 봄 골짜기에 지는 꽃만 붉구나
하늘은 귀머거린가, 애달픈 하소연 어이 듣지 못하는가
어찌하여 수심 많은 이 사람의 귀만 홀로 밝은고

봉래산 자락 영흥리의 벼랑에는 단종에 얽힌 사연이 이렇게 전해 온다. 단종이 영월에서 귀양살이할 때 다섯째 작은아버지인 금성대군이 풍기에서 그를 다시 왕의 자리에 앉히려는 계획을 꾸몄다. 이 사실이 발각되어 단종은 세조 3년(1457) 음력 10월 27일 저녁 17세의 나이에 결국 죽임을 당했다. 세조가 보낸 금부도사 왕방연이 가져온 약사발을 마시려고 하는데 화득이라는 사람이 뒤에서 달려들어 목을 졸라 죽였다. 그다음 날 단종을 모시던 몸종 열한 명이 봉래산 아래쪽 벼랑에서 동강으로 몸을 던져 죽었다. 사람들은 백제 멸망의 한을 품고 죽었다는 백제 궁녀의 전설이 어린 낙화암의 이름을 따서 그 벼랑을 낙화암이라고 부른다. 현재 그 위에는 금강정錦江亭과 그때 함께 죽은 사람들의 넋을 기리는 사당 민충사愍忠祠가 있다.

단종의 시신은 동강에 버려졌지만 후환이 두려워 아무도 주검을 거두지 못했다. 그때 영월의 호장인 엄흥도嚴興道가 어둠을 틈타 강에 뜬 단종의 송장을 몰래 건져서 동을지산에 묻었다. 그것을 지켜본 일가붙이들이 화를 입을까 두려워 앞다투어 말렸는데도 듣지 않고 "선善을 행하다가 화를 입는 것은 내가 기꺼이 받아들이겠다" 말했다. 그 뒤 엄흥도의 충절을 높이 여긴 우의정 송시열이 현종에게 건의하여 엄흥도의 자손에게 벼슬을 주었고, 영조 때는 죽은 엄흥도에게 공조참판이라는 벼슬을 내리기도 했다.

단종이 이곳에 머물렀을 때 김시습이 두어 번 다녀갔다고 한다. 그는 이곳에 와서 인생이 얼마나 뜬구름 같은지를 깨달았을 것이다.

영월 청령포

단종이 세조에게 왕위를 빼앗기고 유배되었던 곳이다.
지세가 험하고 강으로 둘러싸여 있어서 단종이 '육지고도陸地孤島'라고 했다.

자규루

영월 관풍헌으로 옮겨 가 유배 생활을 할 당시 단종은
동쪽의 자규루에 자주 올랐다.

나는 누구냐 이도 아니고 저도 아니다
미친 듯이 소리쳐 옛사람에게 물어보자
옛사람도 이랬더냐 이게 아니더냐
산아 네 말 물어보자 나는 대체 누구란 말이냐
(…)
혼이여 돌아가자 어디인들 있을 데 없으랴

단종의 슬픔을 품은 관음송

세상 사람들에게 알려지지 않은 채 버려졌던 단종의 무덤은 중종 11년(1516)에 '노산묘를 찾으라'는 왕명에 따라 되찾게 되었고, 여러 사람의 증언으로 묘를 찾아 봉분을 갖추게 되었는데 그때가 12월 15일이었다. 그 뒤 선조 13년(1580)에 강원 감사 정철의 장계로 묘역을 수축하고 상석과 표석, 장명등, 망주석을 세웠다. 숙종 7년(1681) 7월 21일에 노산대군으로 추봉했고, 숙종 24년(1698)에 추복하여 묘호를 단종端宗으로 하여 종묘에 부묘하고 능호를 장릉이라고 명했다. 당시 숙종이 남긴 〈노산군의 일을 생각하며 감회를 읊은 시 魯山事有感〉 중 한 편이다.

어리실 때 왕의 자리를 물려주시고
멀리 벽촌에 계실 때에
마침 비색한 운을 만나니

왕의 덕이 이지러지도다
지난 일을 생각하니
목이 메고 눈물이 마르지 않는구나
시월 달에 뇌성과 바람이 이니
하늘의 뜻인들 어찌 끝이 없으랴
천추의 한이 없는 원한이요
만고의 외로운 혼이라도
적적한 거친 산속에
푸른 소나무 옛 동산에 우거졌구나
높은 저승에 앉으시어
엄연히 곤룡포를 입으시고
육신들의 해를 꿰뚫는 충성을
혼백 역시 상종하시리니

이후 해마다 한식이면 이곳 장릉에서 단종의 제례를 지내기 시작했다. 이와 같은 한식제는 1967년부터 단종제로 이름이 바뀌어서 이 지방의 향토 문화제가 되었으며, 매년 4월 15일 무렵 단종제가 열릴 때는 영월군뿐 아니라 전국에서 사람들이 몰려온다.

속담에 '중매쟁이는 한 말이면 그만이고, 풍수는 두 말이면 그만이다'라는 말이 있다. 이 말은 중매쟁이는 '혼처가 좋다'는 한마디면 그만이고, 풍수는 '명당이다, 아니다' 두 마디면 그만이라는 뜻이다. 그런데 장릉은 한마디로 진짜 풍수지리상 길지 중의 길지라고 널리 알려졌다. 그런 연유

장릉

단종의 능은 영월읍 영흥리 동을지산 기슭에 있다.
왕릉은 한양에서 100리 이내의 장소를 선정하는 것이 관례이나 조선 왕릉 중에서
유독 단종의 능만이 한양에서 이렇게 먼 곳에 있다.

청령포 관음송

단종이 노산군으로 강등되어 청령포로 유배되었을 때
이 소나무의 갈라진 사이에 걸터앉아 쉬었다는 이야기가 전한다.

로 풍수지리를 공부하는 사람들의 발길이 끊이지 않는다.

사적 제196호로 지정된 장릉은 영월읍 영흥리 동을지산 기슭의 소나무숲에 둘러싸여 있다. 이곳의 소나무는 서쪽인 소나기재 쪽을 향해서 구부러진 것이 많아 서울을 그리던 단종의 넋이 소나무에 배어들어 그렇다는 이야기가 전해 온다. 장릉 옆에 있는 창절사彰節祠는 단종의 복위를 꾀하다가 죽은 사육신의 높은 충절을 기리기 위해서 세운 사당이다. 이곳에서는 사육신 여섯 사람의 신주와 함께 생육신인 김시습과 남효온, 박심문, 엄홍도의 신주를 모셔 두고 해마다 봄과 가을에 제사를 지낸다.

단종이 머물렀던 옛 집터는 기와집으로 새 단장을 했고 단종의 귀양 생활을 지켜보았을 관음송觀音松(천연기념물 제349호)은 하늘을 찌를 듯 솟아 있으며, 강 쪽으로는 이끼가 낀 금표비가 서 있다. '청령포금표淸泠浦禁標', 즉 '동서로 300척, 남북으로 490척은 왕이 계시던 곳이므로 뭇사람은 들어오지 마라'는 출입 금지 푯말로 영조 2년(1726)에 세워진 것이다. 단종이 이곳에 유배되었을 때도 이처럼 행동에 제약을 받았을 것이다.

휘돌아 흐르는 강물 따라

영월군 남면 광천리의 배터거리에서 남면 연당리로 넘어가는 각한치角汗峙(각한재)는 쇠뿔에서 땀이 날 정도로 험하고 경사가 가팔라 지어진 이름이다.

영월군 북면 덕상리에 있는 배거리산은 천지개벽 때 이 산꼭대기에 배가 걸렸다는 곳이다. 또 이곳에는 옥녀탄금형玉女彈琴形의 명당이 있다. 배거리산에 있는 배거리굴은 1000여 명이 들어갈 수 있으며, 굴 안에 종유석과 조개껍데기가 붙어 있다.

옛날 한두만이라는 관포官砲가 나라에 바치는 짐승을 많이 잡았다고 하고 첨재라고도 부르는 영월군 서면 두산리의 두만동에 있는 초치初峙는 원주시 신림면 송계리로 넘어가는 세 고개 중 첫 번째 고개다. 바로 근처에 있는 한치재는 두덕골에서 도원리 말굴이로 넘어가는 고개로 매우 준험하여 이 고개를 넘으려면 땀을 흘린다고 하여 한치재라고 한다.

영월에서 서강이라 불리는 평창강이 남한강에 합류한다. 길이가 220킬로미터에 이르는 평창강은 평창군 계방산에서 발원하여 속사천이 되고, 평창군 대화면과 봉평면 경계에 이르러 서북쪽에서 오는 흥정천을 합하여 남쪽으로 흘러, 대화면 하동미리에서 대화천을 합하여 평창강을 이룬다. 평창읍을 지난 강물은 영월군 서면 신천리에 이르러 서북쪽에서 오는 주천강과 합쳐져 영월읍 남쪽에서 남한강에 합류한다.

이 지역 사람들은 동강, 서강이라 부르지 않고 암강, 수강이라 부른다. 서강을 따라 거슬러 올라간 서면의 선암마을에는 서강이 휘돌아 가면서 빚어낸 절경인 한반도를 닮은 지형이 있다.

또한 영월군 주천면에는 술이 나오는 돌, 주천석酒泉石에 얽힌 이야기가 전해지는데 《신증동국여지승람》에 다음과 같이 기록되어 있다.

> 주천현 남쪽 길가에 돌이 있으니 형상이 반 깨어진 돌 술통 같다. 세상에 전해 오는 말에 "이 돌 술통은 예전에는 서천가에 있었는데 거기에 가서 마시는

자에게는 넉넉하지 않은 적이 없었다. 읍의 아전이 술을 마시려고 거기까지 왕래하는 것이 싫어 현 내로 옮기고자 하였다. 여러 사람들과 함께 옮기니 갑자기 크게 우레가 치고 돌에 벼락이 내려서 부서져 세 개로 나뉘어 한 개는 못에 잠기고, 한 개는 있는 데를 알 수 없고, 한 개는 곧 이 돌이라" 한다.

조선 전기 문신 성임成任은 주천석의 샘물을 이렇게 노래했다.

이것이 무회씨無懷氏가 아니면 갈천씨葛天氏일 것이다
술이 있다, 술이 있어 샘물처럼 흘렀다네
똑똑 물방울처럼 떨어져 바윗돌 사이로 흘러드는가 하였더니
어느새 철철 넘쳐서 한 통이 다 찼다네
술 빚은 것이 누룩의 힘을 의지한 것도 아니고
지극한 맛을 탄 것도 없이 자연 그대로라네
한 번 마시면 그 기분이 맑은 하늘 위에 노니는 것 같고
두 번 마시면 꿈속에서 봉래산 빈터에 이르게 된다
줄줄 흘러 마셔도 마셔도 마르지 않으니
다만 마시고 취하는 대로 만족할 뿐, 어찌 값을 말하랴
당시에 고을 이름 붙인 것도 다 뜻이 있었으리
그 혁혁한 신령은 진정 전에는 없던 일이다
마침내 산속의 귀신들이 우레와 폭풍우로 한밤중에 술 샘을 옮겨 버렸네
옥검玉檢을 위하여 깊은 동학洞壑에 폐쇄한 것이 아니면
반드시 금 단지에 저축하여 깊고 깊은 연못에 감추었으리라

사시사철 님 그리워 나는 못 살겠네

한반도면 선암마을

서강을 따라 거슬러 올라간 서면의 선암마을에는 서강이 휘돌아 가면서 빚어낸 절경인 한반도를 닮은 지형이 있다.

감감하고 비어서 남은 자취 다시 볼 수 없게 되었고
오직 끊어진 돌 조각만 길가에 가로놓였네
내 하늘을 되돌려 옛날 샘의 맥을 돌려놓고자 하거니와
세상 사람들로 하여금 군침 흘리지 말게 하라
내가 원하는 것은 반도蟠桃(선경의 복숭아)를 안주 삼아 밝으신 왕께 바치고
한 잔을 올리면 천년의 수壽를 하려니
일만 잔 올린다면 다시 만만세를 기약하리니
길이 법궁法宮에 납시어 뭇 신선과 만나소서

소나무숲이 무척이나 아름다운 절

주천면에서 주천강을 거슬러 올라가다가 만나는 곳이 요선정이고, 그곳에서 법흥천을 따라 올라간 곳에 적멸보궁인 법흥사가 있다. 이중환은 이곳 주변의 풍광을《택리지》에서 다음과 같이 평했다.

> 치악산 동쪽에 있는 사자산은 수석水石이 30리에 뻗쳐 있으며, 주천강의 근원이 여기다. 남쪽에 있는 도화동과 두릉동도 아울러 계곡의 경치가 아주 훌륭하며, 복지라 불리니 참으로 속세를 피해서 살 만한 지역이다.

아름드리 소나무가 우뚝우뚝 솟은 사자산獅子山은 해발 1150미터에 이르며, 법흥사를 처음 세울 때 어느 도승이 사자를 타고 온 산이라고 한

다. 산삼과 옻나무 그리고 가물었을 때 식량으로 사용한다는 흰 진흙과 꿀 이렇게 네 가지 보물이 있는 산이라 하여 '사재산四財山'이라고도 불린다. 이 산에 신라 때 고승 자장율사가 지었다는 구산선문 중 하나인 법흥사가 있다.

조선시대 허균이 지은《한정록閑精錄》에는 농사를 짓기 위해 좋은 땅을 고르는 법이 다음과 같이 실려 있다.

> 치생治生(생활의 법도를 세움)을 세우는 데는 반드시 먼저 지리地理를 가려야 한다. 지리는 물과 땅이 아울러 탁 트인 곳을 최고로 삼는다. 그래서 산을 등지고 호수를 바라보는 곳이면 곧 훌륭한 곳이 된다. 그러나 반드시 지역이 널찍하면서도 긴속緊束(꽉 졸라 묶음. 또는 단단히 구속함)해야 한다. 대체로 지역이 널찍하면 재리財利를 많이 생산할 수 있고, 긴속하면 재리를 모을 수 있다.

나는 허균이 말한 위와 같은 조건을 갖춘 곳이 바로 법흥사 부근이라고 생각한다. 영월군 주천면을 지나 주천강을 따라가면 요선정이 있는 미륵암 부근에서 법흥천을 거슬러 올라가다 만나는 곳이 광대평廣大坪이다. 법흥리에서 가장 들이 넓고 전답이 많았다는 광대평을 지나 한참을 오르면 그 지형이 고기가 물결을 희롱하며 놀고 있는 형국이라는 유어농파형遊魚弄波形의 명당이 있다는 응어터(응아대)다. 그곳에서 법흥사의 아랫마을인 대촌大村이라고도 하는 사자리는 멀지 않다. 깊숙한 산골인데도 제법 넓게 펼쳐진 들판에서 관음사 가는 길과 법흥사가 있는 절골로 가는 길로 나뉜다.

대한불교조계종 제4교구인 월정사의 말사 법흥사는 신라의 자장율사가 선덕여왕 12년(643)에 당나라에서 돌아와 오대산 상원사, 태백산 정암사, 영취산(영축산) 통도사, 설악산 봉정암 등에 부처의 진신사리를 봉안하고 마지막으로 이 절을 창건해 진신사리를 봉안했다. 당시 절 이름은 흥녕사興寧寺였다.

그 뒤 고려 헌강왕 때 절중折中이 중창하여 구산선문 중 사자산문獅子山門의 중심 도량으로 삼았다. 징효대사 절중은 사자산파를 창시한 철감선사 도윤의 제자로 흥녕사에서 선문을 크게 중흥시킨 인물이다. 그 당시 헌강왕은 이 절을 중사성中使省에 예속시켜 사찰을 돌보게 했다. 그러나 이 절은 진성여왕 5년(891)에 불타고 혜종 원년(944)에 중건되었다. 그 뒤 다시 불에 타서 1000년 가까이 작은 절로 명맥만 이어오다가 1902년 비구니 대원각이 중건하고 법흥사法興寺로 이름을 바꾸었다. 1912년 또 다시 불에 탄 뒤 1930년에 중건됐으며, 1931년 산사태로 옛 절터의 일부와 석탑이 유실되었다.

법흥사 초입에는 흥녕사에서 선문을 크게 열었던 절중의 징효대사탑비(보물 제612호)가 세워져 있다. 여기에는 그의 행적과 당시의 포교 내용이 새겨져 있고 고려 혜종 원년에 세웠다는 기록이 남아 있다.

이름난 소나무숲은 여러 곳 있지만 가장 그윽한 곳은 이곳 법흥사의 적멸보궁으로 올라가는 길에 자리한 숲일 것이다. "나무는 별에 가 닿고자 하는 대지의 꿈이다"라는 반 고흐의 말을 입증하기라도 하는 것처럼 하늘을 찌를 듯 우뚝우뚝 솟은 아름드리 소나무숲 길을 걸어 올라가면 법흥사 선원이 나오며 그 오른쪽에는 마르지 않는 우물이 있다. 그곳에서 구

법흥사 적멸보궁

'모든 번뇌와 그릇된 생각인 망상이 사라진 경지에 지은 보배로운 궁전'이란 뜻의 적멸보궁이라는 이름에 걸맞게 이곳에 이르는 소나무숲 길은 아름다워 모든 번뇌와 망상을 잊게 한다.

불구불 이어지는 오솔길을 돌아 올라가면 법흥사 적멸보궁이 있다.

정면 세 칸, 측면 두 칸의 팔작집인 적멸보궁 안에는 불상이 안치되어 있지 않고 유리창 너머 언덕에 석가모니의 진신사리를 봉안했다는 사탑이 보인다. 그러나 진신사리탑일 것이라는 사리보탑은 어느 승려의 부도일 뿐이고 정작 진신사리는 영원한 보존을 위해 자장율사가 사자산 어딘가 아무도 모르는 곳에 숨겨 두었다고 한다. 그런 까닭에 가끔 사자산 주변에 일곱 빛깔의 무지개가 선다고 한다.

사탑 옆에는 자장율사가 수도했던 곳이라는 토굴이 있고 그 뒤편에는 사자산의 바위 봉우리들이 웅장한 자태를 뽐내고 있다. 적멸보궁에서 내려오는 길에 우뚝우뚝 서 있는 소나무를 만날 수 있다. 어쩌면 오랜 그리움의 한 자락 같기도 하고 보고 싶은 사람 같기도 한 그 소나무들 중 한 그루를 '내 사랑 소나무'라고 점찍어 두고 가까이 다가가 두 팔을 벌려 껴안아 본다.

산길은 까슬까슬하게 혹은 오랜 세월 부대낀 세월의 무게로 가슴속에 한 점 그리움으로 안겨 오는 소나무와 함께 이리 보아도 저리 보아도 아름답기 이를 데 없다. 가끔 법흥사를 떠올릴 때마다 이 소나무와 적멸보궁으로 가는 길에 만나게 되는 굽이도는 서러움 같은 그 길이 떠올라 마음을 주체하지 못할 때가 있다.

법흥리 부근은 산이 높고 골이 깊어 높은 고개들이 많다. 도마니골에서 엄둔으로 넘어가는 고개는 엄둔재이고, 어림골에서 주천면 판운리로 넘어가는 고개는 숲이 무성하다 하여 어림치라고 부르며, 법흥리에서 횡성군 안흥면 상안흥리로 넘어가는 고개는 안흥재다. 법흥사 북쪽에 있는 고인돌에서 평창군 방림면 운교리로 넘어가는 고개는 마루턱에 서낭당이 있어서 당재이고, 절골에서 도원리로 넘어가는 고개는 널목재, 절골에서 엄둔으로 넘어가는 고개는 능목재다. 법흥리 서북쪽에 있는 마장동은 예전에 말을 먹이던 마을이고, 응어터 동남쪽에 있는 무릉치는 옛날에 이 길을 오가는 행인들이 쌓은 돌무더기인 서낭당과 무성하게 우거진 수풀이 있어 붙여진 이름이다. 임진왜란 당시 평창 군수 권두문과 이방 지씨가 함께 왜군에게 포로로 잡혔다가 탈옥하여 수풀이 무성한 이곳 무릉치를 넘어 무사히 평창으로 탈출했다는 이야기가 전해진다.

마음도 몸도 머물고 싶은 계곡

법흥천을 따라 한참을 내려오면 주천강과 백덕산에서 흘러내려 온 두 물줄기가 만나는 무릉도원면 무릉리의 작은 산에 요선정邀僊亭이라는 아담한 정자가 있다. 원래 법흥사에 딸려 있던 작은 암자가 있던 곳에 자리한 요선정은 1915년 숙종의 어제시를 봉안하기 위해 건립되었다. 요선정 안에는 화재로 소실된 숙종의 어제시를 영조가 다시 쓴 것과 정조 어제시의 편액 외에도 선인들이 남긴 글이 여럿 걸려 있다. 그 앞에 물방울같이 생긴 큰 바위가 있고, 그 바위에 마애여래좌상이 새겨져 있다. 통통한 얼굴, 큼지막한 입과 코 그리고 큰 귀를 가진 마애여래좌상은 상체가 비교적 원만한 데 비해 하체가 워낙 커서 부자연스러워 보인다. 그 뒤쪽에는 보는 것만으로도 아찔한 벼랑에 큰 너럭바위가 있고 오래된 소나무가 그 벼랑에 길게 드리워져 있다. 백덕산과 구룡산에서 흘러내린 두 물줄기가 하나로 만나는 풍경이 소나무 가지 사이로 보인다.

멀리 바라보면 산들은 첩첩하고 물은 실타래를 풀어 놓은 듯하다. 푸르고 끊어짐 없이 흐르는 평창강은 서강이 되어 흐르다가 우리 국토를 빼닮은 한반도면 선암마을을 이루고 선돌과 청령포를 지난 뒤 영월읍 하송리에서 동강과 합쳐진다. 그 뒤 남한강으로 새로 태어나 단양으로 흘러가는데, 그 길목에 자리한 곳이 김삿갓의 무덤이 있는 영월군 김삿갓면이다. 원래는 하동면이었다가 김삿갓면으로 바뀐 이곳에 묻힌 김삿갓의 본명은 병연炳淵이고 호는 난고蘭皐다. 신동 소리를 들을 정도로 머리가 좋았고 글재주가 뛰어났던 김병연이 향시에 나갔는데, 시제가 '정시 가산 군수의 죽음을 논하고 하늘에 사무치는 김익순의 죄를 탄핵하라'는 것이었다. 김병연은 "한 번 죽어서는 그 죄가 가벼우니 만 번 죽어 마땅하다"는 글을 썼는데, 그가 그렇게 저주한 김익순이 자신의 조부라는 사실을 알고 난 후부터 고행을 시작했다. 금강산에서부터 시작된 그의 방랑은 온 나라 구석구석 미치지 않은 곳이 없었다. 김병연의 시 두 수를 감상해 보자.

나는 지금 청산을 찾아가는데
푸른 물아, 너는 왜 흘러오느냐?

세상만사 이미 모두 정해진 것을
덧없는 인생들 괜히 서두르고 있지

김병연의 시를 읽다 보면 그가 거부할 수 없는 운명론자였다는 것을 알

요선정 뒤쪽 풍경

무릉도원면 무릉리 작은 산에 있는 아담한 정자 요선정은 수려한 자연과 함께 어우러져 있다.

수 있다. "인간의 위대성을 나타내는 나의 공식은 운명애運命愛다. 필연적인 것은 감내하고 사랑해야 한다. 나는 앞으로 긍정하는 자가 되고자 한다. 눈길을 돌리는 것이 나의 유일한 부정이 될 것이다"라고 설파한 니체의 운명애처럼 말이다.

영월을 지난 남한강은 언제나 봄이라는 이름의 영춘과 단양을 지나 충주와 여주로 흐른다. 영월군 주천면 북동쪽에 평창이 있다.

하늘이 낮아 고개 위가 겨우 석 자

'오대산에 가서 밥을 먹지 못하면 사흘을 앓는다'라는 말은 옛날 강릉 사람들이 월정사에 가서 밥을 못 먹으면 한이 된다는 데서 유래한 말이다. 오대산의 품에 안긴 월정사가 있는 평창平昌의 고구려 때의 이름은 욱오현郁烏縣이었다. 신라 때 백오현白烏縣으로 고쳐졌다가 고려 때 지금의 이름으로 바뀌었다. 조선 태조 원년(1392)에 목조의 비인 효비의 고향이라 하여 군으로 승격했다.

조선 전기 문신 정탁鄭擢이 "산을 베개로 하고 골짜기에 깃들인 백성의 집들이 있는데, 옛 고을은 몇 리에 걸쳐 쓸쓸한 모습이로구나. 세월이 오래니 이미 자취는 기와집을 봉했고, 비가 개니 아지랑이의 푸름은 뜰에 가득하게 서린다" 했고, 정도전鄭道傳 또한 "중원의 서기는 지금 어느 곳에 있는가, 옛 고을 쓸쓸한 옛 산의 모퉁이로다. 문 앞의 땅은 좁아서 수레 두 채를 용납할 만하고, 하늘이 낮아 재 위는 겨우 석 자 높이로

김삿갓 묘

영월군 김삿갓면에 있는 조선 방랑 시인 김병연의 묘다.
이곳에서 약 2킬로미터 떨어진 곳에 김병연의 생가터가 있다.

구나" 노래한 평창군 진부면에 오대산이 있다.

오대산에 있었던 소은백이산所隱白伊山이 《여지도서》에 다음과 같이 실려 있다.

> 관아의 서쪽 65리에 있다. 민간에 전하기를 신선이 살던 곳이었다. 옛날에 사냥꾼이 짐승을 쫓다가 높은 봉우리에 올라가 골짜기 안을 바라보았다. 오래된 나무와 초가집, 좁다란 길이 죽 이어져 있고, 시냇가에는 무명을 희게 누이고 옷들을 빨아 널어서 다른 곳처럼 사람이 사는 듯하였다. 산에서 내려가 그곳을 찾아보았지만 구름과 안개가 골짜기에 가득하여 그곳이 어디인지 알 수 없었다. 그곳은 아마도 오대산의 남쪽 기슭이 아닌가 한다.

오대산 어딘가에 있던 신선이 사는 곳. 그래서 사람들이 오대산을 즐겨 찾는 것인지도 모른다. 오대산 아랫자락 진부에서 대관령으로 가는 길목에 자리한 도암면이 대관령면으로 이름이 바뀐 것은 그리 오래전 일이 아니다.

대관령면을 가로지르는 횡계천은 예로부터 명태를 말리는 덕장이 명물이다. 동해안에서 잡힌 명태는 주문진이나 묵호, 속초 항구에 내려져 내장이 제거된 채 트럭에 실려 이곳으로 오면 횡계천의 두꺼운 얼음을 깨고 얼음물 속에 담가서 하룻밤을 둔다. 얼음물에 말끔하게 씻긴 명태는 두 마리씩 짚으로 엮인 채 덕장에 걸려 긴 겨울잠을 잔다. 명태는 대관령에서 불어오는 눈보라를 맞으며 얼었다 녹았다 반복하는 동안 살이 부풀어 오르면서 마른다. 그렇게 마른 명태는 추위가 풀리는 3월 말쯤이면 긴 겨울잠에서 깨어나며 황금빛을 지닌 명태 본연의 모습을 갖추게 된다. 황금빛이 나도록 말리면 맛좋은 북어가 되는데, 그 북어를 황태라고 부른다. 가장 맛이 좋은 황태를 만들려면 특히 영하 20도 가까운 매서운 추위와 눈보라 속에서 명태를 잠재워야 한다.

멀리 북태평양 바다에서 잡히는 명태는 동해안의 것보다 크기는 더 크지만 맛이 덜하다. 우리 동해에서 잡히는 명태는 조금 작아도 짭짤하고 구수한 맛이 난다. 그리고 무엇보다 양념을 빨아들이는 힘이 강해서 맛이 좋다. 예전에는 함경도 원산에서 말린 명태를 가장 좋은 것으로 쳤지만 지금은 이곳 횡계에서 말린 황태를 최고로 친다.

월정사月精寺나 상원사上院寺 같은 이름난 절들이 있는 오대산五臺山은 불교와 밀접한 관계를 맺고 있다. 연꽃을 닮았다는 오대산의 다섯 봉우리에 얽힌 사연은 불교 설화에서 비롯되었다. 중국 산서성의 오대산과 같은 이름의 이 산은 불교에서 석가여래의 왼쪽에 자리하여 지혜를 다스리는 보살로 추앙받는 문수보살이 머무는 곳이라고 한다. 그러므로 이 산은 그 이름부터가 불교 신앙과 관련 있음을 알 수 있다.

《삼국유사》에 따르면 자장율사가 중국의 오대산에서 "그대 나라의 동북쪽 명주 땅에 오대산이 있고 거기에 만 명의 문수보살이 늘 머물고 있으니 뵙도록 하시오" 하는 깨우침을 받고 돌아온 뒤 이곳 오대산이 불교의 성지로 터전을 잡게 되었다.

선덕여왕 12년(643) 이 산에 온 자장율사는 풀을 엮어 집을 짓고 문수보살을 만나려고 했으나 사흘 동안 음산한 날씨가 이어져 뜻을 이루지 못하고 돌아가게 되었다. 고려 후기 문신 민지閔漬가 《묵헌집默軒集》에 이 사실을 기록했다. 후세 사람들 역시 자장율사가 머물렀던 곳이 바로 지금의 월정사 터이며, 그때부터 오대산이 '열려서' 월정사가 세워진 것으로 기록했다. 오대산에 문수보살이 머물고 있다는 오대산 신앙이 《화엄경》에 바탕을 둔 중국의 영향을 받아 이곳에 터를 잡았으며 나아가 일본으로까지 퍼졌다고 보는 것이다.

다섯 보살이 머문다는 오대산 신앙

《삼국유사》 "대산오만진신臺山五萬眞身"과 "명주溟州 오대산 보질도태자전기寶叱徒太子傳記"에는 이런 이야기가 전한다. 신라의 보천과 효명이라는 두 왕자가 속세를 향한 뜻을 버리고 오대산에 들어왔다. 그들은 중대와 북대 밑에 푸른 연꽃이 핀 것을 보고 그 자리에 풀로 엮은 집을 짓고 불법을 닦고 있었다. 그들이 어느 날 함께 오대산으로 참배하러 올라가자 동대 만월산에는 만 명의 관음보살이 나타났고, 남대 기린산에는 팔대보살을 우두머리로 한 만 명의 지장보살이 나타났으며, 서대 장령산에는 무량수여래를 우두머리로 한 만 명의 대세지보살이 나타났다. 그뿐만이 아니었다. 북대 상왕산에는 석가여래를 우두머리로 한 500명의 대아라한이, 중대 풍로산에는 비로자나를 우두머리로 한 만 명의 문수보살이 나타나기에 이들 진신에게 예불을 드렸다고 한다.

그때부터 관음과 미타 그리고 지장, 석가, 문수보살 같은 극락세계의 보살들이 오대산의 다섯 봉우리에 저마다 머무른다고 하는 신앙으로 발전했고, 월정사에서 위쪽으로 9킬로미터쯤 떨어진 곳에 지금의 상원사인 진여원眞如院이 들어섰다. 그러한 정황을 살펴볼 때 오늘날에 보는 것과 같은 다섯 대臺에 세워진 암자들은 그때부터 기틀이 마련되었음을 알 수 있다. 특히 진여원에서는 매일 인시(새벽 4시)가 되면 문수보살이 36개의 변형된 부처의 얼굴로 나타났으며, 보천과 효명이 골짜기의 물을 길어다가 차를 달여서 만 명의 문수보살에게 공양했다고 한다. 이곳의 다섯 대에 자리한 암자들은 중대의 사자암을 위시하여 동대의 관음암, 서대의 수정암, 남대의 지장암, 북대의 미륵암으로 저마다 고유한 이름을 갖고 있지만, 언제부터인지 비구니들의 승방인 남대의 지장암 하나만이 계속 지장암이라 불리고 나머지는 흔히 그냥 중대사, 동대사, 서대사, 북대사로 불리고 있다. 이 암자들은 오늘날 대한불교조계종의 제4교구 본사인 월정사에 딸린 말사로 등록되어 있다.

오대산 상원사의 적멸보궁으로 오르는 길은 잘 닦인 산책로처럼 정갈하다. 특히 가을 단풍이 절정에 이르렀을 때 울긋불긋한 단풍잎들의 사각거리는 합창 소리를 들으며 천천히 발길을 옮기면 온 세상이 달리 보인다. 푸르게 솟은 전나무와 울울창창한 산의 속살을 헤치고 아침 안개라도 피어오르면 발길은 소풍 가는 어린아이의 발걸음처럼 가벼워진다.

다섯 암자 중에서 중대의 사자암은 오대산의 으뜸 봉우리인 비로봉의 산허리에 있는데 위치뿐 아니라 불교의 교리와 신앙 면에서도 중심이 되는 곳이다. 오대산이 문수보살의 산이라면 이곳은 그가 타고 다닌다는 사자를 암자의 이름으로 삼을 만큼 큰 역할을 떠맡았던 곳이다. 그곳에서 한참을 더 오르면 나타나는 적멸보궁은 일찍이 자장율사가 당나라에서

상원사

평창군 진부면 오대산에 자리한 상원사는 월정사와는 이웃하고 있다.
지금의 상원사 건물은 광복 후에 재건한 것이다.

월정사

상원사에서 내려오는 단풍나무길 끝자락, 전나무숲 우거진 곳에 월정사가 있다.
선덕여왕 때 자장율사가 창건했다고 하며 한국전쟁 때 거의 전소되어 1964년 이후 중건했다.

가지고 온 석가모니의 정골사리, 곧 머리뼈 사리를 모신 곳으로 오대산 신앙을 한데 모으는 구심점이다.

적멸보궁을 찾는 참배객들은 먼저 그 아래의 오솔길 가장자리에서 솟아나는 용안수(이곳 땅의 생김새는 용을 닮았으며 적멸보궁은 용의 머리, 용안수는 용의 눈에 해당한다고 한다)에서 몸과 마음을 깨끗이 씻은 뒤에 발길을 위로 옮기게 된다.

그러나 막상 적멸보궁에 이르면 정면 세 칸, 측면 두 칸 건물 어디에 석가모니의 머리뼈 사리가 있는지는 알 길이 없다. 적멸보궁인 만큼 불상도 없다. 건물 뒤쪽의 석단을 쌓은 자리에는 작은 탑이 새겨진 50센티미터 크기의 비석이 서 있는데 진신사리가 있다는 세존진신탑묘다. 이렇게 온 산이 부처의 몸이라고 볼 수 있으니 신앙심 깊은 불교 신자들이 오대산이라면 월정사나 상원사보다 적멸보궁을 먼저 찾는 이유가 여기에 있다.

오대산 비로봉 아래 용머리에 해당하는 이 자리는 조선 영조 때 어사 박문수朴文秀가 명당이라 감탄해 마지않았던 터다. 전국 각지를 돌아다니다가 오대산에 올라온 박문수는 이곳을 보고 "승도들이 좋은 기와집에서 일도 않고 남의 공양만 편히 받아먹고 사는 이유를 이제야 알겠다"라고 했다. 세상에 둘도 없는 명당에 조상을 모셨으니 후손이 잘되지 않을 수 없다는 말이다.

자장이 지은 옛 절에 문수보살이 있으니

적멸보궁에서 내려오면 상원사 청량선원에 이른다. 이곳 상원사에 '단종애사'의 악역 세조에 얽힌 일화가 있다. 조카인 단종을 몰아내고 왕위에 오른 세조는 얼마 못 가 괴질에 걸린다. 병을 고치기 위해 이곳을 찾은 세조가 월정사에 들러 참배하고 상원사로 올라가던 길이었다. 물이 맑은 계곡에 이른 세조는 몸에 난 종기를 다른 이들에게 보이지 않으려고 혼자 멀찌감치 떨어져 몸을 씻고 있었는데, 동자승 하나가 가까운 숲에서 놀고 있었다. 세조는 그 아이를 불러 등을 씻어 달라고 부탁하며 "어디 가서 왕의 몸을 씻어 주었다는 말은 하지 마라"라고 말했다. 그러자 그 아이가 "왕께서도 어디 가서 문수보살을 직접 보았다는 말은 하지 마세요"라고 대답하고는 어디론가 사라져 버렸다.

깜짝 놀란 세조가 두리번거렸지만 아무것도 보이지 않았다. 그런데 이상하게도 그토록 오랫동안 자신의 몸을 괴롭히던 종기가 씻은 듯이 나았다. 감격에 겨운 세조는 화공을 불러 기억을 더듬어 동자로 나타난 문수보살의 모습을 그리게 했고, 그 그림을 표본으로 하여 조각한 목조문수동자좌상(국보 제221호)을 상원사 법당인 청량선원에 모셨다.

다음 해에 상원사를 다시 찾은 세조는 또 한 번 기적을 경험했다. 상원사 불전으로 올라가 예불을 드리려는 세조의 옷소매를 고양이가 나타나 물고 못 들어가게 했다. 이상하게 여긴 세조가 밖으로 나와 법당 안을 샅샅이 뒤지게 하자, 탁자 밑에 그의 목숨을 노리는 자객이 숨어 있었다. 고양이 덕에 목숨을 건진 세조는 상원사에 '고양이의 밭'이라는 뜻의 묘전을 내렸다. 세조는 서울 가까이에도 여러 곳에 묘전을 마련하여 고양이를 키웠는데, 서울 강남구에 있는 봉은사에 묘전 50경을 내려 고양이를 키우는 비용에 쓰게 했다고 한다.

이런 일들을 겪은 세조는 그 뒤에 상원사를 다시 일으키고 소원을 비는 원찰로 삼았다. 오늘날 건물은 1947년에 금강산에 있는 마하연 건물을 본떠 지은 것이지만, 이름 높은 범종이나 석등은 그때 마련된 것들이다.

상원사는 청량선원, 소림초당, 영산전, 범종을 매달아 놓은 동정각 그리고 뒤채로 이루어진다. 한국전쟁 당시 군사 작전으로 오대산의 모든 절을 불태웠을 때도 상원사는 문짝밖에 타지 않았다. 30년 동안이나 상원사 바깥으로는 한 발짝도 나가지 않고 참선한 것으로 이름 높은 한암선사가 본당 안에 드러누워서 "절을 태우려면 나도 함께 불사르라"라고 일갈하며 절과 운명을 같이하려는 각오로 버텼다. 그런 연유로 어쩔 수 없이 문짝만 불태웠다고 한다. 한암선사에 대해서는 여러 이야기가 신화처럼 전해지는데, 이곳에서 불법을 닦는 이들은 선사가 고요히 앉은 채로 입적한 사진을 돌려 보며 스스로를 채찍질한다. 오대산 신앙의 중심이 되는 중대의 사자암에 가면 선사가 이곳으로 올 때 짚고 와서 꽂아 놓은 지팡이가 뿌리를 내려 해마다 잎을 틔운다는 단풍나무를 볼 수 있다.

상원사에서 내려오는 길에는 단풍나무가 곱고도 찬연하게 우거져 있고 그 길의 끝자락에 펼쳐진 전나무숲 우거진 곳에 월정사가 있다. 선덕여왕 12년(643)에 자장율사가 창건했다고 하지만 한국전쟁 때 깡그리 불타 버리고 역사의 흔적으로 남은 것은 별로 없는데, 한국불교연구원이 발행한《월정사》에서는 월정사라는 명칭의 유래를 다음과 같이 밝힌다.

사승寺僧의 말에 따르면 오대산 동대에 해당하는 만월산 아래 세운 수정암이 훗날 월정사가 되었다. 월정사月精寺의 '월' 자와 만월산滿月山의 '월' 자를 연관시킨 이러한 견해는 주목할 만하다. 그러나《동국여지승람》강릉 '불우佛宇'조에는 월정사와 수정암이 별개의 사찰로 기록되어 있어 사승의 이 같은 이야기에 문제가 없는 것은 아니다.

화마로 손실된 월정사에 남은 것은 적광전 앞 중앙에 서 있는 팔각구층석탑과 그 탑 앞에 두 손을 모아쥐고 공양하는 자세로 무릎을 꿇고 있는 석조보살좌상뿐이다. 팔각구층석탑(국보 제48호)은 자장율사가 건립했다고 전해 오지만 고려 양식의 팔각구층석탑을 방형 중심의 3층 또는 5층이 대부분이었던 신라시대의 석탑으로 보기에는 아무래도 좀 무리가 있고, 고려 후기에 세운 것으로 추정된다. 자장율사가 월정사를 세웠다는 '월정사중건사적비月精寺重建事蹟碑'의 기록이 있는데도 고려시대의 탑으로 추정하는 이유는 고려시대에 와서야 다각다층석탑이 보편적으로 제작되었으며, 하층 기단에 안상眼象과 연화문이 조각되어 있고 상층 기단과 굄돌이 세워져 있기 때문이다.

만주를 비롯한 북쪽 지방뿐 아니라 묘향산 보현사에 팔각십삼층석탑이 있고 여러 곳에 팔각다층탑이 있는 것을 보면 고구려 양식을 계승한 것이라는 견해도 있으며, 탑의 양식으로 보아 탑을 세웠던 때를 아무리 올려도 10세기 이전까지는 거슬러 올라가지 않을 듯하다. 월정사 팔각구층석탑은 한국전쟁 때 석재가 파손되고 기울었던 것을 1970년과 1971년에 해체, 복원했다. 복원 당시 진신사리와 유물이 출토되었으나 연대를 확인할 만한 유물은 발견되지 않았다. 탑의 높이는 약 15.2미터로 다각다층석탑으로는 가장 높다. 아래위로 알맞은 균형을 보이며, 각부에 선명하고 안정감 있는 조각 수법을 보여 고려시대 다각다층석탑의 대표가 될 만하다.

팔각구층석탑 앞 석조보살좌상은 탑을 향해 정중하게 오른쪽 무릎을 꿇고 왼쪽 무릎을 세운 자세로 두 손을 가슴에 끌어모아 무엇인가를 들고 있는 모습인데, 연꽃등을 봉양하고 있었을 것으로 짐작된다. 왼쪽 팔꿈치는 왼쪽 무릎에, 오른쪽 팔꿈치는 동자상에 얹고 있는 보살좌상은 웃고 있는 듯 보이는데, 마멸이 심해 보살좌상인지 동자상인지조차 구별하기가 쉽지 않다. 이 보살상은 《법화경》에 나오는 '약왕藥王보살상'이라고 하는 견해가 있으나 그 명칭에 대해서는 단정하기 어렵다. 전하는 이야기로는 자장율사가 팔각구층석탑을 조성할 때 함께 세웠다고 하나, 탑과 함께 고려 초기의 작품으로 추정된다.

정추는 시에서 "자장이 지은 옛 절에 문수보살이 있으니 탑 위에 천년 동안 새가 날지 못한다. 금전金殿은 문 닫았고 향연은 싸늘한 데, 늙은 중은 동냥하러 어디로 갔나" 노래했다.

봉평에 메밀꽃이 피면

평창은 소설가 이효석의 고향이다. '1930년대 우리 문단에서 가장 참신한 언어 감각과 기교를 겸비한 작가'라는 평을 받았던 이효석은 평창군 봉평면 창동리 남안동에서 태어났다. 1930년 경성대학교 법문학부 영문학과를 졸업했으며, 1925년 《매일신보》 신춘문예에 시 〈봄〉이 뽑혔으나 본격적인 문학 활동을 시작한 것은 1928년 〈도시와 유령〉을 발표하면서부터였다. 초기 유진오와 함께 도시 유랑민의 비참한 생활을 고발한 작품들을 써서 카프KAPF 진영으로부터 이른바 '동반 작가'라는 호칭을 듣기도 했던 그는 〈노령근해〉와 같은 정치적 경향이 짙은 작품을 발표했다.

경제적인 곤란을 견디다 못한 이효석은 스승의 주선으로 총독부 경무국 검열계에 취직한다. 하지만 주위의 지탄과 자괴감에 2년을 넘기지 못하고 그만두었으며, 1931년 결혼한 뒤 경성농업학교 영어 교사로 부임하여 비교적 안정된 생활을 찾았다. 그 후 초기의 경향 문학적 요소를 탈피하여 다양한 서정의 세계로 들어서서 〈돈豚〉, 〈산〉, 〈들〉, 〈메밀꽃 필 무렵〉과 같은 단편을 잇달아 발표했다.

1937년 이후에는 허무주의적 요소가 가득 담긴 〈개살구〉, 〈장미 병들다〉 같은 단편과 장편 《화분》 등을 썼다. 1940년 아내와 둘째 아이를 잃고 극심한 실의에 빠져 만주 등지를 돌아다니다가 건강을 잃은 그는 끝내 뇌막염으로 병석에 누운 지 20여 일 만에 죽음을 맞이했다. 그의 나이 서른여섯이었다. 문학평론가 유종호는 〈적요寂寥의 아웃사이더〉라는 글에서 이효석이 〈메밀꽃 필 무렵〉을 쓰게 된 동기를 다음과 같이 적었다.

효석의 집안과는 한마을에 살면서 아주 가까이 지내던 성공여라는 사람이 있었다. 성씨 집에는 스무 살쯤 된 옥분이라는 딸이 있었는데 봉평서는 제일가는 일색이었다. 뒷날 집안 형편이 기울어 이웃 고을인 충북 제천으로 이사를 갔다. 영에서 뜨는 달과 잔약한 메밀꽃과 머루, 다래 같은 산과山果와 청밀을 고향의 아름다운 추억으로 간직하고 있던 효석은 서른 살 나던 해, 어릴 때 알았던 '곰보 영감'과 조봉근과 충주집과 성옥분의 심상에 상상의 허구를 곁들여 명작 〈메밀꽃 필 무렵〉을 써서 고향에 대한 최대의 헌사를 바친 셈이다.

한편 평창군 봉평면 평촌리 홍정계곡에는 팔석정八石亭이 있다. 팔석정은 이름 때문에 정자로 오해하기 쉽지만 실은 여덟 개의 바위를 가리킨다. 물 맑은 홍정계곡 물길을 따라 양쪽으로 늘어선 바위와 소나무가 멋진 풍경을 이룬다. 조선 전기 문인이자 서예가 양사언이 이곳 경치에 반해 여덟 개의 바위에 이름을 붙였다 하여 팔각정이라는 이름이 생겼다. 각각의 바위에는 전설 속 삼신산을 가리키는 봉래蓬萊, 방장方丈, 영주瀛洲라는 글씨와 석대투간石臺投竿(낚시하기 좋은 바위), 석지청련石池淸蓮(푸른 연꽃이 피어 있는 듯한 바위), 석실한수石室閑睡(낮잠 자기 좋은 바위), 석요도약石搖跳躍(뛰어오르기 좋은 바위), 석평위기石坪圍碁(장기 두기 좋은 바위)라는 글씨가 새겨져 있었다 하는데 세월이 흘러 지금은 글씨의 형체를 알아보기 힘든 상태이다.

이곳에서 가까운 평창군 봉평면 백옥포리의 판관대判官垈는 신사임당이 율곡 이이를 잉태한 곳이라고 한다. 율곡의 아버지 이원수의 관직명인 수운판관을 따서 판관대라고 하는데, 수운판관이란 세금으로 거둔 곡식을 배로 실어 나르는 일을 하는 관직이다. 하지만 율곡을 잉태할 당시는 중종 31년(1536)인데, 이원수가 수운판관이 된 때는 명종 5년(1550)이므로 잘못 전해진 이야기라고 볼 수 있다.

봉평 메밀밭

애초 봉평은 메밀 농사가 흔했던 지역이 아니었다. 이효석의 〈메밀꽃 필 무렵〉 덕에 이제는 메밀 하면 으레 봉평을 떠올리게 되었다.

율곡의 태몽을 안은 마을

봉산 서쪽에는 모양이 매우 수려한 삼신산이 있고, 평촌리 동남쪽에는 그 모양이 머리에 쓰는 관모와 비슷한 관모봉이 있다. 마을 뒤쪽에 자리한 봉산蓬山은 예전에 덕봉德峯이라고 했는데, 양사언이 이 산에서 놀고 간 뒤로 봉산이라 했다. 평촌에 있는 율곡 이이를 모신 사당이 봉산서재蓬山書齋다. 봉산서재는 이곳에서 율곡이 잉태된 사실을 후세에 전하기 위해 고을 유생들이 1906년에 세운 사당인데, 그 배경은 다음과 같다. 이곳에 살았던 홍재홍洪在鴻 등의 유생들이 율곡과 같은 성인이 이 마을에서 태어났다고 상소를 올려 1905년에 판관대를 중심으로 한 10리의 땅을 받았고, 이후 성금을 모아 이이의 영정을 모신 봉산서재를 지은 뒤 봄 가을로 제사를 지냈으나, 현재는 서재 경내의 재실에 이이와 이항로李恒老의 존영을 모시고 이 고장의 유림과 주민들이 가을에 제사를 봉행하고 있다.

봉산서재에 율곡 이이의 출생에 얽힌 전설 같은 이야기가 전해 온다. 이이의 아버지 이원수는 아내 신사임당에 가려서 잘 알려지지 않은 인물다. 사임당 신씨와 결혼한 후 벼슬을 하기 위해 처가인 강릉에서 과거를 보러 서울을 오르내리게 되었는데, 오가는 것이 쉬운 일이 아니었다. 이에 신사임당은 과거 길의 중간쯤에 해당하는 평창군 봉평면 백옥포리에 거처를 정하고 이곳에서 함께 생활하며 남편의 뒷바라지를 하게 되었다. 그 후 이원수가 인천에서 수운판관을 지내던 무렵에도 신사임당을 비롯해 그의 식구들은 산수가 아름다운 봉평의 판관대에 머물고 있었다.

오랜만에 휴가를 얻은 이원수가 가족이 사는 봉평으로 오던 중이었다. 그는 평창군 대화면의 한 주막에서 여장을 풀게 되었는데, 주막 여주인은 전날 밤 용이 가슴에 가득 안겨 오는 기이한 꿈을 꾸었다. 하늘이 점지한 뛰어난 인물을 낳을 예사롭지 않은 꿈임을 짐작한 주모는 누군지 알 수 없는 그 사람만을 기다리고 있었다. 그때 이원수가 주막에 들었는데, 마침 그날 손님은 이원수뿐이었다. 주모는 여러 방법을 동원하여 이원수와 하룻밤을 지내려고 했으나 그가 완강하게 거절하여 뜻을 이루지 못했다. 이 무렵 친정 강릉에 가 있던 신사임당도 똑같이 용이 품 안에 안기는 꿈을 꾸고는 언니의 간곡한 만류를 뿌리치고 140리 길을 걸어 곧바로 집으로 돌아왔다. 주모의 청을 거절한 이원수가 그날 밤 집에 도착하여 부부간에 회포를 풀었는데, 이날 바로 신사임당이 율곡을 잉태한 것이다.

며칠 동안 신사임당과 지낸 이원수가 다시 인천으로 돌아가는 길에 주막의 여주인이 생각나서 찾아가 "이제 주모의 청을 들어주겠다"라고 하자 주모가 이를 거절하며 말하기를 "손님을 그날 밤 모시고자 했던 것은 신이 점지한 영특한 아들을 얻기 위해서였는데, 지금은 아닙니다. 이번 길에 손님은 귀한 아들을 얻으실 것입니다. 하지만 후환이 있을 것이니 그것을 조심해야 합니다" 하고 말하는 것이었다.

깜짝 놀란 이원수가 "그 화를 막을 방도가 있는가?" 하고 묻자 주모는 다음과 같은 방도를 알려 주었다. "밤나무 1000그루를 심으면 괜찮을 것입니다." 이원수는 주모가 시키는 대로 밤나무 1000그루를 심었고 그 후 몇 해가 흘렀다. 어느 날 험상궂게 생긴 스님이 찾아와 시주를 청하면서 아이를 보자고 했다. 이원수는 주모의 예언이 생각나서 거절했다. 그러자 중은 밤나무 1000그루를 시주하면 아이를 데려가지 않겠다고 했다. 이원수는 쾌히 승낙하고 뒷산에 심어 놓은 밤나무를 모두 시주했다. 그러나 그중 썩은 밤나무가 있어 한 그루가 모자랐다. 깜짝 놀란 이원수가 사시나무 떨듯 떨고 있는데, 숲속에서 나무 한 그루가 "나도 밤나무다" 하고 소리를 쳤다. 그 소리를 들은 중은 호랑이로 변해서 도망쳤다. 그때부터 '나도밤나무'라는 재미있는 나무 이름이 생겼다고 한다.

이중환은 강원도를 난리를 피하기에는 좋으나 사람이 살기에는 적당치 않다고 했다.

> 북쪽 회양에서 남쪽 정선에 이르기까지 모두 험한 산과 깊은 골짜기로 이루어져 있고, 물은 모두 서쪽으로 흘러 한강으로 들어간다. 화전을 많이 경작하고 논은 매우 적다. 바람은 높고 기온이 차서 땅은 메마르며 백성은 어리석다. 비록 시내와 산의 기이한 경치가 많기는 하나 한때 난리를 피하기에는 좋을 뿐 오래 대를 이어 가며 살기에는 적당하지 못하다.

오가는 길마저 험하고 산과 산이 맞부딪칠 것 같은 산골짜기에 기대어 사는 사람들의 삶은 얼마나 고단했을까? 강희맹의 시만 읽어도 그 고충을 알 것만 같다.

> 어제 일찍이 큰 고개를 넘어왔더니
>
> 회오리바람에 의지하여 만 리를 양각羊角(회오리바람) 속에 돌아서 온 것 같구나

매단 것 같은 벼랑에 끊어진 돌계단은 돌기가 겁이 나고
고목古木과 창등倉藤은 지척이 아득하네
다리 밑에 이젠 이미 평탄한 길을 찾을 것을 알건만
꿈속에서는 아직도 파란 절벽을 기어오르는 꿈을 꾸네
백 가지 시름을 노성의 봄이 흩어 버리니
술 마시며 높은 소리로 담소하여 즐거워하네

평창군 봉평면 덕거리 북쪽에 있는 보래골은 진한辰韓의 태기왕이 신라의 침입을 받아 태기산으로 갈 때 보물을 가지고 왔다는 곳이고, 덕거리 서쪽에 있는 이방동은 강릉 지역 이방이 나라에 죄를 짓고 도망하여 살았던 곳이라 한다. 봉평면 면온리는 태기왕이 이곳에서 신라군에게 멸망했으므로 멸온이라고 했는데, 1914년에 면온으로 바뀌었다.

5

국토 정중앙 청정 고을

멋스러운 풍류는 평양 땅을 압도하고

《월인석보》가 있었던 홍천 수타사

홍천洪川은 본래 고구려의 벌력천현伐力川縣이었다. 홍천이 지금의 이름으로 고쳐진 것은 고려 현종 9년(1018)이었고, 현에서 군이 된 것은 조선 말 고종 때였다. 서거정의 〈학명루기鶴鳴樓記〉에는 홍천의 지세와 풍속이 잘 그려져 있다.

원주 곁에 있는 고을을 홍천이라고 한다. 홍천은 산과 물이 두르고 있어 깊고 궁벽한 곳에 있으면서 잘 다스려졌다. 백성들의 풍속은 순박하고 소송은 적어서 수령 노릇을 하는 즐거움이 있다. 내가 젊었을 때 영서嶺西에 유학한 일이 있었다. 원주에서 춘천으로 갈 때 거듭 홍천 쪽으로 길을 잡아 지나갔다. 그 읍내에 인가들이 그윽하고 깨끗하며 산과 물이 맑고 기이하다. 백성들은 재물이 부유하고 수목이 울창한 것을 기뻐하며 올라가 한번 조망할 만한 누대가 없음을 한탄하였다.

홍천군에는 높은 산들이 연이어 있는데 이름난 산들이 많다. 오대산을 비롯해 응복산과 공작산, 약수산, 가칠봉이 솟아 있다. 서면 팔봉리에 있는 팔봉산은 홍천강에 인접해 있는데, 강의 남쪽 연안을 따라 여덟 개의 봉우리가 길게 뻗어 있어 산을 좋아하는 사람들이 즐겨 찾는다. 산 정상에는 삼부인당三婦人堂이라는 당집이 있고 안에는 칠성신군七星神君과 팔봉산후토신령八峰山后土神靈이라고 쓰인 위패가 있으며, 3월 3일과 9월 9일이면 마을 사람들의 안녕과 풍년을 비는 당굿이 펼쳐진다.

홍천군 남면의 망덕산은 고려 말에 왕씨들이 태조 이성계를 피하여 신대리로 들어와 전仝씨로 성을 바꾼 채 살았을 때 초소를 세우고 망을 보았던 산이라고 한다. 내면에 있는 매봉산은 예전에 매를 놓아 사냥하던 산이고, 북방면에 있는 패명산(패병산)은 동학 농민 혁명 당시 동학군이 진을 치고 싸우던 산인데 이때 관군이 크게 패했다고 한다. 또한 내촌면에 있는 배우산(백우산)은 매봉 동쪽에 있는데, 옛날에 이 부근이 모두 바다여서 이 산에 배를 맸다고 한다.

동면 공작산 기슭에는 수타사壽陀寺가 있다. 신라 성덕왕 7년(708)에 창건된 이 절의 탑 둘레에는 아름드리 소나무로 이루어진 숲이 있다. 하지만 일본이 태평양전쟁 당시 전쟁에 쓰이는 송진을 내려고 소나무마다 상처를 입혀서 성한 나무가 하나도 없다. 창건 당시 우적산 일월사日月寺라 했으나 선조 2년(1568) 지금의 자리로 옮겨 오면서 절 옆에 큰 냇물이 흐른다 하여 수타사水墮寺라 했다. 그런데 이름을 바꾼 뒤 해마다 승려들이 한 사람씩 절 뒤에 있는 깊은 못에 빠져 죽는 일이 일어났다. 어느 해에 수타사 앞을 지나던 떠돌이 중이 이곳에 승려들이 빠져 죽는 까닭은 절 이름 탓이라며, 수타사의 이름이 한자로 '물 수水' 자와 '떨어질 타墮' 자이기 때문이라고 했다. 그래서 그 뒤부터 음은 그대로 두되 '목숨 수壽' 자와 '비탈 타陀' 자로 바꾸었다고 한다.

수타사는 《월인석보月印釋譜》(권17, 18)가 발견된 절이다. 세종대왕은 석가모니의 공덕을 기리는 노래를 지어서 한글로 적은 《월인천강지곡月印千江之曲》을 세 권으로 엮었고, 오랫동안 원문이 전해지지 않다가 1960년에야 비로소 발견되어 세상에 알려졌다. 또한 세조는 수양대군 시절에 아버지 세종의 뜻에 따라 《법화경》, 《지장경》, 《아미타경》, 《석가보》, 《약사경》 등의 불경에서 석가모니의 행적을 뽑아서 한글로 적었다. 그것을 엮어서 만든 책이 《석보상절釋譜詳節》이다. 《석보상절》은 원래 24권이었으나 그중 10권만이 현재까지 전해지며, 문장이 빼어나게 아름다운 것으로 유명하다. 《석보상절》과 《월인천강지곡》을 합쳐서 세조 5년(1459)에 만든 책이 《월인석보》다. 한글 창제 후 처음으로 한글로 만든 불교 서적인 셈인데, 당시의 한글을 연구하는 데 귀중한 자료로 꼽힌다. 수타사에서 보관하던 《월인석보》 두 권은 1970년대 후반 춘천시에 있는 강원도 향토박물관으로 옮겨졌다.

홍천군 서석면 미약골산에서 화양강이라고 불리는 홍천강이 발원한다. 서남쪽으로 흘러가면서 홍천의 옛 이름을 따서 벌력천이 되고 북방면을 지나면서는 녹요강이 된다. 서면과 남면을 지난 홍천강은 춘천시 남면 관천리에서 북한강으로 들어간다.

팔봉산

홍천군 서면 팔봉리에 있는 산으로 인접한 홍천강의 남쪽 연안을 따라
여덟 개의 봉우리가 길게 뻗어 있어 산을 좋아하는 사람들이 즐겨 찾는다.

수타사 대적광전

아미타불의 무량한 수명을 상징하는 그 이름처럼 수타사는
긴 역사를 자랑하는 유서 깊은 절이다.
특히 절의 중심 법당인 대적광전은 내부 장식이 정교하고 아름답기로 유명하다.

무궁화를 보급한 남궁억

홍천이 자랑하는 인물 가운데 독립운동가이자 교육자이며 언론인인 남궁억이 있다. 1863년 서울에서 태어난 남궁억은 서재필, 이상재 등과 함께 독립협회를 창립했고, 1898년 9월에는 나수연, 유근 등과 함께 《황성신문》을 창간했다. 독립협회의 지도자로 활동하던 중 17명의 지도자와 함께 체포되었으며, 이후 여러 차례 구속과 석방이 이어졌다. 1905년 3월에는 고종의 간곡한 권유가 있어 성주 목사로 부임하여 선정을 베풀었으나, 그해 11월에 일본의 위협 아래 을사늑약이 체결되어 국권을 잃게 되자 벼슬을 사임한 뒤 서울로 돌아와 독립운동을 전개했다.

건강이 악화되자 홍천군 서면 모곡리 보리울마을로 돌아온 뒤 1919년에는 모곡학교를 설립하고 무궁화 보급 운동을 펼쳤다. 대외적으로는 뽕나무를 보급한다고 내세우고 뽕나무 묘목에 무궁화 묘목을 끼워서 퍼뜨렸다. 그 무렵 나라 안의 초등학교와 교회에 보급된 무궁화는 거의 이곳에서 가져간 것이었다. "빛나거라 삼천리 무궁화 동산 잘살아라 이천만의 고려족"으로 끝나는 〈무궁화 동산〉이라는 노래를 지어 모곡학교 학생들에게 가르치기도 했다. 이 노래는 널리 퍼져 나라 안 곳곳에서 아이들이 즐겨 불렀다. 이에 일본은 남궁억을 잡아 가두고 모곡학교를 빼앗아 공립보통학교로 바꾸었으며 이 학교에서 기르던 7만여 주의 무궁화 묘목을 모두 불태워 버렸다.

무궁화는 한 번에 피고 한 번에 지는 꽃이 아니다. 연중 세 계절을 피고 또 피어나는 그 끈질긴 생명력 때문에 '1만 6000년을 산다'는 말이 있을 정도다. 무궁화가 우리나라를 상징하는 꽃이 된 것은 남궁억이 경상북도 칠곡에서 부사로 일할 때 윤치호와 의논하여 나라의 꽃으로 정했기 때문이라는 설이 있다.

한편 이곳 홍천읍 갈마곡리에는 우령羽嶺 또는 짓고개라는 고개가 있는데, 새마을에서 동면 성수리 아래 숫골로 넘어가는 길이다. 학들이 객관의 남쪽 다리에 모였다가 이 고개 위를 날아가는데, 날개〔羽〕가 떨어졌으므로 그렇게 이름 지은 것이라고 한다.

홍천군 두촌면 장남리에는 조선시대 건이원(거니원)이 있었고, 그곳에 주막거리가 있었다. 이곳을 원거리라고 불렀는데, 원거리 북쪽에서 인제군 남면 어론리於論里로 가는 고개를 거니고개라고 부른다. 낮은 고개라서 "넘기 좋기는 거니고개, 놀기 좋기는 합강정"이라는 노래가 전해 온다.

홍천읍 삼마치리는 삼마치라는 고개가 있어서 붙여진 이름이다. 이곳 원터에서 남면 상창봉리로 가는 고개는 해발 462미터 높이지만 고개가 험하고 가팔라서 세 마리의 말을 갈아타야 넘을 수 있었다고 한다.

홍천읍 검율리 당뿌리 동쪽 오성산에 있는 바위는 이괄바위라고 부른다. 이괄李适이 이곳에서 무술을 닦을 때 자신의 첩을 아래쪽으로 떨어뜨린 뒤 뛰어 내려가 땅에 떨어지기 전에 두 손으로 받아 냈다는 곳이다. 또한 홍천읍 동쪽을 흐르는 황천강을 이 지역에서는 화양강이라고 부른다. 화양강(홍천강)가에 바위가 있는데, 이 바위 밑에서 사랑하는 사람의 이름을 부르며 기도하면 기혼이든 미혼이든 그 뜻이 이루어진다고 해서 화낭바우라고 부른다. 검율리에서 이 바위를 없애려고 허물어 버렸더니 더욱 풍기가 문란해지므로 다시 그대로 놓아두었다고 한다.

홍천군 화촌면 구성포리는 화양강의 물이 아홉 굽이를 돌아서 흘러가는 곳이므로 구성포九城浦라 했고, 내삼포리는 삼정포의 안쪽이므로 내삼정포 또는 내삼포라고 부른다. 삼포리는 내삼포와 외삼포에 걸친 마을로 마을 앞에서 두 냇물이 합하여 삼각주를 이룬다. 외삼포리는 삼정포 바깥쪽이므로 외삼정포라고 했는데, 이곳 홍천강까지 소금 배들이 오르내릴 때 배가 닿았던 곳이다. 특히 구성포리에는 동대문 바깥에서는 가장 음식 솜씨가 빼어나다고 알려진 국숫집이 있어서 화양강을 오르내리던 뱃사공들에게 인기가 높았다. 그리고 '떼둔지'라고 알려질 만큼 뗏목을 실은 떼꾼들이 많이 오갔던 홍천군 동면에는 이름난 막걸릿집이 있어서 뱃사공들이 줄을 이었다고 한다.

홍천군 서석면 풍암리의 자작고개는 고종 31년(1894) 동학 농민 혁명 당시 동학군들이 무수히 죽은 곳이다. 동학군 편에 선 지역 사람들과 관군 사이에 싸움이 벌어져 800여 명이 최후를 맞았다. 1970년대까지만 해도 이 고개에선 그때 죽은 것으로 보이는 사람들의 유골이 더러 발견되기도 했다.

설악산 아래 인제가 있다

"두메산골에 풍속이 순박하다. 농사에 힘써서 생계를 유지한다. 오래 사는 사람이 많으니, 더러는 100여 살에 이른다"라는 기록이 《여지도서》에 있을 만큼 장수 고을이었던 인제는 풍속이 순박하여 걱정이 없고 경치가 빼어나 삶이 쾌적한 고장이었다. 인제麟蹄는 원래 고구려의 저족현猪足縣으로 오사회烏斯回라고도 불렸다. 고려 때 지금의 이름으로 고치고 춘천의 속현이 되었다가 조선 고종 때 군으로 승격했다.

조선 전기 문신 우승범禹承範은 시에서 "옛 고을에 얼마나 많은 세월이 흘렀는가, 인가가 여덟아홉 채네" 했고, 하연河演은 "여러 산들이 깊고 멀어 수레와 말 탄 손님 오는 일 없는데, 한 가닥 길이 돌개천을 곁에 두어 높기도 하고 낮기도 하구나"라고 노래했다. 성현은 "다리를 지나 관도官道가 먼데 숲은 두어 채의 민가를 가리고 있네. 땅이 서늘하니 항상 눈이 남아 있고, 산이 깊으니 아직 꽃이 없다. 가시 처마에 추운 참새들이 싸우고, 소나무에는 저녁 바람이 많다. 나그네의 정상情狀은 시름과 병을 더하여 턱을 고이고 앉았노라니 해가 이미 비꼈네"라고 하여 인적조차 드문 고을의 풍경을 노래했다. 인제에서 이름난 절은 백담사이고, 그 위쪽에 자리한 암자가 오세암과 봉정암이다.

오세암에 머물렀던 매월당

오세암은 원명암圓明庵 서남쪽, 곧 마등령馬等嶺 아래에 있는 백담사에 딸린 암자다. 마등령은 오세암에서 속초시 설악동으로 가는 큰 고개로 설악산을 내설악과 외설악으로 가르는 분수령이 된다. 고개가 매우 가팔라서 산턱을 어루만지면서 오른다는 뜻에서 마등령이라 이름 지었다고 한다. 마등령에 오르면 발밑에 내·외설악의 많은 봉우리와 함께 멀리 동해까지 한눈에 보인다.

오세암은 신라 고승 자장율사가 창건했다. 선덕여왕 12년(643)에 자장율사가 이곳에 암자를 짓고 관음암觀音庵이라 했다. 인조 21년(1643)에 설정이 중창해 이름을 오세암五歲庵이라 고쳤다. 고종 25년(1888)에 백하가 중수했는데 한국전쟁 때 불타고 말았다.

오세암에 조선 전기의 빼어난 문장가이자 생육신의 한 사람으로 알려진 매월당梅月堂 김시습金時習이 오래 머물렀다. 천재 중의 천재였던 김시습의 운명을 결정짓는 사건이 일어난 해는 그의 나이 스물한 살이 되던 세조 원년(1455)이었다. 그때의 상황이 《매월당집》에는 다음과 같이 실려 있다.

을해년(세조 원년, 1455)에 삼각산에서 글을 읽고 있었는데, 서울에 다녀온 사람이 전하는 말 중에 세조가 단종에게 왕의 자리를 빼앗았다는 소식이 있었다. 그 말을 들은 김시습은 문을 굳게 닫고서 나오지 않은 지 3일 만에 크게 통곡하면서 책을 불태워 버리고 거짓으로 미친 체하며 더러운 뒷간에 빠졌다가 도망하여 머리를 깎고 스스로 설잠이라고 불렀다.

매월당은 전국 각지를 방랑하기 위해 승려 행색을 했다. 삼각산을 떠나면서 다음과 같은 시 한 편을 지었다.

이제부터 내가 명승지를 찾아가려 한다면
만 리 길 저 강호를 멋대로 달려가리라

김시습은 이 시처럼 어느 한곳에 구애받음이 없이, 일정한 방향이나 목표도 없이 세상의 부귀를 뜬구름처럼 여기고 이리저리 떠돌았다. 관음암이 오세암으로 이름이 바뀐 것도 매월당 김시습이 이곳에서 오랫동안 머물렀으므로 그의 별호 오세신동五歲神童에서 따온 것이라 한다. 매월당이 이 절에 머물 때의 일화가 유몽인柳夢寅의 《어우야담於于野談》에 실려 있다.

최연(조선 전기 문신)은 강릉 사람이다. 김시습이 승려가 되어 설악산 오세암에 은거 중이라는 말을 듣고 나이 젊은 동지 5, 6명과 함께 따라 노닐며 그에게 배움을 청하였다. 김시습은 모두 사양하였으나 최연만은 가르칠 만하다고 하였다. 최연은 반년쯤 머물며 스승과 제자의 도리를 다하면서 자나 깨나 곁을 떠나지 않았다. 매번 달이 높고 밤이 깊을 때 잠자리를 살펴보면 이부자리가 비어 있는데, 김시습이 간 곳을 알 수 없었다. 최연은 이상하게 여겼으나 감히 그를 따라가 찾아보지는 못하였다. 이와 같은 일이 자주 일어났다.

그러던 어느 날이었다. 한밤중에 달이 밝았는데, 김시습이 옷을 입고 두건을 쓰고는 몰래 나가기에 최연이 뒤따라 나섰다. 한 골짜기를 넘고 한 고개를 넘어가서 멈추기에 최연은 숲속에서 김시습을 엿보고 있었다. 고개 아래 반석盤石이 있는데, 평평하고 넓어서 앉을 만하였다. 그러자 두 나그네가 도착했는데 어디서 왔는지 알 수가 없었다. 그들은 서로 절하고는 바위에 앉아 대화를 나누기 시작했지만, 멀어서 그 말을 알아들을 수가 없었다. 그들은 한참 후에 헤어졌다. 최연은 먼저 돌아와 처음처럼 누워 잤다. 다음 날 김시습이 최연에게 다음과 같이 말하였다. "내가 너를 가르칠 만하다고 여겼는데 지금에 와서야 번거로워서 가르칠 수 없음을 알게 되었다." 최연이 아무리 잘못했다고 용서를 빌어도 끝끝내 거절하여 하산하고 말았다.

이 글을 보면 김시습은 신선도나 도교에 관심이 많았고 그를 찾아오는 사람들도 그와 같은 부류가 아니었는가 싶다. 조선 후기 학자인 서응순徐應淳은 매월당을 생각하며 시 〈오세암〉을 지었다.

빈산 옛 절간에
목련이 홀로 피었네
동봉에 달 오르니
열경悅卿(김시습의 자)이 와 있는 듯

봉정암 가는 길은 순례자의 길

오세암에서 길을 내려오면 수렴동 대피소를 지나 구곡담계곡에 들어선다. 용소폭포, 용아폭포를 지나면 이어서 나타나는 폭포가 쌍용폭포다. 쌍용폭포는 용폭동 가장 위에 있는 두 갈래의 폭포다. 한 갈래는 높이가 46미터나 되는데 청봉에서 오는 물이고, 또 한 갈래는 높이가 22미터로 봉정암에서 오는 물로 마치 두 마리 용이 하늘로 치솟는 듯 매우 웅장해 보인다.

봉정암으로 가는 길은 만만치가 않다. 하지만 불교에 심취한 사람이나 순례자들은 그 험한 길을 마다하지 않는다. 공룡능선과 용아장성이 기립

원통리 일대

조선시대 원통역이 있었으므로 원통이라 이름한 곳이다. 명당산에 자리하며 낮은 산지가 대부분을 이루고 동쪽으로 북천이, 서쪽으로 소양강이 흐른다.

인심이 순박한 이 고을에서 다른 곳으로 식구를 떠나보낼 때 안타까운 마음을 드러내는 말로 쓰였다가, 전방에서 군대 생활을 한 사람들의 입에서 입으로 전해져 왔다. 요즈음에는 이곳이 워낙 깊은 산골인지라 다른 지방에서 이곳으로 갈 적에 발걸음이 잘 떨어지지 않는다는 뜻으로 쓰인다.

산이 많고 들이 적어서 그런지 가장 면적이 넓으면서도 인구는 가장 적은 지역에 속하는 것이 인제군이다. 인제군에는 해발 1000미터가 넘는 험준한 산들이 즐비하다. 전방 지역의 기온을 얘기할 때마다 빼놓지 않고 등장하는 향로봉이 해발 1293미터이고, 설악산이 1708미터, 점봉산은 1424미터에 이른다. 이처럼 높은 산들을 사이에 두고 고성군과 속초시, 양양군과 맞닿아 있다. 서쪽으로는 해발 1146미터의 도솔산, 1316미터의 대암산 등을 사이에 두고 양구군과 맞닿아 있으며, 남쪽으로는 1436미터의 방태산, 1118미터의 소뿔산, 1443미터의 주억봉, 1388미터의 구룡덕봉, 1240미터의 가칠봉 등을 사이에 두고 홍천군과 맞닿아 있다.

생태계의 보고 대암산 용늪

이곳 인제군에 생태계의 보고로 알려진 용늪이 있다. '하늘로 올라가는 용이 쉬었다가 는 곳'이라는 뜻에서 붙여진 용늪은 인제군 서화면과 양구군 동면과 해안면에 걸쳐 있는 늪이다. 이 용늪은 대암산 정상 부근의 습지로 해발 1280미터 정도의 고지대에 있으며, 면적은 7490제곱미터이고 길이 275미터, 폭 210미터의 타원형이다. 작은 용늪과 큰 용늪으로 이루어져 있으며 작은 용늪은 습지 식물이 거의 사라지고 육지화되었다.

약 4500년간 꾸준히 퇴적된 이탄층泥炭層(부패와 분해가 완전히 되지 않은 식물의 유해가 진흙과 함께 늪이나 못의 물 밑에 쌓여 이루어진 짙은 갈색의 층)이 있는 대암산 용늪은 다양한 동식물이 서식하는 생태계 보고로 희귀 동식물들이 많이 살고 있다. 총 252종의 식물이 자생하고 있고, 곤충 182종, 무척추동물 36종, 양서파충류 5종, 조류 24종, 포유류 16종이 조사되었다. 특히 멸종위기 1급 동물인 산양과 멸종위기 2급 식물인 기생꽃과 끈끈이주걱, 삿갓사초, 금강초롱, 조름나물, 비로용담, 동자꽃 등이 있다.

대암산 용늪은 1973년 천연기념물 제246호로 지정되었고, 남한 지역에서는 유일한 고층 습원이다. 1989년 생태계보전지역으로 지정되었으며, 1999년 습지보호지역으로 지정한 뒤 관리하고 있다. 1997년에는 국내 최초로 국제습지조약(람사르협약)의 습지보호지역으로 등록되었고, 산림청은 2006년 산림유전자원보호림으로 지정하기도 했다.

적설량이 많은 대암산은 가을과 겨울 기온이 낮으며 1년 내내 심한 일교차와 냉기류 현상이 나타난다. 연평균 기온은 섭씨 4.4도며, 특히 고층습원 주변은 220여 일 이상 눈, 비, 안개 등으로 젖어 있다.

생태학의 보고인 용늪은 민간인 통제선 안에 위치하여 민간인들이 쉽게 접근할 수 없었는데, 사람들에게 알려지면서 답사객들의 출입이 잦아졌고 그 결과 고층 습원이 많이 파괴되었다. 자연 상태로의 복원이 시급하다고 여겨 1994년부터 2010년까지 출입을 금지했다가 다시 개방되면서 용늪 주변의 탐방객이 날로 증가하고 있다.

인제군 인제읍 합강리에 합강정合江亭이라는 정자가 있다. 내린천과 인북천이 이곳에서 합류하여 합강정이라는 이름이 붙었다. 인제 지역 최초의 정자인 이 합강정은 숙종 2년(1676)에 건립했으나 화재로 타 버린 것을 영조 32년(1756)에 중수했으며 인제팔경 중 하나로 꼽힌다. 영조 연간에 출간된 《여지도서》에도 합강정이 보인다.

> 관아의 북쪽 5리에 있다. 한 물줄기는 기린현麒麟縣에서 흘러오고, 한 물줄기는 설악산에서 흘러와 원통역에 이르러 서화수와 합류해 정자 앞에 이르는데, 합류한 강의 이름은 미륵천이다. 동쪽으로는 맑은 강을 굽어보고 있으며, 서쪽으로는 흙으로 이루어진 토산土山을 등지고 있다. 구불구불 뻗어와 끝이 끊어진 곳에서 낭떠러지를 이루어 가파르게 솟았다. 언덕 위는 평평하게 펼쳐진다. 그 가운데에 정자가 있는데 맑은 연못을 굽어 바라보면 경치가 시원하고 상쾌하여 산골 고을의 뛰어난 경치가 여기보다 나은 곳이 없다. 지금은 다만 옛터만 남았다. 병자년(숙종 22, 1696) 겨울에 십자각十字閣 형태의 다섯 칸 누각을 지었다.

고종 2년(1865)에 여섯 칸으로 중수했고, 한국전쟁 때 폭격으로 무너진 것을 1971년에 여섯 칸 정자로 다시 건립했다. 지금의 합강정은 1996년 국도 확장 공사 때 철거했다가 1998년 6월에 정면 세 칸, 측면 두 칸의 2층 목조 누각으로 복원한 것이다.

합강정에서 기린면으로 가는 소양강에 세워진 다리는 리빙스턴교라 불린다. 한국전쟁 당시 이곳에서 유엔군 제3군단이 북한군의 맹공격을 받아서 후퇴하게 되었는데, 동쪽의 강 건너 기린면으로 통한 길만 트여

합강정

내린천과 인북천이 합류하는 곳에 세워진 정자로 조선 숙종 때 처음 세워진 후 여러 차례 중수를 거쳐 오늘에 이르고 있다.

있었다. 그러나 다리가 없어 강을 건너지 못하고 싸우다가 결국 군단이 전멸했다. 당시 한미 합동 작전을 이끌다가 사망한 리빙스턴 중령은 '이곳에 다리를 놓아 달라'는 유서를 남겼다. 그 후 그의 부인이 사재를 털어서 다리를 만들었으므로 리빙스턴교라고 했고, 다리에 붉은 칠을 했으므로 '붉은다리'라고도 했다.

한계산의 아름다움

한계사의 동쪽 40리에 백운암白雲菴이라는 암자가 있었다고 한다. 그러나 현재는 사방에 아름다운 봉우리가 담장처럼 둘러서 있고 다니는 길이 험준하여 사람의 자취가 거의 이르지 않았다는 백운암은 자취도 없고 관아의 동쪽에 있었다는 은적암隱寂庵도 사라진 지 오래다. 인제에서 원통을 지나 진부령을 넘으면 고성에 이르고 한계령을 넘으면 양구에 이르며 미시령을 넘으면 속초에 닿는다. 강원도청에서 펴낸 《강원총람》에 따르면 해발 1000미터가 넘는 봉우리가 인제군에만 96개나 있다. 예전에는 대청봉을 포함한 양양군과 속초 쪽의 산, 즉 외설악을 설악산이라 불렀고 인제군 쪽의 산, 즉 내설악은 한계산寒溪山이라 불렀다. 그러다 언젠가부터 내·외설악을 합쳐서 설악산이라고 부르게 되었다. 한계산에 대하여는 《신증동국여지승람》에 다음과 같이 자세히 실려 있다.

산 위에 성城이 있다. 냇물이 성안에서부터 흘러나와 곧 폭포를 이루어 내려가니 물줄기가 수백 척 높이에 있으므로 바라보면 흰 무지개가 하늘에 드리워진 것 같다. 원통역의 동쪽은 좌우가 다 큰 산이어서 동부洞府는 깊숙하고, 산골 물이 종횡으로 흘러서 무려 서른여섯 번이나 건너야 한다. 나무들은 갈대 자리를 말아 세운 듯한데, 위로는 하늘로 솟고 옆으로는 가로 뻗은 가지가 없다. 소나무와 잣나무가 더욱 높아서 그 꼭대기를 볼 수 없다. 또 그 남쪽에는 봉우리가 절벽을 이루었는데, 높이가 천 길이나 되어서 기괴하기가 형언할 수 없다. 너무 높아서 새도 날아가지 못하며 행인들은 절벽이 떨어져 누르지나 않을까 두려워한다. 그 아래에는 맑은 샘물이 바위에 부딪혀 못을 이루었는데 반석이 앉을 만하다. 또 동쪽의 수 리里는 동구洞口가 매우 좁고, 가느다란 작은 길이 벼랑에 걸려 있다. 빈 굴은 입을 벌리고 높은 봉우리들은 높이 빼어나서 용이 마주 당기고 범이 움켜잡을 것 같으며, 층대를 여러 층 겹쳐 놓은 것 같은 것이 수없이 많아서 그 좋은 경치는 영서의 으뜸이 된다.

이 산 위에 한계산성이 있다. 고려 고종 46년(1259) 조휘趙暉와 몽골군이 이끄는 반란군이 이 성을 공격하여 고려군을 섬멸하고 화주 이북(함경남북도) 지방을 원나라에 바쳤다고 한다. 일제 강점기에 '지정 18년至正十八年'이라는 다섯 자를 새긴 현판이 발견되었는데, 지정이란 원나라의 것을 인용한 고려 공민왕 때의 연호로 공민왕 7년(1358)에 해당한다. 한계산성 부근은 고구려와 신라가 군사 대결을 벌였던 곳이기도 한데, 이를 통해서도 역사적 대결 구도를 어렴풋이나마 엿볼 수 있다. 지금은 문자리만 남았고 무너져서 바위굴처럼 되었다. 한계산 아래에는 대승폭포가 있고 장수대 어귀에는 옥녀탕이 있다.

매월당 김시습이 이곳 장수대를 지나 한계령을 넘던 길에 시 한 편을 남겼다.

울내여 너 피 흘린 물아
장수들 칼 씻은 물아
목메어 우는 물가에서
나도 목멜 줄 알았다면
아뿔싸, 이 길로 왜 오지
딴 길로 재를 넘을걸

한편 용대리 설악산 자락에는 신라 진덕여왕 원년(647)에 자장율사가 세운 백담사百潭寺가 있다. 일제 강점기에는 시인이자 승려였던 만해 한용운이 머물렀고, 제5공화국 청문회가 끝난 뒤에는 전두환 전 대통령이 머물렀던 곳이다. 전해 오는 말로는 낭천(현 화천)에 비금사比琴寺가 있었는데 절 근처에서 사냥꾼들이 자주 사냥을 하여 불도에 어긋난 짓을 하므로 하룻밤 사이에 한계산으로 절을 옮겨 한계사라 했다 한다. 그런데 절을 옮겨 지을 때 춘천 근처에서 절구를 떨어뜨려서 그곳을 절구골이라고 부르게 됐으며, 한계리 근처에서는 청동화로를 떨어뜨려 그곳을 청동벼래라고 부르게 됐다 한다. 한편 이곳으로 옮긴 뒤 여러 번 불에 타 다시 새 절을 짓고 이름을 붙이려는데, 주지의 꿈에 백발노인이 나타나 청봉(설악산 주봉)에서 이곳까지 못을 세어 보라고 하므로 그 말대로 못의 수를 세어서 백담이라고 이름 지었다 한다.

설악산

예전에는 외설악을 설악산이라 불렀고, 인제군 쪽의 산, 즉 내설악은 한계산이라 했는데 언젠가부터 내·외설악을 합쳐서 설악산이라고 부르게 되었다.

인제군 상남면 김부리金富里에는 신라의 마지막 왕인 경순왕(김부대왕)의 자취가 여러 곳에 남아 있다. 경순왕이 이곳에 머물렀다고 해서 김부왕촌 또는 김부동이라고 불린 이 마을의 하단지골 북쪽 산 밑에 옥새바우가 있다. 바위 두 개가 포개져 있는데, 김부대왕이 옥새를 감췄던 곳이라고 한다. 여러 빛깔의 뱀이 가끔 나와 돌아다니는데 옥새를 지키는 것이라고 한다. 그런 연유로 이곳 김부리의 거릿말 북쪽에 김부대왕에 제사 지내는 사당인 대왕당이 있다. 김부대왕을 위하여 음력 5월 5일과 9월 9일에 취떡과 제물을 차려 놓고 온 마을 사람들이 모여서 제사를 지낸다.

불과 몇십 년 전만 해도 이 군의 3대 특산물은 '무심이'라는 이름의 씨 없는 배와 재래종 흑염소 그리고 석청이었다. 그중 무심이는 길쭉하고 울퉁불퉁해서 겉모양은 못생겼지만 씨가 없을뿐더러 껍질이 얇고 물이 많으며 맛이 뛰어나 조선시대에는 진상품이었다. 이 배나무는 신라 선덕여왕 때 자장율사가 당나라에서 들여왔다고 한다. 그래서 이 지방에서는 '인제 원님은 배 자랑하고, 횡성 원님은 앞뜰 자랑한다'는 말이 전해 올 만큼 이름이 났었는데, 어느새 사라져 버리고 오늘날 인제의 3대 특산물은 곰취, 고로쇠, 황태가 되었다.

인제군 기린면 방동리에 있는 방동약수에도 얽힌 일화가 있다. 옛날에 한 마음씨 착한 심마니의 꿈에 백발노인이 나타나 "나는 산신령이다. 너는 가난하지만 정직하므로 내가 산삼을 주겠다. 그리고 또 만병통치의 약물을 줄 테니 세상에 널리 알려라" 했다. 이튿날 어디로 갈까 하고 망설이고 있는데, 한 아이가 나타나 손짓을 하므로 쫓아가 보니 아이는 없고 큰 산삼이 있어 캐고 나니 그 밑에서 과연 약물이 나왔다고 한다.

백담사

용대리 설악산 자락에 있는 백담사는 신라 진덕여왕 16년에 자장율사가 세운 절이다.
만해 한용운과 전두환 전 대통령이 머물렀던 곳으로 유명하다.

인제군 인제읍 가리산리에 있는 하우고개는 전나무가 무성해서 회전동 또는 젓바치라고 부르는 마을에서 덕적동으로 넘어가는 큰 고개다. 옛날에 두 사람이 싸우다가 원님에게 소송하러 가게 되었는데 이 고개에서 화해했다고 해서 하우고개란 이름이 붙었다고 한다.

우리에게는 애절한 노래로 기억되는 〈세월이 가면〉이라는 시로 잘 알려진 박인환이 이곳 인제 출신이다.

지금 그 사람 이름은 잊었지만
그 눈동자 입술은
내 가슴에 있네.

바람이 불고
비가 올 때도
나는 저 유리창 밖 가로등
그늘의 밤을 잊지 못하지.

사랑은 가도 옛날은 남는 것
여름날에 호숫가 가을의 공원
그 벤치 위에
나뭇잎은 떨어지고
나뭇잎은 흙이 되고
나뭇잎에 덮여서

우리들 사랑이

사라진다 해도

(…)

박인환은 1926년에 인제읍 상동리에서 태어났다. 경성제일고보를 거쳐 평양의전을 중퇴했다. 종로에서 마리서사茉莉書舍라는 서점을 경영하면서 김광균을 비롯한 많은 시인들과 교류했다. 그의 시작 활동은 1946년 《국제신보》에 〈거리〉를 발표하면서 시작되었으며 이후 〈남풍南風〉, 〈지하실〉 등의 시 외에도 〈아메리카 영화 시론試論〉을 비롯한 많은 영화평을 썼다. 박인환은 1949년에 김경린, 김수영 등과 함께 시집 《새로운 도시와 시민들의 합창》을 출간하면서 모더니즘 작가의 대열에 끼였다. 1955년에 《박인환 선시집》을 출간했고 《욕망이라는 이름의 전차》를 번역하여 시공관에서 신협新協에 의해 공연되기도 했다. 박인환은 〈목마와 숙녀〉 등 여러 편의 시를 남기고 서른한 살에 세상을 떠났다. 작고 직전에 쓴 〈세월이 가면〉은 노래로도 만들어져 지금도 많은 사람들에게 널리 불리고 있다.

내륙의 외딴 섬 양구

인제 북서쪽에 양구楊口가 있다. "순박하며 농사에 힘쓴다. 아울러 학문과 무예도 숭상하며, 더러는 생원이나 진사도 나오고, 더러는 문과나 무과에 합격도 한다"라고 그 풍속이 《여지도서》에 소개되어 있다. 송구

빈宋九賓의 시에 "고을이 고요하니 마음마저 고요하고, 사람이 드무니 할 일도 드물구나"라고 한 양구군은 고구려 때부터 독립된 고을로서 이름이 한 번도 변하지 않았다. 양구는 궁벽한 산골이라서 조선 초기까지 현령조차 두지 않았다고 하며, 양구의 진산은 비봉산飛鳳山이다.

강원도에서도 궁벽한 고장으로 소문이 자자한 이곳을 찾았던 사람이 김극기다. 그의 시를 보자.

붉은 해가 아직 바다에서 나오지 않았는데 흰 안개는 오히려 산에 잠겼네
새벽밥 지어 먹고 문득 동쪽으로 달리노니 길이 매우 험난하도다
고개의 잔도棧道는 높고 가파른 데를 뚫었고 시내의 징검다리는 졸졸 흐르는 시내를 통과한다
험한 산길을 애써서 지나 푸른 기슭에 오니 동구가 점점 넓고 조용해지네
호각號角 소리와 깃발 그림자가 멀리 교목 숲 사이로 나타나네
비로소 알겠네, 읍내의 아전들이 나를 맞으러 방금 관關을 지나는 것을
갑자기 운수현雲水縣이 보이니 멧부리와 봉우리가 반半이나 둘러섰네
뽕나무와 삼밭 삼사 리요, 가옥은 교목喬木이 있는 물굽이에 잇닿네
허공에 높이 객관이 솟았는데 단청 광채가 빛나고 아롱지네
아름다운 수풀은 북쪽 동산에 빽빽하여 아득히 푸른 연기는 쪽을 찐 듯하네
고운 꽃들은 남쪽 섬돌에 의지하여 피었고 가벼이 날리는 꽃잎이 가득하네
솔바람은 시원하여 더위를 씻고 대숲에 비친 해는 그윽한 데까지 비치네
문득 이곳이 신선의 동부인가 하니 티끌 세상이 아님을 누가 알랴
사군使君은 청운에 어진 선비로 아직 검은 머리네

오히려 유벽柳壁의 손〔客〕의 마른 왕골 같은 흰 귀밑털이 애달프구나
맑은 눈동자들은 서로 나를 보며 못났다 하지 않네
동쪽 바위에서 기녀를 부르니 좌중에 어여쁘고 우아한 여인들이 둘러앉았네
좋은 노래는 부드럽고 곱게 들리고 묘한 춤은 돌고 돌며 추네
잔치 처음부터 내가 수레 타고 떠날까 염려하는구나
잔을 들고 갑자기 보도報道하기를 말례末禮는 생략함이 좋겠다 하네
아녀자가 공연히 이별로 눈물 흘리는 것을 어찌 배울까 보냐

한편 이곳 양구군 양구읍 군량리軍糧里는 궁예가 맥국을 정벌할 때 군량을 쌓아 두었던 곳이라고도 하고, 군량을 나르던 길이 이 골짜기를 거쳐 갔다고도 한다. 양구군 남면 죽리의 선바우(바위)는 원래 3층이었다가 2층이 된 바위로, 송강 정철이 이곳을 지나가다가 좋은 묏자리라고 하여 그 혈을 자르기 위해서 한 층을 없애 버렸다고 한다.

양구군 동면 원당리의 저고리골은 지형이 저고리처럼 생겨서 이런 이름을 지었다는 말도 있고, 옛날에 호랑이가 사람을 잡아먹고 저고리를 걸어 두었던 데서 생긴 이름이라는 말도 있다. 동면의 팔랑리는 지형이 바랑(물건을 넣고 지고 다니는 가방)처럼 생겼다고도 하고, 또 옛날에 젖 네 개가 달린 부인이 팔 형제를 낳아서 모두 낭관 벼슬을 했으므로 바랑골 또는 팔랑동이라 했다고도 한다.

양구군 양구읍 하리 함춘마을에 광대바우라는 바위가 있다. 지금은 대부분 물에 잠겼는데, 처음에는 바위가 산중턱에 있어 동수리의 용머리와 마주 보고 있었다. 옛날 용머리에 좋은 묏자리가 있어서 그 묘를 쓴 사람

이 해주 목사를 지냈다. 그런데 그 묏자리를 잡아 준 풍수를 푸대접하자 그 풍수가 함춘마을 사람들에게 이 바위를 굴러 떨어뜨리면 마을이 잘된다고 했다. 이 말을 들은 마을 사람들이 그 바위를 굴러 떨어뜨리고 나자 해주 목사를 지냈던 사람은 망하고 함춘마을이 잘되었다고 한다.

이곳 양구에 또 하나 아름다운 곳이 있는데 휴전선 안에 있는 두타연이다. 숨겨진 보물이라고 일컬어지는 두타연은 양구군 방산면 건솔리 수입천 지류에 있는 계곡으로 사태리의 하류이기도 하다. 일명 사태동이라고도 하는 사태리沙汰里는 상동면 지역으로 사태가 많이 나므로 사태동이라고 했다.

계곡 부근에 두타사라는 절이 있었다는 데서 조선 중엽부터 두타연이라는 이름이 유래했다. 지금 절의 흔적은 없다. 순조 연간에 편찬된《관동지關東誌》에는 "본현本縣의 사태동에서 나와 낭천狼川 모일강暮日江으로 들어간다. 관문에서 50리이다"라고 기록되어 있다. 두타연에는 높이 10미터, 폭 60여 미터의 두타폭포가 있다. 계곡에서 떨어지는 물살이 세어 굉음이 천지를 진동하고 한낮에도 안개가 자욱하여 사방을 흐리게 한다. 이 폭포 바로 아래에 있는 두타연은 기암괴석의 바위가 병풍을 두르고 있으며, 동쪽 암벽에는 3평 정도의 굴이 있는데 바닥에는 말〔馬〕 발자국이 반석 위에 찍혀 있다.

1953년 휴전과 함께 민간인 출입 통제 구역으로 출입할 수 없게 되어 순수한 자연의 신비와 아름다움을 품고 있다. 평화의 댐이 완공되고, 지난 2004년 자연 생태 관광 코스로 개방되면서 두타연도 자연스럽게 사람들이 즐겨 찾는 명소가 되었다. 이곳 두타연 부근은 옛 시절 금강산을 가는 길이기도 해서 사람들의 발길이 잦아지고 있다.

피의 능선과 단장의 능선

양구는 한국전쟁 당시 치열한 격전지였다. 그래서 이곳의 산들은 이전에는 무명봉이었지만, 하루에도 몇 차례씩 주인이 바뀌는 처절한 싸움 뒤에 제각각 이름들이 붙었다. 피의 능선, 단장의 능선, 펀치볼 분지, 크리스마스 고지, 유엔 고지 같은 이름들이 지어졌는데, 특히 방산면 현리에 있는 '피의 능선'과 그 북쪽으로 11킬로미터에 걸쳐서 줄지어 이어진 '단장의 능선'은 전쟁이 막바지로 치닫던 1951년에 벌어진 가장 치열했던 싸움의 현장이었다. 8월 18일부터 9월 5일까지 피의 능선에서는 한 치도 물러설 수 없는 싸움이 벌어졌는데, 그때의 상황을 한국전쟁 참전 용사이자 미국 역사 저술가인 T. R. 페렌바크는 저서 《이런 전쟁This Kind of War》에서 다음과 같이 말했다.

> 전선을 따라서 자리 잡고 있는 고지 몇백 개 중에서 보잘것없는 이 둥근 언덕 세 개를 차지하기 위해 4000명도 더 되는 아군 병사들이 목숨을 바쳤다.

북한군도 4000명 넘게 죽었고 부상자가 1만여 명이 넘었던 이 싸움터에 피의 능선이라는 이름이 붙게 된 것은 미국 《성조기Stars and Stripes》의 종군 기자가 이곳에서 벌어진 전투에서 수많은 사상자가 발생한 것을 표현하기 위해 사용하면서 붙여진 이름이다. 또한 미군이 한국전쟁 당시 가장 치열한 전투를 치른 곳으로 꼽는 단장의 능선에서는 9월 13일부터 10월 13일까지 4만 명의 군인들이 죽거나 다쳤으며, 이때 미군이 쏘았던 포탄이 20만 발도 넘었다고 한다.

이곳 양구군 해안면亥安面은 민간인 출입 통제 구역 안에 있으며 분지 하나가 1개 면을 이루는 있는 지역이다. 세계 유일의 분단 현장이라는 역사적 가치와 전쟁의 흔적을 확인할 수 있는 해안분지 펀치볼 역시 한국전쟁 때 격전지였다. 한국전쟁 때 참전했던 외국 종군 기자들이 가칠봉에서 내려다본 모습이 마치 '화채 그릇Punch Bowl'을 닮았다고 해 붙여진 이름이다.

한국전쟁의 소용돌이 속에 사라진 양구군 수입면의 어은산에 방산사方山寺라는 절이 있었고 그 절을 찾았던 고려 후기 문장가 백문절白文節의 시 한 편이 남아 있다.

십 홀笏의 선방에 꽃과 나무 우거졌는데
산골 물방울 소리 거문고 소리 이기누나
옷을 풀고 한 쌍 신나무 밑에 발 뻗고 앉았노니
때로는 이 인간 세상에서 보지 못한 새 보이네
나무 그늘은 빽빽하고 작은 개울은 흐르는데
한 심지 맑은 향이 석루에 가득 하구나
푹푹 찌는 인간 세상 한낮이 한창이려니
누워서 처음 해가 소나무 위로 돋는 걸 보노라

양구 펀치볼

화채 그릇처럼 생긴 분지 펀치볼의 현1리와 2리는
한국전쟁 이후 새로 조성된 지역으로 입주민들의 관리를 위해 집단촌을 조성하여
지금의 모습이 되었고 해안면의 행정종합리가 되었다.

해안면은 해발 400～500미터의 고지대에 발달한 분지로 양구군 북동쪽 약 22킬로미터 지점에 자리 잡고 있는데 그 모양이 남북 방향으로 길쭉하며 남쪽으로 좁아진 접시와 같다. 이같이 특수한 지형을 이루게 된 데에는 운석과의 충돌설과 차별 침식설이 있는데, 분지에서 운석의 파편이 발견되지 않고 분지가 주변에 비하여 무르다는 이유로 차별 침식설이 더 신뢰를 받고 있다.

6개 리 470여 가구 1700여 명이 거주하고 있는 양구군 해안면은 우리나라에서 유일하게 민간인 출입 통제선 안에 있는 면面이다. 지형과 지정학적인 면에서 많은 특이점을 가지고 있는 펀치볼과 대암산 일대는 한국전쟁 당시 치열한 격전지였지만 전쟁이 끝난 뒤 민간인들의 출입이 통제되면서 자연환경이 온전히 보존되어 온 지역이다.

한편 고성군 간성읍·수동면과 인제군 서화면 경계에 있는 산이 향로봉이다. 해발 1296미터쯤 되는데, 늘 구름이 걸쳐 있어 마치 향로의 연기처럼 보였다고 한다. 옛날에는 이곳에서 제사를 지내기도 했다. 한국전쟁 당시 북한군과 치열한 전투를 벌여서 사수한 곳으로도 유명하다.

인간의 착함과 진실함을 그린 화가의 고향

이곳 양구에 태를 묻은 사람이 한국인이 가장 사랑하는 화가 중 한 사람인 박수근이다. 박수근은 1914년 아버지 향지와 어머니 윤복주 사이에서 6남매 가운데 맏아들로 태어났다. 양구공립보통학교를 졸업하고 가세가 몰락하게 되자 진학을 포기하고 독학으로 그림 공부를 시작했다.

1932년 조선미술전람회에 수채화 〈봄이 오다〉로 입선한 이후 1936년부터 1944년의 마지막 회까지 이 전람회의 공모 출품을 통하여 화가로서의 기반을 닦았다. 1952년 월남하여 서울에서 어렵게 생활할 당시 미 군부대에서 초상화를 그리며 생활했다. 이때 박수근의 모습을 기억하는 박완서는 이후 그를 모델로 소설 《나목》을 완성하기도 했다. 그 뒤 대한민국미술전람회와 대한미협전大韓美協展을 통하여 작품 활동을 계속했다. 1959년 대한민국미술전람회의 추천 작가가 되었으며, 이어 1962년에는 심사 위원이 되었다. 박수근은 심사위원으로 있을 때 다음과 같은 말을 남겼다.

> 나는 인간의 착함과 진실함을 그려야 한다는 예술에 대한 대단히 평범한 견해를 가지고 있다. 내가 그리는 인간상은 단순하며 그들의 가정에 있는 평범한 할아버지와 할머니 그리고 물론 어린아이들의 이미지를 가장 즐겨 그린다.

박수근은 그가 실제로 체험했던 주변의 가난한 농가의 정경과 서민들의 일상적이고도 평범한 생활 정경을 주로 그렸다. 또한 이러한 주제에 풍부한 시정詩情을 가미하여 일관성 있게 추구하면서 한국적 정감이 넘치는 분위기를 자아내게 했다.

박수근의 회화 세계는 1965년 그가 사망한 뒤 같은 해 10월 중앙공보관에서 열렸던 유작전과 1970년 현대화랑에서의 유작전을 계기로 재평가되어 유화로서 가장 한국적 독창성을 발휘한 작가로 주목을 받고 있다.

박수근의 대표작으로 〈절구질하는 여인〉, 〈빨래터〉, 〈귀가歸家〉, 〈나무와 두 여인〉 등이 있다.

한편 양구의 특산물은 논이 부족한데도 '양구쌀'이다. '양구 모래 한 말은 쌀 한 말하고 안 바꾼다'는 말이 있을 만큼 이곳은 땅이 기름지다. 그래서 조선시대에는 경기도 여주쌀이나 이천쌀과 함께 진상품으로 바치기도 했다. 광복 전까지만 해도 쌀가게에서 양구쌀이라고 하면 여느 쌀보다 값을 비싸게 받았는데, 지금은 지역마다 개발한 우수한 쌀과 우리나라 쌀의 대명사인 여주쌀과 이천쌀에 밀려 그 자취를 감추고 말았다.

양구는 워낙 산이 많아서 주로 화전을 일구어 농사를 지었다. 그래서 그런지 양구 민요 〈밭갈이 소리〉에는 산간 지방 농부의 고단함이 그대로 묻어난다.

이랴 어어디 어냐
이랴 마랴
제일 차고 세찬 논
슬슬이 가자 어냐
어 어디 농부일생
한 일은 널과 널과 말이로다
아냐에 이후우 돌구 돌아
감돌고 풀돌고 가자
어 어디 저 안소 헐허리 가자
오늘 해도 중낮인데

배도 고프고 다리두 아파
헐허리 가자
어서 빨리 가자
저 안소 헐허리 돌 돌게
야뇨우 어드루 후우
감돌고 풀돌아 헐허리 가자

이곳을 찾았던 성현의 시 한 수가 남아 전한다.

산골짜기를 지나고 구름을 뚫으며 말고삐를 늦추어 가면서
나무 수풀 깊은 곳에서 냇물 소리를 듣노라
하늘은 비옥한 들을 열어서 양록楊麓을 안았고
산은 기이한 봉우리를 지어서 사명산을 떠받쳤네
밭이랑에 가득한 바늘 같은 벼모는 물을 나누어서 심고
마을에 이어진 보리 물결은 바람 따라 일어나네
여기에는 도독刀牘을 찬 사람 없는데
뻐꾸기는 어찌하여 괴롭게 밭 갈기를 재촉하는가

양구의 풍경을 떠올리면서 서남쪽으로 난 길을 따라가면 호반의 도시 춘천에 이른다.

맥국의 터였던 춘천

"소양강 풀은 연기처럼 푸르고, 소양강 물은 하늘보다 더 푸르다"라고 이달충이 노래한 춘천 일대의 지형을 이중환은 《택리지》에서 다음과 같이 평했다.

> 여러 곳에 비하면 춘천과 원주가 조금 낫다. 춘천은 인제 서쪽에 있는데 물길로나 육로로나 서남쪽에 있는 한양과는 모두 200리 거리다. 춘천부 관아 북쪽에 청평산이 있다. 산속에 청평사가 있고 절 옆에 고려 때의 처사 이자현李資玄이 살던 곡란암鵠卵菴의 옛터가 있다. 이자현은 왕비의 인척이었지만 젊은 나이에 결혼도 벼슬도 하지 않은 채 이곳에 숨어 살면서 도를 닦았다. 그가 죽자 이 절의 승려가 부도를 세워서 유골을 갈무리하였는데, 지금도 산 남쪽 10여 리 지점에 남아 있다.
>
> (…) 산속에 평야가 펼쳐지고, 두 강이 그 가운데를 흘러간다. 기후와 바람이 고요하고 강과 산이 맑고 훤하며 땅이 기름져서 사대부들이 여러 대를 이어 가며 살고 있다.

춘천春川은 원래 고대에 규모가 큰 원시 부족 국가였던 맥국貊國의 터로, 삼국시대에 들어와 백제, 고구려, 신라의 지배를 차례로 받은 뒤에 조선시대 태종 13년(1413)부터 현재의 이름인 춘천으로 불렸다.

한적한 고을이었던 춘천은 고종 25년(1888) 전환기를 맞는다. 유도부留都府로 승격되어 경기도에 예속되었다. 서울에 난리가 일어나 조정이 위험해질 경우를 대비하여 왕과 신하가 피난할 궁궐을 지금의 강원도 도청 자리에 짓게 했다. 궁궐이 들어선 뒤로 춘천은 강원도의 행정 중심지가 되어 갔고 결국 1895년에는 영서 지방을 통괄하는 관청인 관찰부가 들어섰다. 이듬해에 전국을 13도로 나누는 과정에서 영동 지방, 즉 강원도 전체를 다스리는 관찰사를 이곳에 두게 되었다. 춘천은 그때부터 강원도의 중심지가 되었으며 1896년 관찰부가 도청으로 개칭되었다.

북한강 상류인 의암호, 춘천호, 소양호 등의 인공 호수와 구절산, 연엽산, 대룡산, 가리산, 촛대봉, 북배산, 청평산 등의 크고 작은 산들이 있고, 북한강에 그림같이 떠 있는 남이섬이 있는 호반의 도시 춘천은 천혜의 관광지로 손꼽힌다. 특히 북한강과 소양강이 합류하는 신동면 의암리의 신연강新延江 협곡을 가로질러 축조된 의암댐, 즉 의암호가 봄내라고도 불리는 춘천을 물과 호반의 도시로 만들었다.

이변李弁은 이곳의 풍경을 시에서 "이곳의 경치는 그림보다 더 좋아, 사면의 산이 병풍처럼 두 내를 안았다"라고 그렸다. 그러나 그 옛날의 정취는 그 어디에도 남아 있지 않아 안타깝다.

한편 춘천 시내를 흐르는 공지천孔之川에 대한 이야기가 재미있다. 조선시대 유학자 이황李滉이 이곳 퇴계동에 머물렀는데 이 마을이 공지천을 끼고 있었다. 이황이 짚을 썰어서 강에 내던지자 짚 부스러기가 모두 공지어, 곧 공미리(학꽁치)라는 고기로 변했다고 한다. 그때부터 이 내를 공지천이라고 불렀다고 한다.

다른 이야기도 있다. 옛날 이곳에서 두 사람이 도를 닦고 있었다. 그런데 살생을 금하라는 계율을 어기고 이 강에서 물고기를 잡아먹고 속이 뒤

춘천호

주변 산수가 아름답고 춘천댐을 중심으로 호반에 유원지 시설이 들어서서 휴양객이나 낚시꾼이 많이 찾는다.

틀려 토하게 되었다. 한 사람의 목구멍에서는 고기 한 마리가 산 채로 꼬리를 치면서 나왔고, 다른 한 사람의 목구멍에서는 꽁지(꼬리지느러미)가 없는 죽은 고기가 나왔다. 산고기를 토한 사람은 도를 깨달았고, 죽은 고기를 토한 사람은 도를 깨닫지 못했다고 한다. 그 뒤로 이 내를 꽁지천이라 부르다가 말이 바뀌어 공지천이 되었다는 것이다.

한편 춘천의 대표 음식인 막국수와 닭갈비는 전국에서 유명한 음식 중 하나가 되었다. 가뭄에 강한 메밀은 춘천 일대에서 많이 생산되어 이를 재료로 만드는 춘천막국수는 별미로 꼽힌다. 몇몇 이름난 막국숫집에는 멀리에서도 찾아오는 단골이 있을 정도다.

춘천닭갈비가 언제부터 춘천 지역 사람들이 좋아하는 음식이 되었는지는 확실하지 않다. 1400여 년 전 신라 때부터 있었던 음식이라는 이야기도 있고, 1950년대 김씨라는 사람이 닭불고기집을 시작하면서 비롯되었다는 설도 있고, 1960년대 홍천에서 비롯되었다는 이야기도 있다. 춘천시 중앙로에서 돼지불고기집을 운영하던 김영석이라는 사람이 4·19가 일어나던 해 돼지고기를 구하기가 어려워 닭 두 마리를 사가지고 와서 돼지갈비처럼 요리하다가 이것을 양념하여 12시간 재워서 시작한 것이 춘천닭갈비가 만들어진 유래라고 한다.

닭갈비에 얽힌 고사가 하나 있는데 이렇다. 촉나라의 제갈공명은 위나라 조조의 대군을 한중漢中에서 맞아 싸웠다. 조조의 부대는 너무 지루한 원정에 보급도 시원치 않아서 천하의 조조인들 어찌할 도리가 없다고 판단했다. 그래서 조조가 대군 앞에서 호령하기를 "계륵鷄肋!"이라 했다. 아무도 그 호령의 뜻을 몰라서 서성대고 있는데, 주부 벼슬인 양수가 알아

듣고 철수 준비를 서둘렀다. 무슨 뜻이냐고 다른 사람이 묻자 "뜯어 먹자니 하찮고 버리자니 아까운 것이 닭의 갈비다. 한중 땅도 닭갈비 같은 것이니 철수의 의향을 그렇게 구령으로 나타낸 것이다"라고 대답했다.

예로부터 별로 대수로운 것은 아니지만 버릴 수 없는 것을 일컬어 '계륵'이란 단어를 사용했다. 또한 선조들은 자신의 글재주에 대한 겸손의 의미로 문집을 엮어 '계륵집鷄肋集'라 부르기도 했다. 앞서 언급한 고사에서 '계륵인심鷄肋人心'이란 말도 나왔다. 그렇게 하찮게 여겼던 닭갈비를 세계적 상품으로 만들어 낸 곳이 춘천이다. 요즘에는 중국이나 일본 등에서 외국인 관광객들도 많이 찾아와 춘천 하면 '닭갈비'부터 떠오른다.

춘천 인물로는 대한제국 말의 의병장이며 팔도창의대장을 지낸 유인석이 춘천시 남면 가정리에서 태어났고, 〈산골나그네〉, 〈봄봄〉, 〈동백꽃〉 등 빼어난 단편소설을 지은 김유정은 1908년 춘천시 신동면 증리에서 태어났다. 서른에 요절할 때까지 30편에 가까운 작품을 발표한 김유정은 휘문고보를 거쳐 연희전문 문과에 진학했으나 중퇴했다. 한때 김유정은 일확천금을 꿈꾸며 금광에 몰두하기도 했다. 1935년 소설 〈소낙비〉가 조선일보 신춘문예에, 〈노다지〉가 중앙일보 신춘문예에 당선되어 등단했다. 폐결핵에 시달리던 그는 1937년 3월 29일 경기도 광주에 있는 누이의 집에서 세상을 뜨기 전까지 불과 2년 동안의 작가 생활을 통해 30편에 가까운 작품을 남겼다. 그만큼 그의 문학적 정열은 남달랐다. 데뷔작인 〈소낙비〉를 비롯하여 작품 대부분이 농촌을 무대로 하고 있다. 김유정의 대표작인 〈동백꽃〉은 이렇게 시작한다.

오늘도 우리 수탉이 막 쫓기었다. 내가 점심을 먹고 나무를 하러 갈 양으로 나올 때이었다. 산으로 올라서려니까 등 뒤에서 푸드득 푸드득 하고 닭은 횃소리가 야단이다. 깜짝 놀라서 고개를 돌려 보니 아니나 다르랴 두 놈이 또 얼리었다.

〈금 따는 콩밭〉은 노다지를 찾으려고 콩밭을 파헤치는 인간의 어리석은 욕망을, 〈봄봄〉은 머슴인 데릴사위와 장인 사이의 희극적인 갈등을 김유정 특유의 소박하면서도 유머러스한 필치로 그려 낸 대표적인 농촌 소설이다.

관광지로 다시 태어난 남이섬

춘천시 남면 방하리의 북한강 가운데에 남이섬이 있다. 면적이 14만 평쯤 되는 남이섬은《한국지명총람》에 '나미섬'으로 기록되어 있고, "남이 장군이 이 섬으로 귀양을 왔었다 함"이라고 쓰여 있다. 전해 오는 이야기로는 이 섬에 남이南怡 장군이 묻혔다고 알려진 돌무더기가 있었는데, 그 돌을 함부로 가져가면 집안에 우환이 생긴다고 한다. 그 돌무더기를 관광지로 조성하면서 새로 단장해 남이 장군의 무덤을 만들었다.

이 섬은 원래 홍수가 일어날 때만 섬으로 고립되었으나, 청평댐 건설로 완전한 섬을 이루게 되었다. 넓은 잔디밭이 펼쳐져 있고 섬 주변엔 밤나무숲이 무성하다. 별장과 방갈로, 수영장 등 오락 시설이 잘 정비되어 있

남이섬

춘천시 남면에 있는 남이섬은 남이 장군의 묘소가 있는 것에 연유하여 붙여진 이름이다.
원래 홍수가 날 때만 섬으로 고립되었으나 청평댐 건설로 완전한 섬을 이루게 되었다.

으며, 교통도 편리하여 많은 관광객이 찾아온다. 희디흰 자작나무길, 잣나무길, 메타세쿼이아길 등 운치 있는 숲길이 명소를 이룬다. 드라마 〈겨울연가〉의 촬영지로 알려져 일본인과 중국인 관광객들이 즐겨 찾는 곳이기도 하다.

춘천의 진산인 봉의산鳳儀山은 춘천 중심에서 북쪽에 있는 산으로 높이는 해발 301미터다. 산세가 매우 수려하며, 산 위에는 옛 봉수대와 성터가 있다. 고대 유물이 많이 발견되는데 옛 맥국의 도읍 터라고 한다. 봉의산은 시가지 가운데 삼태기를 엎어 놓은 모양으로 봉긋하게 솟아 있어 춘천에서는 돈을 벌어도 삼태기에 넘칠 만하면 쏟아지기 때문에 얼마쯤 돈을 번 사람은 곧 이곳을 떠난다는 설이 있다.

한편 1895년에 춘천에서는 단발령 사건이 일어났다. 고종이 일본의 강요에 못 이겨 스스로 상투를 자르고 백성들에게도 머리를 짧게 자르라는 '단발령'을 내렸다. 이 소식을 들은 춘천 사람들은 차라리 땅속에서 목 없는 귀신이 될지언정 상투 자른 사람은 되지 않겠다고 반발하며 민란을 일으켰다. 유학자와 군인 그리고 보부상까지 가세하여 수천 명이 넘는 사람들이 관아를 부수며 난을 일으키자 조정에서는 조인승曺寅承을 강원도 관찰사로 보냈다. 하지만 그는 춘천 사람들의 기세에 눌려 들어오지 못하고 가평의 한 부잣집에서 머물렀다. 이 사실을 알게 된 사람들은 가평으로 달려가 조인승과 그 일행을 붙잡아 자루에 넣어서 춘천으로 돌아와 총으로 쏴 죽였다. 하지만 민란은 오래가지 못하고 조정에서 보낸 토벌대에 의해 해산되고 말았다. 그 무렵 생겨난 것이 〈춘천 아리랑〉인데, 일제 강점기에 가사가 바뀌어 오늘날까지 이어지고 있다.

춘천아 봉의산아 너 잘 있거라
신연강 뱃머리 하직일세
춘천의 봉의산은 명산인데
부내 팔동이 개화를 한다
삼악산三岳山 밑에다 신작로 내고
자동차 바람에 다 놀아난다
(…)

이곳에 있던 봉의루의 기문을 성현이 지었다.

편편한 들이 아득히 먼데 푸른 연기 가로질렀고, 어지러운 산이 이지러진 곳에 푸른 하늘이 열렸다. 봉의산 봉우리는 높이 고개를 쳐들고 천 길이나 일어섰는데, 긴 강물은 한 필 비단처럼 그 앞을 흐른다. (…) 시내와 산의 안개와 달은 스스로 변함이 없건만, 사람은 옛사람이 아니고 해[年]도 그 해는 아니로구나. 긴 둑 위에 계집아이는 낙매곡落梅曲을 노래하여 길 가는 나그네의 많고 적은 회포를 일으키네. 봄바람 맑고 시원하게 비를 불어 날리니, 점점이 떨어지는 꽃 짙은 이끼를 덮는다. 꽃은 지고 이끼는 어지러지고 울던 새도 흩어지면 봄 경치 한번 가서 어느 때에 돌아올까. 수심을 덜어 내는 데 옥해주玉䪡酒를 쓸 필요는 없다. 술이 있으면 그만이니 반드시 유하배流霞杯 아니라도 좋으리. 강물은 출렁거리고 돌은 깨끗하니, 소양邵陽 어디에 조그마한 티끌인들 묻어 올 수 있으랴. 인간에서 경치 좋은 곳은 진정 만나기 어려운 것인데, 어찌 바다를 건너 봉래산을 찾을 것인가. 일천 마을의 복숭아와 오얏꽃 얼굴빛을 곱게 하니, 벼슬할 심정도 나그네의 회포도 둘 다 적막할 뿐이네. (…)

한편 춘천시 북산면 · 동면과 홍천군 두촌면 경계에 있는 가리산加里山은 모양이 고깔같이 생겼는데, 이 산 밑에 있는 북산면 물로리에는 옛날 청나라 태조의 선대 무덤이 있었다고 한다.

오봉산이 아닌 청평산

《신증동국여지승람》의 기록에 "풍속이 순후하고 아름답다" 하고, 이첨이 "말 들으니 춘천은 산과 물의 동굴, 백성들의 집은 조밀하고 바람 소리 많다네"라고 노래한 춘천시에서 화천으로 가는 배후령 부근에 청평산淸平山이 있다. 영조 연간에 편찬된 신경준申景濬의 《산경표山經表》에 따르면 청평산은 백두대간이 금강산에서 설악산으로 내려오다 향로봉 쪽으로 뻗어 내려 양구의 사명산을 세우고 소양강과 화천강이 한 몸이 되어 북한강으로 합류하는 들목에 있는 산이다. 1970년대에 이 고장의 산악인들이 산에 다섯 봉우리가 줄지어 서 있다고 하여 오봉산五峰山으로 부르게 되었는데, 우리나라의 어떤 지도나 문헌들을 다 찾아보아도 모두 청평산이라고 나온다. 《동국여지지도》, 《대동여지전도》, 《세종실록지리지》, 《신증동국여지승람》, 《산경표》를 비롯하여 작자가 불분명한 여러 지도에도 청평산으로 기록되어 있다. 《동국여지승람》과 《여지도서》에는 청평산이란 이름 외에 경운산慶雲山으로도 부른다고 했다. 《여지도서》에 실린 내용을 확인해 보자.

청평산은 경운산이라고도 한다. 양구현 사명산에서 뻗어 나와 용화산龍華山의 으뜸이 되는 줄기가 된다. 관문에서 북쪽으로 40리 떨어져 있다. 고려 때 이자현이 이 산으로 들어와서 문수원文殊院(청평사)을 짓고 살았다. 더욱이 선설禪說을 좋아하여 골짜기 안의 그윽하고 외진 곳에 식암을 지었다. 둥글기가 마치 고니 알 같았고 겨우 두 무릎을 틀고 앉을 만했다. 그 안에 묵묵히 앉아서 몇 달 동안 나오지 않았다. 그와 같은 해에 과거 급제한 곽여郭輿가 감찰어사가 되어 강원도로 왔다가 방문해 시를 지어 남겼다.

청평산 경치는 상수湘水의 물가와 같은데
우연히 옛사람 다시 만났네
삼십 년 전 함께 과거에 급제하였는데
이제 천 리 밖에 떨어져 각각 사는 몸이라네
뜬구름처럼 골짜기에 들어와 세상일이 없고
밝은 달 시냇물을 비추니 티끌에 물들지 않노라
바라만 보며 말없이 오래도록 있으니
담담하게 옛 마음이 서로 비추어 오노라

이 시를 받은 이자현은 다음과 같이 답했다.

산골짜기 훈훈한 기운 가득 어느새 봄으로 바뀌고

문득 신선 지팡이 짚고 숨어 사는 사람 찾아주셨네
백이와 숙제가 세상 피한 것은 오직 성품을 보전하려 함이었고
직稷과 설契이 나랏일에 부지런한 것은 제 몸 위해서가 아니었지
왕명을 받들고 온 이때 옥으로 된 장식이 짤랑거리네
벼슬 그만두고 옷에 묻은 티끌을 떨쳐 버릴 날 언제일까
어느 때나 이 땅에서 함께 은둔하면서
종래의 지니던 변함없는 마음을 길러나 볼까

지상에 구현된 고요한 선계

청평사는 소양강댐 북쪽에 솟은 오봉산(청평산) 자락의 남쪽에 있다. 신라 진덕여왕 때 창건되었다고 알려졌지만, 고려 광종 24년(973) 영현永玄선사에 의하여 개창되면서 백암선원白巖禪院이라는 이름을 얻게 된 것으로 기록되어 있다. 구산선문이 한창이던 시절 참선 도량이었을 이 절은 그 뒤 폐사되었다가 고려 문종 22년(1068)에 춘천도 감사로 있던 이의李顗가 경운산의 빼어난 경치에 감탄하여 폐사지에 절을 지어 보현원普賢院이라 했다. 뒷날 이의의 장남 이자현이 선종 6년(1089)에 벼슬을 버리고 이곳에 와 은거하자 산에 들끓던 호랑이와 이리가 자취를 감추었다고 한다. 이때부터 산 이름을 '맑게 평정되었다'는 뜻의 청평이라 하고, 절 이름도 이자현이 두 번이나 친견했다는 문수보살의 이름을 따 문수원이라 했다. 이자현은 전각을 비롯해 견성암과 양신암 등 여러 암자를 만

들며 청평산 골짜기 전체를 포괄하는 고려식 정원을 만들었다. 원나라의 태정왕후는 승려 성징과 윤견 등이 바친 불경을 이 절에 보냈고, 공민왕 16년(1367)에는 고승 나옹이 머물렀다. 조선 세조 때는 김시습이 청평사에 서향원瑞香院을 짓고 은둔했다. 김시습의 시를 보자.

아침 해 돋으려 새벽빛이 갈라지니
숲 안개 개는 곳에 새들이 벗 부르네
먼 산 푸른빛 창을 열고 바라보니
이웃 절 종소리 산 너머 은은하네

김시습이 노래한 것처럼 적막하면서도 은은한 절 청평사는 세월이 훌쩍 지난 뒤인 명종 10년(1555)에 승려 보우가 개창했다. 그러나 나라 안의 대다수 절들처럼 한국전쟁 때 구광전과 사성전 그리고 국보로 지정되었던 극락전이 소실되었다. 남은 기단 위에 대웅전을 세웠는데, 그나마 무지개처럼 휘게 만든 계단의 귓돌(우석) 끝부분이 남아 있어 옛날의 정교하고 우아했던 조각 솜씨를 자랑한다. 남은 건물로는 보물 제164호로 지정된 청평사 회전문과 극락보전 및 불각이 있으며, 조금 떨어진 곳에 요사채가 있을 뿐이다. 절터에 남은 회랑과 여러 문의 초석을 통하여 옛날 청평사의 전성기를 그려볼 수 있다.

우리나라 절들 중에서 청평사에서만 볼 수 있는 회전문은 일주문이 없는 청평사 앞쪽에 덩그러니 세워져 있다. 본래는 천왕문의 기능을 담당했을 회전문은 조선 명종 때 보우가 중건한 것이다. 회전문이라는 이름에서 현대인들은 큰 빌딩의 빙글빙글 도는 문을 연상하겠지만, 청평사의 회전문은 윤회의 의미를 깨닫게 하고자 만든 마음의 문이다. "마음의 문을 여는 손잡이는 마음의 안쪽에만 달려 있다"고 철학자 헤겔이 말했는데, 여러 번 가서도 찾지 못하는 마음의 문은 언제쯤 제대로 그 모습을 드러낼 것인지 보이지도 않고 잡히지도 않는다. 만물은 가고 다시 오며, 이승과 저승의 생과 사는 그렇게 거듭되는 것인가?

청평사에는 원나라 공주의 전설이 서려 있다. 원나라 순제에게는 꽃보다 아름다운 딸이 하나 있었는데 한 젊은이가 공주에게 반했으나 신분 차이 때문에 맺어질 수 없음을 알고 스스로 목숨을 끊었다. 상사병으로 죽은 청년은 상사뱀이 되어 잠을 자던 공주의 몸을 칭칭 감고 떨어질 줄을 몰랐다. 뱀을 잘못 건드렸다가는 공주가 목숨을 잃을 수도 있어 함부로 떼어 낼 수도 없었다. 공주는 날이 갈수록 쇠약해졌고 소문은 자꾸만 퍼져 나갔다.

신하들이 공주를 죽이는 수밖에 없다고 했으나 황제는 사랑하는 딸을 죽일 수가 없었다. 황제는 생각 끝에 부처의 힘을 빌리고자 공주에게 나라 안 이름난 절을 찾아다니며 불공을 드리게 했다. 중원의 이름난 절을 찾아다녀도 효험이 없자 마침내 공주는 고려 땅에까지 이르렀다. 원나라에도 널리 알려진 금강산을 찾아가던 공주는 도중에 지금의 청평사 자리를 지나다가 이 산의 골짜기를 흐르는 영천의 물이 하도 맑아 목욕을 하고 나서 불공을 드리고 싶었다. 그러자 갑자기 뱀이 요동을 치며 공주의 몸에서 떨어지지 않으려고 했다. 공주는 뱀을 달래며 "내가 너를 만난 지 10년이 되었는데 네 뜻을 저버린 일이 없지 않으냐. 그러니 너도 내 소원을 들어주어야 마땅할 터. 같이 목욕을 하기 싫거든 여기서 기다려라"라고 했다. 그러자 갑자기 뱀이 똬리를 풀더니 물속으로 들어갔다. 물에 비친 공주를 본 뱀이 공주가 물속에 있다고 착각하는 바람에 일어난 일이었다. 뱀에게서 놓여난 공주는 날아갈 듯한 기분으로 절을 찾았다. 때마침 승려들이 법당에서 가사불사袈裟佛事(가사를 짓는 일)를 하다가 공양 때가 되어 나가고 비단 조각에 바늘만 꽂혀 있었다. 공주가 눈물을 와락 쏟으면서 간절히 기원하는 마음으로 세 바늘을 꿰맸을 때 갑자기 벼락이 치며 비가 쏟아졌다. 이때 공주를 기다리던 뱀이 그 벼락에 맞아 죽고 재만 남게 되었다.

그 후 공주는 얼마 동안 이 절에 머물면서 밥 짓고 빨래하고 김도 매면서 부처의 은덕에 감사했는데, 이야기를 전해 들은 황제는 강원 감사를 시켜 구성폭포 위에 삼층석탑(공주탑)을 세우고 큰 절을 짓게 한 후 법당의 겉면을 금으로 칠하게 했다. 공주는 이곳에서 공양을 올리며 얼마간 머물다가 원나라로 돌아갔다. 한참 후에 다른 감사가 이 절을 찾았다가 황금 칠이 웬 말이냐며 대로하여 벗기게 했는데, 그는 말을 타고 돌아가던 중 벼락에 맞아 그 자리에서 죽고 말았다고 한다.

청평사의 회전문을 지나면 이자현의 승탑에 이르고, 승탑을 지나자마자 조그만 연못인 영지影池를 만나게 된다. 이자현은 청평사(문수원) 주변의 2만 9000여 제곱미터(약 9000평)에 이르는 넓은 땅에 영지를 중심으로 한 대규모의 정원을 꾸몄다. 이 정원을 고려선원이라고 하는데, '돌을 쌓아서 산을 만들고 앞마당 끝에 물을 끌어들여서 연못을 만든다'는 고려시대 정원의 특징을 고스란히 지니고 있다.

청평사 들목의 구성폭포에서 오봉산 아래쪽 식암 언저리까지 2킬로미터에 이르는, 골짜기 구석구석까지 펼쳐지는 고려 선찰의 계획된 정원은 은둔자이며 고려의 실력자였던 이자현이 아니고는 가능하지 않았을 것이다. 고려선원은 지금까지 알려진 정원 중에서 가장 오래된 것으로, 일본 교토에 있는 사이호사〔西芳寺〕의 가레산스이〔枯山水〕 양식(물을 사용하지 않고 지형이나 모래, 자갈로 산수山水를 상징적으로 표현하는 양식) 정원보다 200여 년이나 앞선 것으로 밝혀졌다. 영지는 옛날 견성암見性庵의 그림자가 이 연못에 비친다고 하여 영지라는 이름이 붙었다 한다. 수량이 한결같아서 날씨가 가물거나 비가 많이 오더라도 줄거나 느는 일이 없다고 한다. 연못 근처에 이자현의 유골을 안치했던 돌함이 있다고 한다.

소양강 물길 따라 사람이 모이고 누정이 흐르니

청평사에서 천천히 걸어 내려가면 만나는 강이 소양강이다. 인제군 서화면 무산에서 발원하여 강원 중부 지역을 남서로 흘러 춘천 북쪽에서 북한강에 합류하는 소양강은 유로 연장이 약 157킬로미터이고 유로 면적은 약 2784제곱킬로미터다. 설악산에서 비롯한 북천과 방천, 계방산의 내린천 등의 지류와 합류하며 유역에는 평지가 적다. 물길은 굴곡이 심하여 육로 교통에 지장을 주기도 한다. 하류의 춘천 북동쪽에 건설된 소양강 다목적 댐은 관광지로 널리 알려졌다.

조선 중기 문신 이항복李恒福이 소양강에 대한 감회를 시로 읊었다.

늘그막의 계획은 소양강 아래 와서
그대와 함께한 낚싯대 하나로 늙는 것
먹고살기 힘들다고 걱정하지 마시게
부래산浮來山은 본래부터 이 자리에 있었으니

유숙도 긴 시 한 편을 남겼다.

강가의 봄 아지랑이 연기 같으나 연기는 아닌데
강 머리에는 꽃이 비 온 뒤의 하늘 아래에서 피는구나
목란木蘭으로 만든 아름다운 배는 밝은 거울과 같은 강물을 오가고
소나무 속의 정자는 병풍 같은 절벽 사이로 가렸다 비쳤다 하네
이곳의 경치와 풍물이 사람의 뜻에 맞기에
천천히 말 가는 대로 맡겨 두고 채찍을 쓰지 않는다
좋은 때에 즐거운 뜻을 저버리지 말자
머리 위에서는 세월이 달려가는 냇물과 같으니
정자 앞의 넓은 들은 하늘과 함께 멀어서
난간에 의지하여 눈을 드니 마음이 시원하구나
떨어진 꽃은 분분하게 춤추는 자리에 나부끼고
봄 새는 지저귀어 기쁜 거문고와 피리 소리에 답하네
내가 경치 좋은 곳을 노닐며 구경하는 날에
백성의 집들이 부유하고 풍성하게 사는 해를 만났네
세상의 공명功名이란 살구나 매실 같아서

어리석은 아이들 속에 갖고자 가슴을 태우는 것
나는 이제 늙고 병들어서 백에 하나도 쓸모가 없나니
우물을 파 놓고도 먹지 않아서 짙은 이끼만 끼는구나
옛 현인賢人과 달사達士들은 지금 어디에 있는가
큰 강물처럼 동쪽으로 흘러가면 다시 돌아오지 못하는구나
술 단지 앞에서 한 번 웃는 일도 쉽게 얻을 수 없는 것이니
꽃을 상대하여 서너 잔 술을 억지로 마시노라
인생이 모이고 흩어지는 것을 말한들 무엇하랴
세상사는 눈앞에 날리는 티끌과 같구나
머뭇머뭇 서성거리며 옛일이 슬퍼서 공연히 탄식하노니
천년 묵은 끊어진 비석이 빽대쑥(국화과의 여러해살이풀)에 묻히었네
매번 시와 술을 가져와 봄빛에 술잔을 주고받으니
꽃 없는 때를 기다려 공연히 적막해 하지 마라
누구의 집에 단샘과 수풀 대밭이 있는고
이 집 없이 멀리 돌아다니는 길손을 초대해 주려는가

이중환이 《택리지》에서 살 만한 곳이라고 꼽았던 곳 중의 하나가 춘천시 우두동이다. 우두동에서 소양강을 건너면 보이는 정자가 이요루二樂樓라고도 하는 소양정昭陽亭이다. 조선 중기 문신 김상헌金尙憲은 청평산을 유람하고 쓴 〈청평록淸平錄〉에서 신령이 노닐고 꿈속에서 그릴 만한 곳으로 소양정을 꼽았다.

걸음을 재촉하여 소양정에 올랐다. (…) 아래로는 긴 강을 굽어보고 앞으로는 너른 들판을 바라보고 있으며, 가까이는 바위 골짜기에 기대어 있고 멀리는 많은 산들을 끌어당기는 듯하다. 맑고 편안하며 그윽하고 먼 경치를 이루 다 표현할 수가 없다.

일찍이 강호와 누정의 경치가 한 지방에서 으뜸이 되는 곳을 논해 보건데, 내가 둘러본 바로는 평양의 연광정練光亭은 보기에도 좋고 마음에도 맞아 사람들로 하여금 즐거운 마음이 들어 돌아갈 생각이 나지 않게 하였다. 그러나 마을이 너무 가까이에 있어 초연하게 세상을 벗어나 생각을 하기에는 부족하였다. 백상루百祥樓는 널찍하고 웅장하고 화려하여 허공 위에 앉은 듯 한없이 크고 넓었다. 그러나 감동을 느끼기에는 막히고 가리는 듯한 점이 있었다. 강선루降仙樓는 맑게 흐르는 물줄기와 깎아지른 듯한 낭떠러지가 난간을 두르고 서로 비추며, 그윽하고 고요하며 아득하고 멀어서 사시사철 언제나 두루 어울렸다. 그러나 넓게 탁 트여 평평하고 넓은 모습을 바라보는 즐거움은 없었다. 낙민정樂民亭은 크고 넓은 것은 백상루와 같았지만 편안하고 마음에 드는 맛은 연광정만 못하며 마을에 가깝거나 막히고 가려지는 흠이 있었다. 청심루淸心樓는 관아와 마을에 둘러싸여 있지만 그 가까움이 싫지 않고, 많은 산들이 에워싸고 있지만 막혔다는 생각이 들지 않아 널찍하게 통하고 텅 비어 고요하나 의논할 만한 점은 하늘이 만들어 내고 땅이 베푼 자연이 위에서 말한 여러 명승지에 미치지 못하였다. 그러니 필경에 첫째니 둘째니 순서를 매겨서 무엇이 앞이라고 말할 수 없지만, 신령이 노닐고 꿈속에서 그릴 만한 것은 아마도 소양정일 것이다. 훗날 안목을 가진 사람이 확실히 논하기를 기다린다.

춘천 소양강

소양강은 인제군 서화면 무산에서 발원하여 춘천 북쪽을 지나는 하천이다. 조선시대에는 이곳에 소양강창昭陽江倉이 설치되어 세곡을 수납하여 한양으로 운송하는 기능을 했다.

소양강댐

춘천시 신북읍 소양강에 있는 다목적 댐으로
1967년 4월 착공, 1973년 10월 준공되었다.

춘천의 소양강에서 나라 안의 이름난 정자들을 평한 김상헌은 그 정자들을 대상으로 어떤 것이 최상이고 최하인가 등급을 매기지 않았다. 그만큼 나라 안의 정자들 하나하나를 사랑한 것이리라. 김시습도 소양정에 올라 시 한 수를 읊었다.

새는 바깥 하늘까지 날아가려 하고
읊조리는 자리엔 한스러움 그치지 않네
산은 대부분 북쪽에서 뻗어 오고
강은 저절로 서쪽을 향해 흘러간다
기러기는 평원한 모래톱에 내리고
배는 그윽한 옛 언덕으로 돌아오네
세상의 번거로움 언제나 벗어나
홍겨운 마음으로 이곳에서 다시 노닐까
(…)

강원도 일대를 여행하던 김창흡도 소양정에 대한 시를 남겼다.

소양강가에 높은 누각이 있다네
우리 할아버님 와 보시고 노닐 만하다고 하셨지
산하로 두른 풍경 한강 북쪽에 없고
멋스러운 풍류는 평양 땅을 압도하는 듯하네
주렴 바람에 흔들리며 노니는 물고기 즐겁고

모래톱 어슴푸레한데 날아가는 기러기 시름에 잠기네
북쪽 바라보니 아득히 여운이 이는데
푸른 산 기운 이내 청평산 꼭대기에 피어오르네

이곳 춘천의 소양강변에 고산대孤山臺라는 돌산 봉우리가 있는데 《여지도서》에 다음과 같이 실려 있다.

이 산은 금성金城에서 떠내려왔기 때문에 부래산浮來山이라고 불렀다고 한다. 금성의 관리가 여러 해 동안 세금을 거두어 근처의 백성들이 괴로워했는데, 일곱 살 먹은 한 아이가 나무라며 말하기를 "다른 고을에서 세금을 거두어 가는 힘이라면 산을 도로 옮겨 갈 수 있으련만"이라고 하자, 세금을 거두러 왔던 금성의 관리가 말문이 막혀서 돌아갔다고 한다. 관아에서 서쪽으로 13리에 있다.

방석을 가른 고개 석파령

춘천에 남아 있는 옛길이 석파령이다. 이 석파령(해발 350미터)은 안보역에서 시작되었다. 조선시대에 안보역이 있었던 이곳은 춘천과 경기도를 연결하는 길이었으며 춘천으로 들어오는 길목이었다. 안보역은 서면 안보리 고역촌 마을에 있었고, 지금의 당림초등학교 부근으로 추정된다. 《여지도서》 역원조에 보면 관아의 서쪽 40리에 있었고, 큰 말이 한 마리,

타는 말이 한 마리, 짐 싣는 말이 세 마리가 있었고, 역리가 2명, 역노가 24명, 역비가 15명이 있었다.

인조 13년(1635) 3월 청평산으로 유람을 떠난 김상헌은 가평을 지나 안보역에서 숙박을 했는데, 〈청평록〉에 시 두 편으로 간략하게 적고 있다. 그중 〈안보역安保驛〉을 보자.

오래된 역 산어귀에 기대 있는데
모옥茅屋이 여덟아홉 집이 있구나
문 앞에는 푸른 담쟁이덩굴 어지러이 엉겨 있고
시냇가엔 은빛 모래가 펼쳐져 있네
곱게 우는 새는 깊은 숲에서 울고
한가로운 개는 지는 꽃 아래 조네
누가 알리오 황량하고 궁벽진 곳이
홀로 마음껏 화사함을 누리는 것을

안보역에서 멀지 않은 곳에 자리한 당림리 마당골은 석파령에서 서울로 가는 첫 마을이었다. 넓은 언덕에 울창한 숲이 있어 '언덕 당塘', '수풀 림林' 자를 써서 당림이라 했는데, 이 당림 속에 말의 건강을 비는 이색적인 집, 마당馬堂이 있었다고 한다. 안보역에 적을 둔 늙은 말이 있었는데 춘천에서 안보역(40리)을 거쳐 상천 역에 이르는 80리 길을 성실하게 사람을 태우거나 짐을 실어 날랐다고 한다. 고을 수령이 이 말의 충성을 갸륵하게 여겨 말이 죽은 후 제사를 지낼 사당을 지었고 의관을 갖추어 제사를 지내게 했다. 이후 이곳은 마당리라 불리게 되었다.

당림리에서 시작되는 석파령은 좁고 험한 고개로 이름이 높았다. 조선 시대 춘천 수령이 업무를 인수인계하던 곳이다. 산이 험하고 길이 너무 좁은 탓에 앉을 자리 두 개를 깔지 못하고 하나를 둘로 갈라서 이용했다는 데서 석파령席破嶺이라는 이름이 붙었다고 한다. 이와 비슷한 기록이 《여지도서》에 다음과 같이 실려 있다.

> 석파령은 화악산에서 뻗어와 삼악산의 으뜸이 되는 줄기가 된다. 민간에 전하기를, 전임과 후임 수령이 이곳에서 인수인계를 했는데 아전이 방석을 하나밖에 가져오지 않아서 방석을 갈라서 앉았다고 한다. 그런 까닭에 방석을 가른 고개라는 뜻으로 '석파령'이라 이름했다고 한다. 관아에서 서쪽으로 25리 떨어져 있다.

석파령이 좁고 험했다는 것은 김상헌의 〈청평록〉에도 남아 있다.

> 석파령을 넘는데 고갯길이 험준하고 협소하여 겨우 말 한 마리가 지날 정도였다. 하늘에 닿을 듯한 숲과 깊은 골짜기에 시야가 아득하여 마음이 두근거렸다. 임진년(1592)에 왜구를 피해 온 가족이 걸어서 이곳을 지날 때를 생각하니 서글픈 마음이 들었다. (…)

조선 중기 문장가 신흠申欽은 춘천으로 유배를 왔을 때 집필한 〈춘성록春城錄〉에 석파령을 다음과 같이 기록했다.

> 석파령에 이르렀을 때 그 험준하고 위태로움에 겁을 먹어 말에서 내려 걸어 갔는데 길 아래쪽으로 아득한 낭떠러지를 보고 정신이 오간 데 없을 정도였다.

조선 숙종 때 문신이자 학자였던 김창협金昌協도 〈동정기東征記〉에 석파령의 험준함을 이야기했다.

> 병자년(숙종 22, 1696) 8월 18일, 해가 뜰 무렵에 출발하여 석파령에 올랐다. 고갯길이 매우 험준하여 (말에서 내려) 걸으면서 말을 쉬게 했다.

그뿐 아니다. 조선 중기 학자 윤휴尹鑴도 〈풍악록楓嶽錄〉에 이렇게 기록했다.

> 만약 삼악산에 관을 설치하여 그 삼면을 막고 지킨다면 이 나라의 한 보장保障이 될 법하였다. (…) 석파령을 넘는데 산 이름은 삼악이다. 재가 매우 높아 길은 평평했어도 길가로는 깎아지른 절벽이라 말에서 내려 걸었다. 재 너머 서쪽은 모두 산 아니면 깊은 골짜기뿐이고, 그 재에서 군郡까지의 거리는 20여 리였다. (…)

석파령은 말이나 사람들의 사고가 잦아 중종 23년(1528)에는 우두사 승려 지희智熙가, 인조 25년(1647)에는 춘천 부사 엄황嚴惶이 길을 정비하고 이를 기념하기 위하여 비석을 세웠다.

춘천부 서쪽 25리쯤에 서울로 통하는 석파령이라는 고개가 있다. 이 고갯길이 험하여 사람과 말이 자주 굴러 이 길을 가는 사람들이 퍽 고통스럽게 여겼다. 가정 무오년 봄에 우두사 승려 지희가 이 길을 평탄하게 닦으려고 민간인에게 권유하여 얼마간의 양곡과 베를 모아 석공을 부르고, 승려들을 모아 돌을 깎고 파내어 위태로운 곳은 평탄하게 하고 굽은 곳은 바로잡고 좁은 곳은 넓혀 수 개월간 일을 마쳐 험로가 편편하게 되니 말과 수레가 구르지 않게 되었다. 이는 승려들의 공이 크다. 내 장차 춘천에 와 은거하려고 이곳을 왕래할 때 늘 길이 나쁜 것을 한탄했는데 이제 와 보니 길이 이렇게 좋아졌으므로 여기 그 내력을 돌에 새겨 이곳을 지나는 행객에게 그 공을 알리게 한다.

오르는 데 10리, 내려오는 데 10리

한국전쟁 전에는 고갯마루에 '석파령비'라는 비석이 있었다고 한다. 정상에는 삼악산성(청운봉)으로 이어지는 등산로가 있다. 삼악산고성이 《여지도서》에는 다음과 같이 실려 있다.

바라보는 모든 사람들이 서로 "험준하도다! 진실로 하늘이 빚은 요새다"라고 하였다. 남쪽이나 북쪽에 만약 변고가 생길 경우 이곳을 버려둔다면 병법도 쓸모가 없을 것이다. 비록 그렇지만 하늘의 도움이 있는 시기나 땅의 형세에 따라 얻는 이로움이 어찌 사람들의 화합을 얻는 것과 같겠는가? 성채나 보루를 짓는 것이 누에고치에서 실을 뽑듯 가혹하게 세금을 징수하는 것과는 다르지만, 정치에서 귀중한 것은 가혹하지 않은 데 있다.

조선 중기 문신 이주李冑는 이 성을 두고 다음과 같은 시를 지었다.

삼악산성은 언제 지었나
지금껏 거듭 새로이 했지
내성 높이는 만 길이요
외성은 천 길을 굽어보네
높이는 새도 건너기 힘들고
굳세기는 쇠도 이만 못하지
한 사람이 창을 들고 서면
만 사람도 발걸음 떼지 못하지

석파령이나 산성이 세월 속에 사라져 가는 동안 새로운 길이 열리기 시작했다. 그 과정을 기록한 글이 1935년 30년간 춘천에서 살았던 사람이 남긴 〈경춘 간 교통의 어제와 오늘〉이라는 글이다.

30년 전에는 서울 동대문에서 춘천까지 오려면 말이나 가마나 인력거밖에 없었다. 도중에는 세 개의 난관이 있었다. 마석리고개, 가평고개, 석파령이 그것인데 사직辭職고개라고 칭하는 석파령은 오르는 데 10리, 내려오는 데 10리였다. 석파령을 내려오면 또 하나의 난관이 있었는데 그것은 신연강의 도선渡船이었다. 비가 조금만 내려도 물이 불어나 배가 끊겼기 때문이다. 서울을 떠난

지 3일 낮 3일 밤이 걸려야 하였다. 중간인 마석리, 청평, 가평에는 여관이 있었다. 경춘 간에는 말 삯이 4원 내외, 가마값이 5원, 인력거는 10원을 주어야 하였다. 값이 비싸서 이용하는 사람은 극소수였다. 처음 자동차가 들어올 때는 경춘 간이 빨라야 10시간 이상 걸렸다.

이렇듯 험하고 멀었던 고갯길이 임도로 만들어져 옛길의 정취가 잊히다가 다시 찾아가는 길손들에 의해 살아나고 있다. 석파령을 넘어가면 조선시대에 덕두원德斗院이 있었던 덕두원마을에 이른다. 이곳은 석파령을 넘나드는 사람들의 쉼터로도 유명했지만 소양강에 뗏목이 흐르던 시절 덕두원 포와리를 지난 떼꾼들의 휴식처로 번성했던 곳이기도 하다. 예전 춘천에서 한양으로 가려면 소리개(송암리)마을에서 신연강의 배를 타고 건너 덕두원 골짜기를 타고 석파령을 넘어 안보리로 나갔다고 한다.

덕두원에서 수레너미고개로 향한다. 임도를 조금 지나면 잘 보존된 옛길이 나온다. 바로 근처에 있는 수레너미고개는 일명 거현車峴으로도 쓴다. 예전에 춘천 유수가 도임할 때 수레를 타고 넘었다고 하여 수레너미로 불린다. 그곳에서 멀지 않은 곳에 고려의 개국 공신인 신숭겸申崇謙의 묘역이 있다.

고려 태조 10년(927) 대구 팔공산에서 왕건의 군대와 후백제의 견훤 군대가 큰 싸움을 벌였는데, 이때 왕건이 후백제의 포위망에 들어 위험한 지경에 이르렀다. 그러자 신숭겸이 왕건과 옷을 바꿔 입고 태조로 가장하여 싸우다 장렬히 전사했다. 후백제군은 왕건을 죽인 줄 알고 좋아하면서 그의 목을 베어 갔다. 왕건은 탈출하여 재기한 후 생명의 은인인 신숭겸

석파령

험하고 길이 좁은 석파령은 춘천과 경기도를 연결하는 길이었으며
춘천으로 들어오는 길목이었다.

뒷편에서 본 신숭겸의 묘

대구 팔공산 자락의 공산전투에서 왕건을 대신하여 죽은 신숭겸의 공을 높이 사서 조선 8대 명당 중 하나라는 이곳에 묘를 조성했다.
봉분이 3개인 것은 어느 곳이 진짜 묘인지 모르도록 하기 위함이었다.

을 영구히 기리기 위하여 순금으로 신숭겸의 두상을 만들어 춘천 방동리에 안치하고 장례를 후히 치러 주었다. 그리고 그의 금 두상이 도굴될까 염려하여 방동 외에 황해도 구월산, 대구 공산에도 똑같은 묘를 만들어 놓아 어느 묘에 진짜 금 두상이 묻혔는지 알 수 없게 했다. 같은 이유에서 방동리 신숭겸 묘역도 특이하게 봉분이 3개로 조성되어 있다.

태조 왕건은 팔관회 때 공신들을 생각하고 가상假像을 만들어 참석시켰으며, 16대 예종은 신숭겸과 김낙金樂 두 장군을 추모하기 위해 향가 〈도이장가悼二將歌〉를 지었다. 평산 신씨의 시조이기도 한 신숭겸이 묻힌 방동리 묘역은 우리나라 8대(혹은 4대) 명당으로 꼽히며 지금도 풍수가들의 발길이 끊이지 않는다.

춘천시 사북면 고성리에 마고할미가 오줌을 누어서 파인 자리인 마고할미 오줌자리가 있고, 바위에 발자국처럼 깊이 팬 자국이 있는 곳은 옛날 장수가 밟았던 발자국이라고 한다. 사북면 송암리에 있는 개적심 터는 기우제를 지내던 곳으로 개를 잡아서 물에 적시며 제사를 지내면 비가 온다고 믿었다. 신북면 발산리 왕뒤(왕대산) 아래에 춘천 지방에 실재했던 맥국의 궁터가 있다. 원래 다섯 개의 궁궐을 지었다고 하는데, 지금은 대부분 논으로 변했다. 《동국역대총목東國歷代摠目》에는 우수주牛首州 맥국 터에 단군의 신하였던 팽오彭吳의 통도비通道碑가 있었다고 한다.

6

동쪽엔 치악이 서리고 서쪽엔 섬강이 달린다

옛 절에 튼튼하게 감추고

강릉과 원주의 서로 다른 풍속

관동 지방에서는 강릉과 원주를 큰 고을로 꼽을 수 있는데 이 두 고을은 그리 멀리 떨어져 있지는 않지만 풍속은 매우 다르다. 성현이 강원도 관찰사로 재직할 당시 보고 들은 것을 바탕으로 기록한 〈강릉·원주 풍속기記江陵原州風俗〉가 《허백당집虛白堂集》에 남아 전한다. 성현은 원주 사람들을 매우 검소하고 부지런하다고 한 뒤 다음과 같이 적었다.

이곳 사람들이 아이를 낳으면 먼저 자식의 명으로 곡식 한 말을 떼어 주어서 이를 밑천으로 삼아 해마다 이자를 받게 하는 한편으로, 대단치 않은 물건이라고 할지라도 아끼기를 만금과 같이한다. 새벽 일찍 밭고랑에 서서 쟁기질과 김매기를 서두르는 등 잠시도 쉬지 않고 일하다가 해가 져서 어두워야 집으로 돌아온다. 그리고 이웃 사람들과 서로 모여 술을 마시지도 않는다. 그들은 사윗감을 고를 때도 "아무개는 그물을 만들어 물고기를 잡았으니 안 된다" 하거나 "아무개는 산에 올라가서 꿩 사냥을 했으니 안 된다" 한다. 반드시 근검하고 인색한 사람을 골라 사위로 맞아들인다. 한 번이라도 방탕한 행동을 하면 마을의 구성원으로 인정하려 들지 않는다. 그러므로 고을 안에 높은 담장을 친 큰 집들이 많고 몹시 가난한 사람은 드물다.

강릉은 그렇지 않다. 어머니의 품에서 놓여나자마자 먼저 즐겁게 노는 것부터 일삼아 좋은 의복을 해 입고서 사치와 화려함으로 서로 뽐낸다. 집집마다 과녁을 설치하고 부잣집에서 곡식을 빌려 잔치 비용을 마련한다. 술잔을 잡고 술통을 가지고 다니며 술에 취하지 않는 날이 없다. 이 때문에 고을의 풍속에 '달 뜨는 아침'이라는 말이 있기도 하였다. 비록 농사철을 만나더라도 농사일에 힘쓰지 않는다. 느지막이 아침을 먹고 나가서는 해가 기울면 집으로 돌아오는데 "모기들이 물어뜯어 더 있을 수가 있어야지"라거나 "햇볕이 너무 뜨거워 견딜 수가 있어야지"라고 말하곤 한다. 그런 까닭에 대대로 내려오는 훌륭한 집안의 친족들이 고을 안에 널리 퍼져 있어도 부자거나 충실한 사람은 없다.

왜 이렇게 두 지역 사람들의 기질에 차이가 나는 걸까? 도저히 이유를 알 수가 없다. 그런데 이곳을 직접 찾아보고 나니 비로소 산천의 기질이 사람의 정서를 바꾸어 놓는다는 사실을 깨닫게 되었다. 원주는 큰 골짜기에 위치해 밭고랑에 돌과 자갈이 많아 곡식이 잘 자라지 않으며, 그렇다고 사람들이 노닐 만한 경치 좋은 산이나 빼어나게 아름다운 물가도 없다. 그에 반하여 강릉은 동해 바닷가에 있어서 논밭이 평탄한 데다가 신선이 노닐었다는 송정이나 경포가 있어서 기이하고 아름다운 경치를 세상에서 으뜸으로 치는 곳이다.

인간은 척박한 환경에서 태어나면 부지런해지고 기름진 땅에 살면 안

일해지는 것이 아닐까. 그러니 인간의 본성은 본래 악하지 않지만 변하지 않는 사람이 없고, 풍속은 좋고 나쁜 것이 본래부터 있지만 그것 역시 변하지 않는 것은 없다. "참음으로써 노여움을 견제한다면 무슨 일인들 실패하겠으며, 부지런함으로써 게으름을 이긴다면 무슨 일이든 이루지 못하겠는가" 한 조선 후기 실학자 이덕무李德懋의 말이 지금도 더욱 유효한 게 아닌가 하는 생각이 든다.

동쪽에는 치악산, 서쪽에는 섬강

예로부터 강원도의 큰 고을이었던 원주는 《여지도서》에 다음과 같이 기록되어 있다.

> 원주의 산과 내는 대체로 험한 요새다. 수주면水周面에 이르면 사방이 모두 우뚝 솟았는데, 동서쪽은 아주 험하고 큰 내가 남쪽에서부터 흐른다. 둘레는 60여 리이며 북쪽으로는 횡성과 맞닿는다. 곳곳에 마을이 있으며 이따금 논이 보인다. 마을 어귀는 험하고 좁은데 가운데에는 평평하고 너른 들판이 있다. 예로부터 요새를 설치하거나 방비하는 시설을 만들 만한 곳이라고 한다.

이중환은 《택리지》에서 원주를 이렇게 평했다.

> 영월의 서쪽에 있는 원주는 감사가 있는 곳이며, 한양과는 서쪽으로 250리

거리다. 동쪽은 영(백두대간)과 산에 가깝고 서쪽은 지평현砥平縣(현 경기도 양평군 지제면 일대)의 경계에 닿았다. 산골짜기 사이사이에 고원 분지가 펼쳐지고, 분지는 밝고 수려하여 그렇게 험준하지는 않다. 영남과 경기도 사이에 끼여서 동해로 수운輸運하는 생선, 소금, 인삼과 관곽棺槨 그리고 궁전에 소용되는 재목 따위가 모여들어 하나의 도회가 형성되었다. 두메가 가까워 난리가 나면 숨어 피하기가 쉽고 서울과 가까워서 세상이 평안하면 벼슬길에 나가기가 쉽다. 그래서 한양 사대부들이 이곳에 살기를 좋아한다.

원주原州는 본래 고구려의 평원군平原郡이었다. 신라 문무왕은 북원소경北原小京을 두었고 고려 태조 23년(940)에 지금의 이름으로 고쳤다. 원주시에는 해발 1000미터가 넘는 비로봉과 삼봉, 남대봉 등이 높고 험준한 산지를 형성하고, 원주천이 가현동에서 흥양천과 합쳐진 뒤 북서쪽으로 흘러 섬강으로 접어든다.

《세종실록지리지》에 "땅이 메마르다" 기록된 원주목은 당시 "호수가 1148호요, 인구가 3233명"이었다. 《동국지지東國地誌》에는 "사람들이 축적하는 일을 숭상한다"라고 되어 있다.

《신증동국여지승람》은 원주의 형승을 "동쪽에는 치악이 서리고, 서쪽에는 섬강이 달린다. 천년고국千年古國이다" 했다. 윤자운이 시에 "천년 옛 나라에는 교목이 남아 있고, 십 리 긴 강은 고을의 성을 둘렀다" 한 원주는 조선 전기 문신 이숙함李淑瑊이 쓴 숭화정崇化亭의 기문에 다음과 같이 기록되어 있다.

원주는 관동 지방의 계수界首(도의 수부)다. 치악의 한 자리가 서쪽으로 잇달아 100여 리를 달려와서 주州의 진산이 되었으니, 모든 읍의 공관과 관고官庫(창고)와 영각鈴閣(군청)이 다 여기에 자리 잡았다. 진각鎭閣의 남쪽에 우뚝 솟은 땅이 있으니 평평하기는 바둑판 같고 매우 시원하다. 두 면은 산을 등지고 있어 소나무와 전나무가 빽빽하게 서 있고 한 면은 앞에 강물을 굽어보며, 초원과 평야가 넓고 펀펀하게 펼쳐져 산뜻하며, 티끌 세상의 시끄러움을 격절隔絶하니 노닐고 휴식하는 곳이라 할 만하다.

진산인 치악산雉嶽山(해발 1288미터)은 원주시와 안흥 찐빵으로 유명한 횡성군 안흥면의 경계를 이루는 산이다. 산이 매우 웅장하여 비로봉과 삼봉 등의 높은 봉우리와 영원산성, 금두산성 등의 옛 성과 차유치車踰峙, 태종대 등의 고적이 있다. 《여지도서》에서도 치악산에 관한 기록이 보인다.

치악산은 관아의 동쪽 25리에 있다. 고을의 진산이다. 처음에 오대산에서 갈라져 횡성을 거치며 탁이산卓異山이 되고 원주에 들어와 치악산이 되었다. 고려 때 보궐補闕 벼슬을 하던 진陳 아무개라는 사람이 치악산의 서쪽을 지나가는데, 소나무와 삼나무가 무성하고 물과 돌이 어우러진 자연의 경치가 그윽하고 기이하였다. 마음으로 좋아하여 골짜기 안으로 들어가니 초가집 두서너 채가 수풀 사이로 어렴풋이 보였다. 늙은 승려 하나가 어린아이를 데리고 시냇가 바위에 앉아 있었다. 진 아무개가 말에서 내려 함께 이야기했는데, 기상과 운치가 평범하지 않았다. 쳐다보니 종이 부채를 하나 가졌는데, 똬리를 틀고 꿈틀거리는 듯한 소나무가 그려져 있었다. 진 아무개가 부채를 가져다가 그 뒷면에 글을 쓰기를 "늙은 승려 오래도록 푸른 수염 늙은이를 마주했거늘, 어찌 다시 참모습을 옮겨 둥근 부채 속에 넣었는가?" 하였다. 승려가 바로 화답을 하였다. "봄바람은 아미령蛾眉嶺에 이르지도 않았는데, 교룡처럼 땅 가득히 푸른 무리를 이루었네."

치악산에는 목숨을 구해 준 사람에게 은혜를 갚은 꿩에 관한 이야기도 전해 온다. 옛날 어떤 무사가 이곳을 지나다가 산 밑에서 꿩이 구렁이에게 잡혀 죽게 된 것을 보고 가엾이 여기어 활을 쏘아 구렁이를 죽이고 꿩을 살렸다. 그 뒤 이 산을 넘으려 하는데, 산은 높고 해는 져서 깜깜하여 길을 잃고 헤매게 되었다. 그런데 한쪽에서 불빛이 보이므로 그곳을 찾아가 하룻밤 묵기를 청했다. 그러자 아름다운 여인이 나와서 허락하므로 방에 들어가 잠을 청했다. 곤히 잠을 자던 중 가슴이 답답하여 깨 보니, 뜻밖에도 큰 구렁이가 무사의 몸을 감고 하는 말이 "너는 내 남편을 죽인 원수다. 네가 산 아래에서 내 남편을 활로 쏘아 죽였으니, 너는 내게 죽어 마땅하다" 하며 입을 벌려 잡아먹으려 했다. 이에 무사가 크게 놀라서 "모르고 저지른 일이니 살려 달라" 애걸복걸했다. 그러자 구렁이가 "저 위쪽 빈 절에 있는 종이 세 번 울리면 너를 살려 줄 것이요, 그렇지 않으면 내 손에 죽을 줄 알아라" 했다. 그때 별안간 종소리가 세 번 울렸고 그러자 구렁이는 자취를 감추었다. 무사가 하도 이상하여 그 절에 가 보니 먼지 쌓인 종 밑에 머리가 깨진 꿩이 떨어져 있었다. 바로 무사가 구렁이에게서 구해 준 그 꿩이었던 것이다. 무사는 크게 탄식한 뒤 꿩을 산에 잘

묻어 주었다고 한다.

고려 후기 문신 한수韓脩는 "치악의 구름 낀 봉우리가 비를 오게 하니, 처마에서 떨어지는 소리 쓸쓸한데 저녁 바람이 인다"라고 노래했다. 치악산 북쪽 기슭에는 차유령車踰嶺이라는 고개가 있는데, 조선 태종의 행차가 횡성의 각림사覺林寺로 가는 길에 이 고개를 거쳤다고 한다. 따라서 수레가 넘는다는 뜻으로 차유령이라고 부른다.

치악산에는 또한 상원사와 의상대사가 용 아홉 마리가 살던 못을 메우고 지었다는 구룡사龜龍寺가 있다. 원주시 소초면所草面의 치악산 비로봉 북쪽 구룡소九龍沼 부근에 위치는 구룡사는 대한불교조계종 제4교구 본사인 월정사의 말사다. 의상대사가 신라 문무왕 8년(668)에 창건할 당시 이름은 구룡사九龍寺였다. 이름에 얽힌 아홉 마리 용의 전설이 전해 내려오며, 창건 이후 도선과 자초, 휴정 등이 거쳐 가면서 영서 지방 수찰首刹로서의 구실을 다했다. 조선 중기 이후 절 입구에 있는 거북 모양의 바위 때문에 절 이름도 '아홉 구九' 자를 '거북 구龜' 자로 고쳐 쓰게 되었다고 한다.

절 입구에 있는 황장금표黃腸禁標는 조선시대에 이 일대의 무단 벌목을 금한다는 방으로 귀중한 역사적 자료다. 현존하는 당우는 대웅전과 보광루, 삼성각, 심검당, 설선당 등이 있다. 특히 대웅전은 수차례 중수했으나 그 안에 있는 닫집은 옛 모습 그대로 보존되어 강원도 유형문화재 제24호로 지정되었다.

구룡사 근처에 있는 영말은 이흥이라고도 부르는데 예전에 역驛이 있었다고 한다. 서거정은 시에서 "치악산은 푸른 봉우리를 모아서 조령에

구룡사 명부전

치악산 비로봉에서 학곡리 쪽으로 6킬로미터 떨어진 곳에 있는 구룡사는 영서의 대찰로 아홉 용과 거북바위 설화 등이 전해지는 영서의 대찰이다.

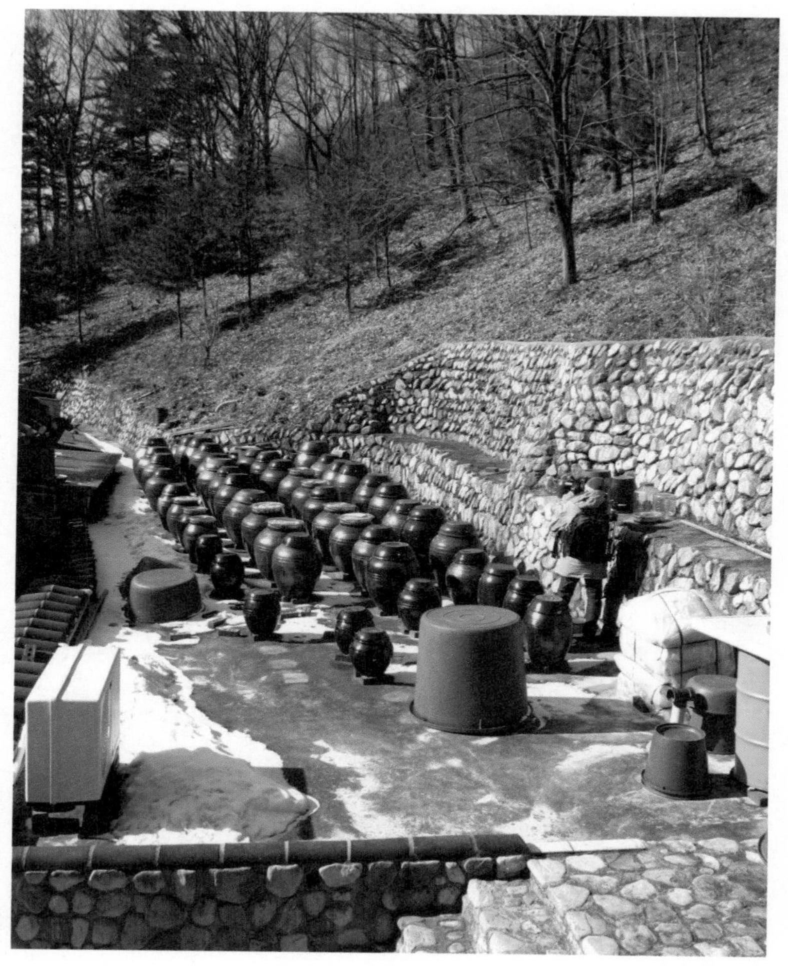

구룡사 장독대

구룡사는 창건 이후 도선과 자초, 휴정 등이 거쳐 가면서 지방 수찰로서의 구실을 다했다.
장독대에서 사찰 살림의 규모가 보인다.

이었고, 섬강은 흰빛을 끌어서 여성驪城에 닿았네"라고 했는데, 섬강蟾江은 횡성군 둔내면과 평창군 봉평면의 경계에 솟은 태기산에서 발원하여 원성군 부론면 홍호리 동매마을에서 남한강에 합류한다.

송강 정철이 〈관동별곡〉에서 "흑수로 돌아드니, 섬강은 어디인가? 치악이 여기로구나" 노래한 아름답고 유서 깊은 이 강의 원래 이름은 달강 또는 달래강이었다. 원성군 지정면 간현리 강변에 '병암屛岩'이란 글씨가 새겨진 바위가 절벽에 있었는데, 이 병암 상류 50미터 지점에 두꺼비 한 마리가 기어오르는 듯한 커다란 바위가 있다. 이 바위가 바로 두꺼비바위이며 섬강의 이름을 탄생시킨 유명한 바위다. 두꺼비바위가 있어 이 냇물을 '두꺼비 섬蟾' 자를 써서 섬강이라 부르게 된 것이다.

서거정의 궁실 객관 〈중신기重新記〉에서는 원주가 다음과 같이 나와 있다.

> 원주는 본래 고구려의 평원군이다. 신라 때 북원소경을 두었으며, 고려 초에 주州를 두었다가 뒤에 낮추어 지주로 하였고, 또 낮추어 일신현一新縣으로 하였다. 중간에 승격시켜 정원도호부靖原都護府로 하였다가 고쳐서 익흥益興으로 하였고, 공민왕 때 원주목으로 하였다. 예전에는 양광도에 속하였으나 지금은 강원도의 계수관界首官(지방의 중심이 되는 대읍大邑)이다. 땅은 넓고 백성은 많으며, 산천의 아름다움과 토지의 비옥함과 물산의 풍부함이 여러 고을 중에서 가장 뛰어나다. 그 풍속은 부지런하고 검소하며 쓰는 것을 절약하여 재물을 저축하고 물화를 늘리니 홍수와 가뭄이 재해가 되지 못하고, 실로 동쪽 지방의 아름다운 고을이다.

섬강과 남한강의 합류 지점

섬강은 횡성군 둔내면과 평창군 봉평면의 경계에 솟은 태기산에서 발원하여 원성군 부론면 흥호리 동매마을에서 남한강에 합류한다.

내가 젊었을 적에 치악사, 법천사 등 여러 산사에서 글을 읽느라고 원주를 왕래한 적이 한두 번이 아니었다. 볼 때마다 중류층 이상의 집들이 건물을 짓는 데 힘써서 널찍한 마루와 큼직한 집, 높은 누각과 아름다운 정자가 곳곳마다 많았다.

《여지도서》에 실린 이민구李敏求의 기문에도 원주가 보인다.

원주는 강원도에서 가장 번화한 고장으로 서울에서 300리 떨어져 있다. 영동과 영서 지방을 통괄하는 어귀에 가까워 감사가 머무르는 곳이며, 사신이 대체로 몰려드는 곳이다.

연산군 때의 풍류객인 홍귀달洪貴達이 원주를 두고 시 한 수를 읊었다.

따뜻하고 경치 고운 국도에 사람들은 어지러이 오가고
눈 녹은 마을마다 봄물이 생겼네
산 기운이 노을을 찌는 듯 그림 같은 병풍 둘렀고
경치는 물에 닿아 강가의 성을 옹호하는구나
가볍고 날씬한 처마의 제비는 때로 능히 말을 하고
아름다운 담 위에 핀 꽃은 이름조차 알지 못하겠네
가장 기쁜 일은 농가에서 살아가는 일이 풍족한 것
한 늙은이가 다시 비를 맞으며 밭을 갈고 있네
(…)

사의 속성은 원씨였고 어릴 때 이름은 수몽이었으며 법호는 해린이었다. 어려서 이수겸에게 가르침을 받은 그는 출가의 뜻을 품고 법천사 승려 관웅을 따라가 수업을 받는다. 개경의 해인사에서 머리를 깎은 후 관웅에게 유식학唯識學을 배웠으며 해린이란 법호도 관웅이 지어 준 것이다. 목종 2년(999) 용흥사에서 구족계를 받았고 현종 4년(1013)에 숭교사를 개창하여 명성을 날렸다.

고려 문종은 여러 차례 거절하는 해린을 직접 찾아와 왕사와 국사로 추대하면서 "스님은 아무렇게나 말하여도 곧 도道로 하고 훌륭한 문장을 이루니 혜거惠璩(북송 때의 문장가)의 문장력도 혼비백산하고, 문장을 나누면 척척 음운에 맞으니 담빙曇憑(중국 남란 사람)의 음운학 실력도 부끄러워할 정도다. 그뿐 아니라 서화, 문장, 필법에 정통하고 민첩하기까지 하니 누가 대적할 수 있겠는가"라고 하며 찬탄해 마지않았다. 이후 고려의 왕들은 지광국사를 자주 초청하여《법화경》과 유식학 등의 법문을 청했다. 지광은 왕과 함께 어가를 타고 다녔으며, 특히 문종은 지광국사를 스승으로 모셨다. 게다가 넷째 아들을 출가시켜 지광국사가 머무르던 현화사로 보냈는데, 훗날 그가 대각국사 의천이다.

지광은 문종 21년(1067) 처음 출가했던 법천사에 머무르다가 그해 10월 23일 열반에 들었다. 문종은 시호를 지광, 탑호를 현묘玄妙라 내린 후 비문을 짓게 했다. 비문은 중대부, 문하시랑, 동중서문하평장사, 판상서, 예형부시감, 수국사, 겸태 자대부, 상주국, 신정유산 등의 대신들이 관여하여 지었다. 한 시대를 풍미했던 고승에 대한 최고의 예우가 고려시대의 빼어난 문화유산인 지광국사탑비로 남게 된 것이다.

법천사지 지광국사 현묘탑

국보 101호인 이 탑은 일본인들이 본국으로 가져갔던 것을 되찾아와
경복궁 밖에 두었다가 법천사지로 옮기게 되었다.

지광국사탑비

'부처에 버금가는 큰 인물'이라고 추앙받았던 지광국사의 행적을 적은 이 탑비의 비문은 당대의 명신 정유산이 찬하고 명필 안민후가 썼으며 이영보와 장자춘이 새겼다.

탑비는 높이 4.55미터이며 비신의 높이는 2.95미터, 너비는 1.42미터로 선종 2년(1085)에 건립되었다. 고려시대 석비의 대표작이라고 꼽힐 만큼 그 조각이 정교하기 이를 데 없고 화려하다. 지대석 위에 거북이 올라앉았고, 목을 길게 뺀 채 서쪽을 응시하는 듯한 용머리에는 물고기 비늘이 조각되었으며, 거북의 등에는 '임금 왕王' 자가 새겨져 있다. 비신 옆면에 운룡을 깊이 새겼는데 지금이라도 날아오를 듯하다.

비신 상면의 가운데에 '지광국사현묘탑비'라고 쓴 사각 편액이 있으며, 편액 양옆에는 사각의 틀을 만든 후 그 안에다 봉황을 새겨 넣었다. '부처에 버금가는 큰 인물'이라고 추앙받았던 지광국사의 행적을 적은 이 비문은 당대의 명신 정유산鄭惟産이 찬하고 명필 안민후安民厚가 구양순체를 기본으로 하여 부드러움과 단아함을 추구하여 썼으며 이영보李英輔와 장자춘張子春이 새겼다.

날아오를 듯한 운룡

지광국사탑비 옆에는 지광국사탑이 서 있었다. 사리탑이라기보다 페르시아풍의 건축물로 보이는 이 승탑은 경술국치 이후 일본 오사카로 강제 밀반출되었다가 광복 이후 반환되어 경복궁 뜰에 세워졌다. 그러나 한국전쟁 때 파손되었고, 그것을 1975년에 복원한 것이 오늘날의 모습이다.

국보 제101호로 지정된 이 승탑은 우리나라 승탑 중 최대의 걸작으로 꼽힌다. 전체적인 구도로 보아 신라시대 이래의 팔각 원당형에서 벗어나

평면방형을 기본으로 하는 새로운 양식을 보이며, 기단부 위에 탑사를 놓고 그 위에 옥개석과 상륜부를 쌓았는데, 7층의 석재 전체에 안상, 운문, 연화문, 당초문, 불보살, 봉황, 신선, 문짝, 장막, 영락, 앙화, 복발, 보탑, 보주와 같은 온갖 화려한 장식과 무늬가 빈틈없이 새겨져 있다. 특히 원나라의 영향을 받은 페르시아풍 창과 짧게 늘어진 커튼이 쳐져 있어 이국적인 모습을 보이는 이 탑은 다른 어떤 부도와도 비교할 수 없을 만큼 화려한데, 아쉽게도 기단 네 귀퉁이에 각각 서 있었다는 사자가 하나도 남아 있지 않다.

이능화는《조선불교통사》에서 "원주 지광국사현묘탑은 정교의 극치를 이룬다"라고 평가했다. 경복궁 안에 쓸쓸히 서 있던 지광국사탑이 원래의 터인 법천사지로 옮기기로 해서 승탑과 탑비가 꿈에도 그리던 해후를 할 날을 기다리고 있다.

법천사지가 있는 부론면은 향나무가 많기로 예부터 이름이 높았다. 이곳의 향나무는 법천사에서 퍼져 나간 것으로 1960년대 초반까지만 해도 산과 들에서 임자 없이 자랐는데, 종자가 좋아 도시 사람들이 자신들의 집 정원을 꾸미려고 많이 캐가는 바람에 그 수효가 몰라보게 줄어들었다.

법천리 매골 앞에는 이중으로 된 묘가 있는데, 임경업林慶業 장군의 조부 묘로 길지 중의 길지라고 한다. 인조 때 임경업의 아버지가 억울하게 죽게 된 지사를 살려 주고 이 자리를 얻어 쓴 뒤 임경업을 낳았다고 한다.

문막에서 섬강을 건너면 원주시 지정면 안창리가 나오는데, 여기에 신라 때 절로 폐사가 된 흥법사興法寺의 터가 있다.《고려사》에 태조 20년(937) 당시 왕사였던 진공眞空(충담)이 입적하자 태조는 원주 영봉산靈

鳳山 홍법사에 탑과 비를 세우고 친히 비문을 지어 문신 최광윤崔光胤에게 명하여 당나라 태종의 글씨를 본떠 돌에 새기게 했다는 기록이 있다. 이로 미루어 홍법사는 신라 시기에 창건된 것으로 추정된다.

이제현李齊賢이 진공의 비문을 두고 일찍이 말하기를 "말뜻이 크고 깊으며 뛰어나고 아름다워 마치 검은 옥으로 만든 홀笏을 들고 붉은 신을 신은 듯한 모습이니 궁전에서처럼 겸손한 자세를 보이며 예를 취하게 된다. 글자는 큰 글자와 작은 글자, 해서와 행서가 서로 섞여 있다. 난봉鸞鳳이 일렁이듯 기운이 우주를 삼켰으니 진실로 천하의 보물이다" 했다. 그 뒤에 고을의 관아로 옮겨졌으나 어떤 이름 모를 수령이 미신에 홀려서 도랑 속에 처박아 버리고 말았다. 그 뒤 여러 동강으로 깨어져 지금은 두 동강만 남았다. 이러한 사실을 안타깝게 여긴 조선 중기 문신 이우李堣가 시 한 편을 남겼다.

옛 절에 튼튼하게 감추어 두었는데
한밤을 틈타 몰래 훔쳐 간 이 누구인가
띠로는 지붕을 이지 못하니
비바람 마구 몰아치누나
왕의 글에 교룡이 흐느끼고
왕의 문장에 은하수 근심하네
부처님 일찍이 눈물 흘리신 것은
다만 견우직녀 만남을 시샘해서가 아니네

전 홍법사지 염거화상탑

홍법사지에 있었다고 전해지는 염거화상탑은 현재 남아 있는 가장 오래된 승탑이다.

한편 승탑에 관한 기록으로는《삼국유사》에 실린 7세기 초 원광법사의 승탑이 최초의 것이다. 그러나 우리나라에 현재 남아 있는 가장 오래된 승탑은 신라 문성왕 6년(844)에 세워진 것으로 기록된 국보 제104호 전傳 홍법사지 염거화상탑廉居和尙塔이다. 9세기에는 중국에서 선종이 들어온 후 우리 불교계에 유행처럼 승탑을 조성하는 일이 더욱 많아졌다.

또 하나의 폐사지 거돈사 터

지금은 폐교된 정산초등학교를 지나면 부석사의 대석단과 비슷한 석축 위로 천년의 세월을 자랑하는 느티나무가 먼저 눈에 띈다. 거돈사 터는 2만 5339제곱미터(약 7600평)에 달하지만 지금은 금당 터 앞의 삼층석탑(보물 제750호)과 금당 터에 놓인 불상대좌 그리고 원공국사탑비(보물 제78호)가 남았을 뿐이다. 국사 원공圓空의 생애와 행적 그리고 덕을 기리는 문장이 실려 있는 이 비문은 최충崔沖이 지었고 김거웅金巨雄이 썼다. 비문의 글씨는 해서체이며 구양순과 그의 아들 구양통의 필법이 어우러진 것으로 필획이 힘차고 아름답다는 평이다.

원공국사탑비의 비문에 따르면 국사는 “좋은 일에 대하여 사양하지 아니하였으며, 행상인들이 권태를 느끼면 화성化城(번뇌를 막아 주는 안식처)을 보여 주어 용기를 내게 하고, 방랑하는 탕자가 의심을 일으키면 모름지기 보장寶藏(부처가 설한 가르침)을 열어 곧바로 성취하게 하였다. 칼이 거울로 말미암아 또 하나의 거울을 나타내는 것과 같았다” 하니 그의 대

거돈사지 삼층석탑

원주 부론면 정산리의 거돈사지는 신라 말 고려 초의 절터다. 석탑은 원래부터 거돈사 법당 앞에 세워졌던 것으로, 전체적 조형 수법이 신라 석탑계 양식이다.

중에 대한 태도와 실천이 어떠했는지 잘 알 수 있다.

거돈사는 천태 학승이었던 원공국사가 열반한 곳으로 알려졌는데, 원공국사의 법호는 지종智宗이고 속성은 전주 이씨이며 여덟 살 때 개경의 사나사에서 인도의 승려였던 홍범삼장의 제자가 되었고 광화사 경철화상에게서 수업을 받았다. 어린 나이에 배움이 하도 뛰어나 사람들은 "누가 그를 유학幼學(유생)이라 하겠는가"라고 말했다.

광종 때 승과에 합격하고 광종 6년(955) 중국의 오월吳越에 유학하여 광종 12년 절강성 천태산 국청사에 들어갔다. 원공국사는 국청사에서 대정혜론大定慧論을 배워 천태교天台敎를 전수받고 수많은 사람들을 가르치다가 열반한 증진대사의 꿈을 꾸고 광종 21년(970)에 귀국했다. 광종은 원공국사를 환대하면서 대사의 법계를 내렸고 금광선원金光禪院에 주석하게 한다.

경종, 성종, 목종, 현종 등의 신임이 두터웠던 원공국사가 병을 얻어 거돈사로 돌아온 것은 현종 9년(1012)이었다. 원공국사는 그해 4월 17일 "옛날 여래께서 제자들에게 당부하셨듯이 불법 교화가 단절됨이 없게 하라. 또한 부음을 왕께 전하여 국가의 의전 규정을 어렵게 하지 마라"라는 말을 남기고 입적했다. 현종은 그를 국사로 추증한 다음 시호를 원공, 탑호를 승묘勝妙라고 했다. 원공 국사의 사리를 봉안한 원공국사탑(보물 제190호)은 일제 강점기에 일본인 와다가 자신의 집 정원으로 옮겨갔던 것을 1948년에야 회수하여 서울 경복궁 안으로 옮기고 다시 1986년에 국립중앙박물관 뜰에 옮겨 놓았다.

이곳 남한강과 원주 일대에는 수많은 절이 들어섰다가 폐사되었다. 영원산성 안에 있었던 산성사와 동화사, 문수사, 천왕사, 은적암, 울암사 그리고 경순왕의 초상화가 있었다는 황산사, 홍녕사, 성주사, 석남사, 고산사, 석경사, 은수암, 각림사 등이 이 일대에 실재했던 절이다. 그중 치악산 동쪽에 있던 각림사는 이방원이 젊은 시절 은사隱士 원천석에게서 학문을 배운 곳이며 이후 개경으로 돌아가 18세 때 과거에 급제했다.

창건 연대 등 사적寺蹟이 미상인 각림사는 태종 16년(1416) 태종의 배려로 중창되었다. 태종은 이 절에 토지와 노비를 하사하고 고을의 관원에게 명하여 조세나 부역 따위를 면제해서 돕도록 했으나, 임진왜란 때 소실되어 사라졌다. 각림사를 두고 조선 전기 문장가 변계량卞季良은 다음과 같은 시를 지어 노래했다.

치악산이 동해 지방에서 이름이 높은데
이 산의 절 가운데 각림사가 가장 좋다
구름과 연기, 바위와 골짜기 몇천 년인가
땅 신령한 기운이 천룡과 용신의 모임을 옹위하네

치악산 텅 빈 산속에 한 줄기 맑은 바람

원주시 봉산동에는 태종의 흔적이 여러 곳에 남아 있다. 조선 제3대 왕인 태종이 그의 스승인 원천석을 만나러 갔다가 돌아오는 길에 봉산동에서 으뜸가는 마을인 화시래(화천)에 이르렀다. 그때 솔개 한 마리가 태종의 행차 위를 빙빙 도는 것을 보고 태종이 신하들에게 "저 새를 활로 쏘아 떨어뜨리는 사람이 있으면 저 새가 돌고 있는 지역을 떼어 주겠다" 했다. 잠시 후 한 무사가 활을 쏘았는데, 정말로 솔개가 떨어졌다. 태종은 그에게 그 지역을 상으로 내렸다. 바로 이곳이 화시래 북쪽에 있는 살대울 또는 시내, 시탄矢灘이라는 마을이다. 치악산에서 흘러내리는 물이 살대처럼 빠르게 흐른다고 해서 살대울이라는 이름이 붙었다는 설도 있다.

한강 지류의 하나인 섬강 언저리 문막읍에는 기름진 문막평야가 펼쳐진다. 예로부터 '원주는 몰라도 문막은 안다'는 말이 있을 만큼 문막평야에서 나는 쌀은 양도 많았지만 품질도 뛰어났다. 또한 원주 부근에서는 담배가 많이 생산되며, 이 지방에서 나는 옻은 원주칠이라 하여 옛날부터 평안북도 태천칠, 황해도 평산칠과 함께 우리나라 최고의 품질로 널리 알려졌다. 그래서 광복 전부터 산에 저절로 나서 자라던 옻나무를 치악산을 포함한 이 지역의 산에 심어서 가꾸기 시작했다. 옻은 경상남도 함양군이나 전라북도 남원군 같은 지리산 언저리에서도 많이 생산되지만, 뛰어난 품질로 보나 한 해에 2톤쯤 생산되는 양으로 보나 이 지방의 옻을 따르지 못한다고 한다. 그래서 원주칠은 다른 지역의 칠보다 더 비싼 값을 받는다.

한편 원주시에서 빼놓을 수 없는 인물로 1970~1980년대 민주화 운동의 선봉에 섰던 천주교 원주 교구의 지학순 주교와 장일순을 들 수 있다. 또한 원주는《토지》의 작가 박경리가 터를 잡고 살았던 곳이며, 시인 김지하도 한때 머물렀던 곳이다. 최규하 전 대통령도 이곳 원주가 고향이다.

《택리지》의 기록에 따르면 "원주 동쪽에 적악산이 있는데, 고려 말에 운곡耘谷 원천석元天錫이 여기에 숨어 살면서 여러 제자를 가르쳤다.

우리 공정대왕 태종도 어릴 때 그에게 가서 배웠다. 학문을 연마하고 돌아와 18세 때 과거에 합격하였다" 했는데, 여기서 적악산은 치악산이다.

원천석은 은둔 생활을 한 학자로 본관은 원주다. 어릴 때부터 재명才名이 있었으며 문장과 학문이 해박하여 진사시에 합격했지만 고려 말 정치가 문란해지자 이를 개탄하고 치악산으로 들어가 농사를 지으며 부모를 모시고 살았다. 왕자 시절의 이방원을 가르쳤는데, 이방원이 왕위에 오른 뒤 스승 원천석을 불렀지만 응하지 않았다. 태종이 그의 집을 찾아가자 미리 소문을 접한 그는 산속으로 피해 버렸다. 왕은 집을 지키는 할머니에게 선물을 주고 돌아간 뒤 운곡의 아들 형泂을 기천 현감으로 임명했다. 후세 사람들은 태종이 앉아서 스승을 기다리던 바위를 태종대太宗臺라고 했는데, 그 바위가 지금도 치악산 각림사 근처에 있다. 원천석이 치악산에 은거한 채 조선의 조정에 출사하지 않은 것은 고려에 대한 충성심 때문이었을 것이다.

원천석은 그가 지은 책 여섯 권을 후손에게 남겼는데, 모두 고려의 지난 역사에 관한 내용이었다. 그는 자손들에게 함부로 보지 말라고 일렀고, 그래서 이 책들은 여러 대에 걸쳐 전해질 수 있었다. 그러나 자손 중 한 사람이 몰래 그 책을 펼쳐 보고 크게 두려워해서 모두 불살라 버리고 말아 오늘날 그 책들은 전해지지 않는다. 신흠의 《청창연담晴窓軟談》에 원천석에 대한 글이 실려 있다.

원천석의 유고 중에는 후세에서 알 수 없었던 당시의 사적事迹을 직설적으로 기재한 것들이 있는데, 신우를 공민왕의 아들이라고 한 것은 그의 직필直

筆 가운데서도 대표적인 것이라 하겠다. (…) 시어가 질박하여 제대로 표현되지 못한 곳이 많긴 하지만 일에 대해서만은 숨김없이 곧이곧대로 썼으니, 정인지의 《고려사》와 비교해 보면 해나 별과 무지개처럼 현격히 차이가 날 뿐 아니라 이를 읽다 보면 몇 줄기 눈물이 떨어지곤 한다. 대저 고려가 망하게 된 것은 무진년(우왕 14, 1388)에 왕을 폐위한 데서 유래한다. 그런데 왕을 폐위한 뒤에도 목은과 같은 사람들이 아직 남아 있어 한 가닥 공의는 없어지지 않은 상태였다. 그래서 그때 정도전과 윤소종 등의 무리가 "왕이 왕씨가 아니라고 하는 자는 충신이고 왕씨라고 하는 자는 역적이다"라는 주장을 내놓은 뒤 조정을 선동하고 인심을 현혹해 마침내 사류士類를 결딴내고 사람들의 입에 재갈을 물릴 수 있었던 것인데, 이런 상황에서 겨우 5년을 지탱하다가 나라가 망하고 만 것이었다. 이러할 때 태어나서 바르고 올곧게 자신을 세우려는 사람들의 삶이야말로 얼마나 고달프고 낭패스러운 것이었겠는가. 그런데도 인심이 다 현혹되지는 않고 모든 사람들에게 재갈을 물릴 수는 없어 초야에서 이렇듯 동호董狐의 직필이 나왔으니, 바위틈 사이로 죽순이 나온다는 말처럼 이 어찌 놀라운 일이 아니겠는가.

또한 조선 중기 문신 정구鄭逑가 강원 감사로 재직하던 당시 이곳 원천석의 묘를 찾아 제사를 지낸 뒤 다음과 같은 제문을 지었다.

산에 고사리가 있으니
굶주림이 없을 것이고
집에 거문고와 책이 있으니

스스로 즐길 수가 있으며
초빙 예물 답지해도
자연 속에 여유로워
천고의 텅 빈 산속에
한 줄기 맑은 바람이로다

세월은 가도 문장은 남아 사람들의 발길을 사로잡고 있다. 고려 500년 사직의 수도인 개성을 그리는 원천석의 시 한 편이 남아 떠돈다.

흥망이 유수하니 만월대도 추초로다
오백 년 왕업이 목적牧笛에 부쳤으니
석양에 지나는 길손이 눈물겨워 하노라

"고을의 동북쪽에서 오대산의 서쪽 물을 받아들여 서남쪽으로 흐르다가 원주에 이르러서는 섬강이 되고, 흥원창興元倉 남쪽으로 흘러들어 충주강 하류와 합쳐진다"라고 《택리지》에 기록된 섬강의 하류가 흥호리다. 남한강과 섬강이 만나 여주 쪽으로 흘러가는 곳인 흥호리에는 원주군 법천리에 설치되었던 조창인 흥원창이 있었다.

3도의 물이 모이는 흥호리 부근

서울에서 말을 타고 꼬박 이틀을 달려야 닿을 수 있었던 원주는 중앙선 열차가 지나면서 영서와 영동 지방을 잇는 교통의 요충지가 되었고, 지금은 중앙 고속 도로와 영동 고속 도로가 지나는 사통팔달의 고장이 되었다. 중앙선이 뚫리기 전에는 이곳의 산물이 주로 섬강을 거쳐 남한강 물길을 이용해 배에 실려 서울로 운반되었다. 그때는 부론면 섬 강가의 흥호리興湖里가 남한강 유역에서 제일가는 교통의 중심지였다. 고려 태조 때 전국 11곳에 세곡을 거두어서 보관하는 창고인 조창을 두었는데, 소양강창과 가흥창 등 중 하나였던 흥원창이 이곳에 있었다. 강원도의 영월과 평창, 횡성, 원주 지방과 충청도의 제천 지방에서 거두어들인 세곡을 이곳에 모아서 서울로 운반했다. 그 뒤로도 줄곧 영서 지방의 산물은 이곳을 거쳐서 서울로 들어갔다. 서울에서는 소금과 직물 등의 생활필수품이 이곳으로 실려 와 영서 지방의 여러 고을로 보내졌다. 흥원창이 있던 강가에는 가끔 이 지방의 산간에서 구운 숯을 몇백 가마씩 실은 큰 돛단배가 즐비하게 늘어 서 있었는데, 그럴 때면 이곳은 바닷가의 큰 항구처럼 보였다. 하지만 지금은 그 흔적조차 찾을 길이 없다. 조선 후기에 관선官船 조운이 쇠퇴하고 사선私船 업자에 의한 임대 운창이 널리 홍행하면서 흥원창이라는 이름만 남게 되었고, 정조 20년(1796) 정수영鄭遂榮이 그린 〈한임강명승도권漢臨江名勝圖卷〉(국립중앙박물관 소장)에 남아 있을 뿐이다.

한편 흥호리 부근을 사람들은 삼합三合 지점이라고 불렀다. 충청도와 경기도, 강원도의 접경이었고, 남한강과 섬강, 그리고 청미천 등 세 물이 만나는 지점이었기 때문이다. 또한 3도道의 물이 한데로 모인다 해서 합수머리라고 부르기도 했다. 겨울에 강물이 얼면 담배 한 대 피울 참에 3도의 땅을 다 밟아 볼 수 있었다. 모이는 것은 물뿐만이 아니었다. 3도의 물산과 세납미도 이곳으로 모여들어 남한강 뱃길을 따라 서울로 운반되었다.

이렇듯 강원도 일부와 경상도 일대 그리고 충청도 북부 지방의 물산들이 서울로 운반되는 길목에 자리한 까닭에 원주에는 대를 이어 사는 사대부가 많았다. 또 배를 가지고 장사하여 부자가 된 사람도 많았다. 《택리지》의 기록을 보자.

> 옛날 광해군 때 백사白沙 이 정승(이항복)은 운신하기가 어려워졌다. 그는 정충신에게 한강 상류 지방에 벼슬을 그만둔 뒤 살 만한 곳이 있는지 살펴보도록 부탁하였다. 정충신이 이곳에 와서 보고 이 지역을 그림으로 그려서 바쳤고, 백사는 터를 잡아 집을 짓고자 하였다. 그러나 북청으로 귀양을 가게 되어서 실행하지 못하였다. 내가 일찍이 여기를 지나다가 백사의 일을 생각하고 시를 지었다.
>
> 위로 아래로 보니 강산은 옛날과 다름이 없으니
> 영웅의 안목이 생각할수록 훌륭했구나
> 서쪽 바람에 왕손 더럽힐 획책이 두려워
> 위쪽 물가에 온 집안을 옮기려 하였구려

광동댐이나 충주댐 같은 댐이나 저수지가 없던 시절 남한강의 물은 얼마나 거침없이 흘러갔을까. 그 물길 양쪽으로 펼쳐진 정경을 보면 누군들 말년을 보내고 싶은 마음이 생기지 않았을까. 들이 넓고 물길이 좋은 이곳 남한강변에 법천사와 거돈사, 흥법사, 고달사, 청룡사를 비롯한 폐사지 100여 곳이 있는데, 그중 부론면 법천리에 있는 법천사 터와 정산리의 거돈사 터는 수많은 불교 문화재를 간직하고 있다.

원주시 부론면 단강리는 단종이 영월로 유배를 가는 길에 쉬었다 갔다는 곳이다. 한편 원주시 귀래면 운남리의 배재는 충북 제천시 백운면으로 넘어가는 고개로, 신라 마지막 왕인 경순왕이 이곳에서 고향을 향해 마지막으로 큰절을 했다고 해서 붙여진 이름이다. 나라 안을 돌아다니다 보면 마고할미에 대한 이야기가 여러 곳에 전하는데, 원주시 소초면 교항리에도 마고할미에 얽힌 이야기가 있다. 옛날 마고할미가 동쪽 하늘을 받치러 가다가 들언지바우 위에서 쉬면서 개암을 깨어 먹고는 그 바위를 그대로 얹어 놓았다고 한다.

원주시 성남리에 있는 성황림은 높이가 50미터에 이르는 전나무가 자라고 그 밑에 굴피로 지붕을 인 서낭당이 있다. 그 둘레에 단풍나무 등 큰 나무가 울창하게 우거져 기이한 새들이 사시사철 모여 살기 때문에 이 성황림은 천연기념물 제93호로 지정되었다. 앞에는 맑은 시내, 뒤에는 약수가 있어서 경치가 매우 아름답다. 성황림 아래에는 수림지라는 이름의 소나무숲이 있다. 큰 소나무 20여 주가 울창하게 자리한 가운데 서낭당이 있고 앞에 '수림지樹林地'라고 새겨진 작은 비가 서 있다. 원주시 우산동의 으무개(음무개)는 음현音峴이라고도 부르는데, 강원 감사가 부임할 때 이곳에서부터 음악과 춤을 시작했다고 한다.

물 푸르고 산 평탄한 횡성

횡성橫城의 고구려 때 이름은 횡천현橫川縣이다. 조선 태종 14년(1414)에 지금의 이름을 얻었으며 화전花田이라는 별칭도 전한다.《택리지》는 특히 횡성 산천의 맑은 기운을 이야기한다.

> 북쪽에 자리한 횡성현은 두메 속에 터가 활짝 열려서 환하게 밝고 넓으며 물은 푸르고 산이 평탄하여 형용하기 어려운 별스러운 맑은 기운이 있다. 고을 내에는 또한 여러 대를 살아온 사대부가 많다.

《여지도서》에서 그 풍속을 "교화를 세워서 어른들을 공경한다. 농사에 힘쓰며, 송사를 벌여 다투지 않는다" 한 횡성을 홍귀달은 다음과 같이 노래했다.

> 말 머리를 동쪽으로 돌려 산과 들에 봄 일을 순시하고
> 권농관을 재촉해 불러 농사일을 권장한다
> 금년에는 남쪽 들에 농작물이 많을 것을 알겠구나
> 어젯밤 우리의 공전公田에 비가 흠뻑 왔으니

횡성은 농사 외엔 별다른 특징이 없는 궁벽한 산골이었다. 농작물도 다 잘되는 것이 아니라서 감자와 옥수수 외에는 다른 곡식을 잘 심지 않았다.

횡성군 안흥면 소사리의 이름에 관한 이야기 하나가 전해져 온다. 소사

리는 원래 현감 정우주鄭宇住의 '애민선정비愛民善政碑'를 세우고 그를 사모한다는 뜻으로 소사비리所思碑里라고 했다가 소사리所思里로 이름이 바뀐 곳이다. 옛날 어느 시대인지 분명하지 않은 때에 나라에서는 가을철마다 세곡으로 보리를 거두어들였다. 보리를 많이 심지 않았던 이 고을 백성들은 보리를 거두어들일 철이 되면 세금으로 낼 보리를 마련하기 위해 자신들의 농사는 팽개치고 보리농사가 잘되는 경기도의 여주나 이천 고을에 가서 품을 팔았다. 그러던 어느 해였다. 현감으로 재직 중이던 정우주가 이곳을 지나다가 논밭에 장정들은 없고 아녀자와 노약자만 있는 것을 보고 궁금해서 그 연유를 물었다. "젊은 사람들은 모두 세곡 때문에 다른 고을로 품팔이를 나갔지요." 그 말을 들은 정우주는 그 뒤로 이곳 사람들이 보리를 내지 않게 했으며, 이를 고마워한 고을 사람들이 그를 위해 안흥면 소사리에 애민선정비를 세웠다.

한편 소사리에 있는 삼성포마을은 조선 중기에 한 도승이 마을 형국이 좋아서 묘를 쓰면 삼정승이 나올 명당이 있다고 해서 지은 이름으로 '삼상포'라고도 부른다. 일설에 따르면 현재 마을 회관 앞에 연못이 세 개 있었는데 그 못을 메워서 삼정승이 나오지 않는 것이라 한다.

《세종실록지리지》에 "사방 경계는 동쪽으로 강릉에 이르기까지 50리, 서·남쪽은 원주에 이르는데, 서쪽이 23리, 남쪽이 9리이며, 북쪽으로 홍천에 이르기까지 29리다"라고 실려 있다. 횡성군의 당시 호수는 313호였고, 인구는 595명이었다. 군정인 시위군이 77명이며, 선군이 20명이었다.

조선시대 풍수원이 있던 곳

횡성군 서원면 유현 2리에 풍수원豊水院이라는 이름의 원院이 있었던 그곳에 긴 역사를 지닌 풍수원성당이 있다. 풍수원성당은 전주의 전동성당, 아산의 공세리성당과 함께 우리나라의 가장 아름다운 3대 성당으로 손꼽힌다. 성당이 자리한 곳은 타관 사람들의 발길이 전혀 미치지 않는 산골짜기 깊숙한 외진 곳이라서 조선 후기에 천주교 신자들이 모여들었는데, 그곳이 바로 횡성군 서원면 유현리였다. 풍수원성당 연혁에 따르면 교우들이 피난처를 찾아 헤매던 중 산간벽지로 수목이 울창하고 세상과 멀리 떨어져 관헌의 눈을 피할 수 있어서 택한 곳이 서원면 유현리 덕갈매기(떡갈매기) 서쪽이었다.

순조 원년(1801) 신유박해 이후 경기도 용인에서 신태보(베드로)를 중심으로 40여 명의 신도들이 8일 동안 피난처를 찾아 헤매다가 정착한 곳이 풍수원이었다. 이곳은 우리나라 최초의 신앙촌이 되었는데, 그들은 이곳에서 성직자 없이 80여 년 동안 신앙생활을 했다. 그러다 고종 25년(1888)에 서울 교구장이 풍수원성당을 본당으로 승격시켜 초대 신부로 프랑스인 르메르Le Merre를 보내어 정식으로 교회가 성립되었다. 그 당시 춘천과 화천, 양구, 홍천, 원주, 양평 등 12개 군을 관할하여 신자 수는 약 2000명이었다.

고종 27년 르메르 신부는 초가집 사랑방에서 천주교회를 창설했으며, 지금의 고딕식 건물은 1907년에 세운 것이다. 그 당시 신자들이 옹기 가마를 만들어 진흙 벽돌을 굽고 목재를 준비하여 세웠는데, 노역에 참여한

풍수원성당

횡성군 서원면 유현 2리에 있는 풍수원은 조선 후기에 천주교 신자들이 모여들어 신앙촌을 이룬 곳이다. 풍수원성당은 신부가 지은 첫 번째 성당이고 한국에서 네 번째로 지어진 성당으로 우리나라의 3대 성지 중 하나로 손꼽힌다.

신자들은 "농사와 생계 일을 팽개치고 성당 건축 노역에만 전념했는데도 풍년이 들었고, 손발이 부르트고 피가 나도 신바람이 났다"라고 말했다.

박혁거세에게 쫓겨온 태기왕의 흔적이 남은 곳

횡성군 청일면 신대리에는 진한의 마지막 왕 태기왕의 전설이 서려 있다. 전설에 따르면 1500여 년 전 횡성군 갑천면과 평창군 봉평읍 경계에 있는 태기산에 태기왕이 피난을 왔다. 태기왕은 경남의 삼랑진에서 신라 시조 박혁거세의 침입을 받아 싸움을 벌였다가 패하자 소수의 친위병만을 거느리고 1000리가 넘는 이곳까지 달려와 한숨을 돌렸다. 한 달여 동안의 강행군으로 태기왕의 군사들은 피로에 지쳐 있었으므로 개천에서 갑옷을 벗어 빨아 입고서 더 북진하여 덕고산에 이르렀다. 그가 도착해서 보니 덕고산이야말로 하늘이 내려 준 난공불락의 요새였다. 그는 이곳에 성을 쌓고 군사들을 시켜 화전을 일구어 농사를 짓게 하는 동시에 후 일을 도모했다. 태기왕은 박혁거세의 군사가 남쪽에서 쳐들어올 것이라고 여겨 남쪽만을 경계했는데, 신라군은 염탐꾼을 풀어서 북쪽이 취약한 것을 알고 홍천군 서석면 생곡리 방면으로 일제히 공격을 감행했다. 뒤늦게야 잘못을 깨달은 태기왕이 신라 군사와 일대 접전을 벌였으나 역부족으로 참패하고 말았다. 태기왕은 남은 군사들을 이끌고 서문을 나가 '지르매재'를 넘어 인근 속실리 운무산성으로 도주했다. 그 뒤에 태기왕은 평창군 봉평면 멸운리에서 비극적인 최후를 맞았다고 한다. 그때 패망한 진한의 군사들이 고향으로 돌아가지 못하고 새로운 마을을 개척해 살았던 곳이 신대리라고 한다.

태기왕이 쌓았다는 태기산성에는 현재 성터와 우물, 곡식 창고 등의 흔적이 남아 있다. 태기산이 옛날에는 덕고산으로 불려 덕고산성德高山城으로 기록되어 있는데 《세종실록지리지》에는 "횡성현 동북쪽으로 49리 50보 되는 곳에 있으며, 둘레는 568보 5척이다. 시냇물이 한 곳에 있는데 장류長流하여 마르지 않는다. 또 군창 5칸과 관청 2칸이 있다"라고 실려 있으며, 《신증동국여지승람》에는 "돌로 쌓았는데, 둘레가 3653척이다. 안에 우물 하나가 있고 군창이 있다. 지금은 반이나 퇴락하였다"라고 기록되어 있다. 그러나 영조 연간에 편찬된 《여지도서》에는 '금폐今廢'라고 실려 있는 것으로 보아 그 당시 이미 태기산성은 산성으로서의 기능을 상실했음을 알 수 있다. 태기산 건너편의 산은 태기왕이 답사를 했다고 해서 어답산御踏山이라는 이름이 붙었고, 태기산 자락을 흐르는 갑천甲川은 태기왕이 먼지 묻은 갑옷을 씻은 뒤로 부르게 된 이름이다.

한편 횡성군 갑천면 신대리의 성골마을에는 대궐 터가 남아 있다. 박혁거세에게 쫓긴 태기왕이 덕고산에 웅거할 때 이곳에다 성을 쌓은 뒤 대궐을 짓고 살았다는 곳이다. 성안이마을은 덕고산성이 있을 때 그 성의 안쪽에 있던 마을이고, 중금리의 어상대御床垈(오삼대)는 태기왕이 덕고산에 웅거하고 있을 때 이곳에 어상(왕의 음식상)을 차려놓고 쉬어갔던 곳이라고 한다. 횡성군 우천면 오원리와 안흥면 안흥리 경계에 있는 바람부리산은 풍차산이라고도 부르는데 서북쪽이 틔어서 바람이 늘 세게 분다고 한다.

횡성에 전해 내려오는 전설 중 재미있는 것이 화몽정花蒙亭에 대한 이야기다. 조선 명종 때 좌승지를 지낸 진오기라는 사람이 벼슬을 그만두고 횡성읍 입석리에 내려와 살았다. 지조가 있고 성품이 대쪽 같았던 그는 인근 사람들에게 학문을 가르치며 지냈는데, 어느 날부터 밤마다 같은 꿈을 계속 꾸게 되었다. 언제나 같은 장소에서 꽃 같은 미인을 만나 술을 마시고 춤을 추면서 시를 읊는 것이었다.

"당신은 대체 누구인지요?"

그러자 그녀가 대답했다.

"소첩은 대감을 사모했던 화선이에요."

그러나 진오기는 아무리 생각해도 화선이라는 여자를 알지 못했다. 하지만 벼슬에서 물러난 자신을 이렇게 밤마다 찾아와 꿈속에서나마 돌봐 주는 화선이라는 여자가 하늘이 맺어 준 인연일지도 모른다고 여기기 시작했다. 그러던 어느 날 밤이었다. 꿈속에서 그 여인이 다음과 같이 말했다.

"천기는 한양 화방골에 사는 화선이라고 하옵니다. 평소에 저는 대감을 짝사랑하고 있었는데, 대감께서 억울한 누명을 쓰고 낙향하셨다는 소식을 듣고 마음으로나마 위로를 드리려고 찾아온 것입니다."

진오기는 화선의 마음을 고맙게 여기고 한양의 화방골에 화선이라는 기생이 있는지 한번 찾아보고 싶었다. 그런데 그렇게 매일 밤 찾아오던 화선이 어느 날부터 찾아오지 않자 이상히 여긴 진오기는 한양으로 그녀를 찾아 떠났다. 화방골에 도착하여 화선이라는 기생을 찾았더니 그는 1년 전에 죽은 유명한 기생이었다. 기이한 일이라고 여긴 진오기는 혼잣말로 "그렇다면 화선의 혼이 나를 찾아온 것이로구나" 하며 허전하고 쓸쓸한 마음을 안고 돌아왔다. 다시 꿈속에서 화선의 모습을 보고자 했으나 다시는 찾아오지 않았다. 그는 꿈속에서 맺은 화선과의 인연을 생각하고 화선의 '꽃 화花' 자와 '꿈 몽蒙' 자를 넣어 화몽정이라는 정자를 짓고 여생을 보냈다. 하지만 현재 화몽정이라는 정자의 흔적은 없고, 원주-횡성 간 4차선 도로만 시원하게 뚫려 있을 뿐이다.

횡성읍 반곡리 무리개에서 원주로 넘어가는 접경에 있는 칠우고개는 옛날에는 나무가 많고 도둑이 자주 출몰하여 혼자 넘기가 무서운 고개였다. 관가에서는 그 도둑들을 잡는 데 골머리를 앓았고, 급기야 이 고개 입구에 안전 수칙을 써 놓았다. "누구든지 절대 혼자서는 이 고개를 넘지 말 것, 최소한 예닐곱 명이 무리를 지어 움직일 것." 그 뒤부터 이 고개를 칠우고개라고 했다.

공근면 도곡리의 하우고개는 움무골에서 창봉리로 넘어가는 고개다. 예전에 옹기장수인 남자와 자리장수인 여자가 이 고개를 넘어가는데, 남자가 자꾸 치근덕거리자 여자가 자리를 깔면서 "그럼 하우"라고 말했다고 해서 하우고개라는 이름이 붙었다고 한다. 공근면 삼배리의 삼백고개는 웃삼배에서 갑천면 대관대리 당평으로 넘어가는 고개다. 예전에 이 고개에 도적이 많아서 300명이 무리를 지어야 넘을 수 있다고 해서 붙여진 이름이다. 지금도 이 고개에는 도적들이 거처했다는 굴이 있고, 집채만 한 바위도 남아 있다. 공근면 초원리의 백두고개는 공근초등학교 광덕분교 뒤에서 학담 2리로 넘어가는 고개다. 이 고개 또한 도적들이 많아서 102명이 모여야 넘을 수 있다고 해서 붙여진 이름이다.

지금은 희귀해서 세계문화유산으로 등재된 매사냥이 예전에는 나라

안 어디서나 흔했는데, 횡성읍 남산리에도 매사냥의 흔적이 남아 있다. 성호대 입구에 있는 달롱재는 매봉에서 사냥을 나선 매가 이 고개에 오면 다리에 맨 방울이 '달랑달랑' 한다고 하여 붙여진 이름이다.

소를 생구로 여겼던 횡성 사람들

횡성이 사람들에게 널리 알려진 것은 한우 때문일 것이다. 횡성 하면 떠오르는 횡성한우는 그 맛이 나라 안에서 가장 좋다고 알려져 그만큼 값이 비싼데도 맛을 본 사람들은 너도나도 그 맛에 찬탄을 금하지 않는다. 횡성한우는 머리가 몸체에 비해 작고 짧으며 이마는 넓고 콧대는 길고 뺨이 잘 발달했다. 눈 동작은 느리고 귀는 작으며 뿔은 짧고 굵은 편으로 일자형이 많다. 털은 적갈색이지만 예전에는 흑색 또는 흑색 얼룩이도 있었다. 몸무게는 대개 암소가 300킬로그램쯤 되고 수소는 420킬로그램 정도다. 하지만 송아지 때부터 분유를 먹이면서 키운 수송아지는 태어난 지 18개월쯤이면 450~530킬로그램까지 자란다. 털빛은 노란빛을 띤 갈색이다.

우리 민족은 소를 생구生口라고 여겼다. 식구는 가족을 뜻하고 생구는 한집에 사는 하인이나 종을 말하는데, 소를 생구라고 한 것은 사람대접할 만큼 소를 존중했다는 뜻이다. 그처럼 소를 소중히 여긴 것은 소가 힘든 농사일을 도와주기도 하지만 소값이 비싸서 재산으로서도 큰 가치가 있었기 때문이다. 그러므로 매년 정월 첫 축일丑日은 소날이라고 하여 소에게 일을 시키지 않았으며, 쇠죽에 콩을 많이 넣어 소를 잘 먹였다. 그리고 그날만큼은 도마질이나 방아질도 하지 않았고 쇠붙이 연장도 쓰지 않았다. 도마질을 하지 않는 것은 소의 명절이므로 쇠고기로 요리하는 것과 같은 잔인한 짓을 삼간다는 뜻이다.

횡성 지방은 농경지가 모자라 산기슭을 일구어서 만든 비탈밭이 많아 자갈과 나무뿌리가 얽혀 있는 곳이 많았다. 그러므로 평야와 달리 밭을 갈 때 소 한 마리가 끄는 쟁기인 '호리'로는 힘이 부쳐서 소 두 마리가 끄는 쟁기인 '겨리'를 많이 썼다. 횡성에서는 겨리의 왼편에 있는 소를 안소, 오른편에 있는 소를 마라소라고 부른다. 밭을 갈 때는 〈겨리 소리〉를 불렀다.

이러 뒤어 어 뒤돌라
마라소 잡아다려
안소 슬슬 물러서 이러
마라 마라 저 마라소
아욱 달게 배지 다친다
이러허 안소야 물러서라
두여서 이러허
안소 물러서라
둑 밖에 너무 끌고 나가지 마라
뒤돌아 이러허
이러 뒤여서 이러

저 담부사리 떠들고 돌지 말고
어디 돌아서 이라 헤

소가 농사일에 한몫하므로 횡성 사람들은 소를 귀중하게 여겼다. 그러므로 다른 지방에서 소싸움을 시키는 것조차 달갑게 여기지 않을뿐더러 몹쓸 짓으로까지 여겼다. 횡성 사람들이 소를 얼마나 아꼈는지는 《한국의 발견—강원도》에 실린 다음의 글에서도 잘 드러난다.

겨울에 소가 춥지 않도록 등에 덕석을 입혀 주거나 외양간에 짚을 두툼하게 깔아 주는 일은 말할 것도 없거니와, 추위에 소가 얼기라도 하면 5월 단오 무렵에 뜯어 두었던 쑥을 사람 오줌에 적셔서 불에 달군 호미로 뜸을 뜨면 동상이 낫는다는 믿음에 따라서 뜸을 떠 주기도 하고 봄에 소가 여물을 잘 먹지 않고 몸이 마르면 '들피 먹었다'고 하여 콩이나 보리를 삶아서 듬뿍 먹일 뿐더러, 뱀을 잡아서 껍질을 벗긴 뒤에 소금으로 간을 맞추어 먹이기도 한다. 그리고 소가 병을 자주 앓으면 외양간이 터를 잘못 잡았기 때문이라 여기고 지관을 불러서 외양간의 위치나 방향을 바꾸기도 한다. 그리고 이들은 대체로 외양간이 쇠죽을 끓이는 모습이 소에게 훤히 보이는 자리에 있어야 바람직하다고 여긴다.

그러나 요즘은 농기구의 발달로 농사일에 소가 필요하지 않게 되었고, 쇠고기를 얻기 위한 육우로만 키우게 되었다. 그러다 보니 황소값이 암소값보다 훨씬 비싸졌다. 하여간 자기 식구나 다름없이 소를 사랑하며 키웠던 횡성 지방 농민들의 지극정성이 횡성한우가 유명해지게 된 원동력이었음을 알 수 있다. 한우가 유명해지다 보니 요즘 횡성 지방에서 만드는 길 이름 중에도 코뚜레를 줄여 만든 '뚜레길'이 있을 정도다.

조선시대 횡성의 진공품이 백청(흰 꿀), 송이버섯, 백복령, 갈화(칡꽃)인 것을 보면, 요즘 뽕잎에서부터 모든 풀들을 다 먹는 것과 같이 그 당시에는 칡꽃도 유용하게 쓰였음을 알 수 있다.

횡성 지방에서 한우만큼이나 알려진 것이 바로 안흥면에서 만드는 '안흥찐빵'이다. 우리나라 어디를 가나 찐빵 만드는 곳은 수두룩한데 전국의 찐빵을 평정해 버려 나라 곳곳의 좌판대에 놓인 빵이 바로 안흥찐빵이다.

안흥은 오가던 길손이 머무르던 안흥역이 있던 곳이고, 이곳에 삼척암과 울진암이라는 바위가 있었다. 옛 문헌에 따르면 관아의 동쪽으로 50리쯤 떨어져 있는 안흥에 두 바위가 깎아지른 듯 물을 사이에 두고 마주하고 있었다. 예전에 삼척과 울진 두 고을의 수령이 함께 길을 가다가 이 바위에 머물렀다고 하는데, 경치 좋은 곳을 서로 먼저 차지하려고 다투었다. 그 뒤 삼척 부사 이준李埈이 이곳을 찾아와서 노닐며 구경했다고 한다.

한편 횡성군 강림면은 본래 영월군 수주면 지역이었다. 강림면 강림리에 각림사 터가 있는데 현재 강림교회와 우체국이 들어서 있다. 주변에서 연꽃무늬 수막새와 선조문線條紋과 격자무늬, 깃무늬 및 기하학적 문양 등을 새긴 평기와 조각이 발견되기도 했다.

강림면 부곡리 가래골 북쪽 골짜기인 태화동 입구에 횡지암橫指岩이라는 이름의 바위가 있다. 이곳에 살던 원천석을 태종이 만나러 왔다가 만나지 못하고 돌아갔다. 태종이 돌아간 것을 확인한 원천석이 이 바위 위에 올라앉아서 제자인 태종을 "빗 가르쳤다" 한탄했다고 해서 그 뜻을 따서 횡지암이라고 한 뒤에 마을 이름도 횡지암이라고 고쳤다.

또한 부곡리에 변암辯岩이라고도 부르는 바위가 있는데 이곳에서 원천석이 은둔 생활을 했다고 한다. 비로봉 정상에서 북쪽으로 약 300미터쯤 아래에 있는데 생김새가 고깔과 같다. 바위 아래는 수십 명이 앉을 수 있을 만큼 넓고 그 옆에는 돌우물이 있어 사시사철 물이 끊이지 않는다. 이곳에서 원천석은 온돌을 만들고 고사리와 나무 열매로 식사를 대신하며 지냈다고 한다.

횡성군 갑천면 대관대리(본래 청일면)에 구출굴狗出窟이라는 이름의 굴이 있으며 그 아래에 작은 연못이 있었다. 민간에서 전해 오기를 '평창의 대화굴大和窟'로 들어간 개가 이 굴로 나왔다고 한다. 따라서 어느 개가 나온 굴이라는 뜻으로 개나리굴, 개굴이라고도 한다. 전설에 의하면 이 굴로 드나드는 개가 있었다. 그 개는 눈같이 희고, 두 눈은 꽈리같이 붉고, 턱은 뾰족하며 네 다리는 짧은 데 비하여 허리는 유난히 길었다. 이 개는 어떤 때는 평창 대화에 나타나고, 어떤 때는 대관대리 바위굴에 나타나므로 '귀신개'라고도 불렸다. 이 귀신개가 두 곳에 자주 나타났다가 사라지므로 굴이 통해 있다고 믿게 되었는데, 개가 나온 바위라고 하여 '개굴바위'라고 부르다가 뒷날에 사람들이 그 뜻이 상스럽다고 꺼리어, 청일晴日굴이 라고 고쳐서 면 이름이 되기도 했다.

한편 횡성군 횡성읍 묵계리墨溪里는 조선 인조 때 유학자 이당李塘이 이곳에 반구정伴鷗亭을 짓고 후진들을 가르쳤는데, 그때 먹을 갈고 붓을 씻어서 그 앞으로 흐르는 내가 항상 검었다고 하여 묵계리라고 한다. 반구정도 사라지고 없는 이곳 묵계리에 이승만 전 대통령의 별장이 있었으나 지

횡성 둔내면

조선시대 사람들이 둔창이 있는 곳이라 하여 둔창내屯倉內라 부르다가
발음상의 편리를 위해 '창' 자를 빼고 둔내라 부르게 된 것이
그대로 굳어져 둔내면이 되었다.

금은 군인들이 사용하고 있으며, 그 앞에 섬강이 흐르고 출렁다리가 있다.

횡성 가서 잘난 체하지 마라

강원도 지방에서 널리 쓰이는 말로 '횡성 가서 잘난 체하지 마라'는 말이 있다. 이 말에는 횡성 사람들이 영리하다는 뜻도 있지만, 이곳 사람들의 지역 의식이 강하여 타 지방 사람들에게 배타적이라는 뜻이 크다. 일제 강점기에 일본 사람들 사이에서는 '횡성에 가면 죽는다'는 말도 있었다는데, 실제로 일본 사람들이 군 단위 모든 지역마다 상권을 주름잡았을 때도 횡성에서는 발을 못 붙였다고 한다. '횡성 사람은 서울 사람들을 못 속여먹으면 잠을 못 잔다'라는 말도 있는데, 지역 의식이 유달리 강한 횡성 사람들은 3·1운동 당시에도 경상북도 밀양군과 함께 가장 치열하게 만세 운동을 벌이기도 했다. 일본의 기록에 따르면 5000여 명이 만세 운동에 동참했으며 죽은 사람도 다섯이나 되었다. 횡성 읍내 뒷산에는 그때의 함성이 되살아날 듯한 3·1운동 기념비가 서 있다.

이곳 횡성에서 고려 때의 문신 조영인과 그의 후손들이 태어났다. 《고려사》에 실린 그의 내력을 보자.

> 조영인趙永仁은 횡성 사람이다. 어려서부터 보통 사람들과는 달리 재상될 만한 도량을 가졌다. 학식이 해박하고 글을 잘 지었다. 의종 때 과거에 급제하고 전주 서기가 되어 정사를 잘하였다는 평가를 받았다. 명종이 즉위하자 조영

인에게 태자를 돌보게 했다. 그 후 여러 차례 승진하여 승선承宣이 되어 국사를 바로잡고 국가를 위기에서 구한 것이 많아서 당시의 공론이 그를 중요한 인물로 평가했다. 벼슬이 뛰어올라서 참지정사·정당문학·한림학사승지·수태위·상주국으로 임명되었으며, 신종 초기에는 개부의동삼사·수태사·문하시랑평장사·판이부사로 승진했다.

금나라 사신이 와서 명종이 왕위를 물려준 일에 대하여 힐난하기를 "이 조서는 반드시 전 왕에게 직접 면대하고 전달하라는 황제의 분부가 있었소"라고 하였다. 이에 조정 신하들의 의견이 분분하자 조영인이 나서서 금나라 사신에게 다음과 같이 말했다. "전 왕이 지금 남쪽 지방에서 병을 치료하고 있으므로 노정路程을 계산해 보면 30일 만이라야 데려올 수 있습니다. 꼭 대면하여 전달하려거든 수개월을 더 체류해야 할 것입니다." 그러자 금나라 사신이 다음과 같이 말했다. "만일 그렇다면 반드시 전 왕을 대면하고 전달치 않아도 좋다"라고 하며 그 이튿날 금나라 사신이 신종에게 조서를 전달하였다.

조영인이 눈이 어둡다 하여 퇴직할 것을 요청하였으므로 나라에서 문하시중의 벼슬을 더 주고 치하게 하였다. 신종 5년(1202)에 죽으니 그의 나이 일흔이었다. 왕이 몹시 애도하고 문경이라는 시호를 내렸다. 아들은 조준趙準과 조충趙冲이었는데 조준은 과거에 급제하여 벼슬이 승선에 이르렀고, 조충은 전기傳記가 따로 있다.

아들 조충에 대해서는《신증동국여지승람》에서도 확인할 수 있다.

조충 자는 담약湛若이니 영인의 아들이다. 명종 때 급제하였으며, 학문이

박식하고 기억력이 좋았으므로 전고典故에 정통하였다. 당시의 전장典章과 서적書籍이 그의 손에서 나온 것이 많았다. 고종조에 재주가 문무를 겸비하였다고 하여 특별히 한림학사승지 상장군에 임명되었다. 그때 금산의 군사가 북쪽의 국경에 침입하자, 충이 부원수가 되어 출정하였으나 패하여 면관되었다. 시를 짓기를, "만 리를 달리던 준마의 말굽이 어쩌다가 한 번 미끄러지니 슬피 우는 사이에 시절이 바뀐 것을 미쳐 깨닫지 못하였다. 만약 조보造父(말을 잘 부리던 중국 주목왕 때 사람)로 하여금 다시 채찍을 더하게 한다면, 사장沙場을 밟아 고월古月을 꺾어 버릴 것이라" 하였다. 뒤에 여진족 황기의 군軍을 압록강에서 크게 쳐부수고 복직되어 서북면 원수가 되었다. 호령이 엄하고 밝아 조금도 어기지 않으니 여러 장수들이 그를 서생書生 출신이라고 하여 감히 쉽게 여기지 못하였다. 그가 죽자 문하시중을 증직贈職하였으며, 시호는 문정文正이다. 사람됨이 풍채와 자세가 크고 훌륭하며 겉모양은 엄숙하고 속마음은 너그러워 모든 선비를 만나면 즐겨 하는 빛을 하며 대우하는 데 층하를 두지 않았다. 나가서는 장수가 되고 들어와서는 재상이 되니 조정과 민간에서 그를 중히 여겼다. 일찍이 동고東皐에 독락원獨樂園을 만들어 놓고 공무의 여가에 항상 어진 사대부들을 맞아들여 거문고와 술로써 스스로 즐겨 하였다.

이곳 횡성을 본관으로 태어난 인물이 고형산高荊山이다. 고형산은 조선 전기인 연산군과 중종 때의 문신이다. 자가 정숙靜叔, 시호는 위열威烈인 그는 해남에서 태어났다. 성종 14년(1483) 별시문과에 병과로 급제한 그는 연산군 때 해주 목사와 함경북도 병마절도사를 지냈다. 중종 때 형조와 호조 그리고 병조판서를 거쳐 우찬성에 이르렀다. 고형산은 중종

14년(1519) 남곤南袞 일파와 함께 기묘사화를 일으켜 조광조趙光祖 세력을 숙청했다. 곧고 근검한 성품이었던 고형산은 오랫동안 군사와 재정 임무를 맡아 빈틈없이 일을 처리했으며 이리저리 힘쓰는 일이 많았다. 훗날 기로소耆老所에 들어간 고형산에 대한 글이 《기재잡기奇齋雜記》에 다음과 같이 실려 있다.

판서 고형산은 배가 크고 몸이 비대해서 두 사람 분의 음식을 먹었다. 사람들이 음식을 대접하면 좋고 나쁘고, 많고 적음을 가리지 않아 입이 놀 때가 없었으며, 주량은 더욱 한이 없었다. 호조에 있을 때의 일이다. 하루는 아전에게 말하기를 "내일은 내가 아는 사람이 지방관으로 가는데, 내가 모화관에서 전송할 테니 장막을 친 다음 술상을 차려 놓고 기다려라" 하였다.

다음 날 조반이 끝난 뒤 가마를 재촉해서 나가 보니 과연 관문 밖에 장막을 치고 그 옆에 술 세 동이와 안주 상자가 상 위에 놓여 있었다. 그가 앉자 한 아전이 급히 달려와 말하기를 "소인이 대궐 문에서 보니, 단지 대포만호大浦萬戶가 하직하는데 동대문을 거쳐서 나갔을 뿐입니다" 하였다. 고 판서가 말하기를 "그는 내 옛 친구로 일찍이 약속이 있었는데, 어찌 나를 속였을까? 어쩔 수 없는 일이지. 밥 먹은 지 오래지 않으나 목이 자못 마르니 시험 삼아 한 대접 마시겠다" 하고는 안주 상자를 열어 두어 젓가락 들다 보니 곧 술 절반이 없어졌다. 연거푸 10여 잔을 마시니 한 동이가 다 비었다. 고 판서가 말하기를 "녹사錄事(아전)도 일찍 출근하여 필연코 배가 고플 것이니, 한 잔을 권해야겠다" 하고, 또 "서리와 하인들도 여러 시간 분주히 뛰어다녔으니, 또한 마셔야 할 것이다" 하고는 공이 반드시 대작을 하였다. 아직 한 동이가 남은 것을 본고 판서는 "어찌 주인에게 전하지 않을 수가 있겠느냐" 하면서, 관문의 첫째 기둥에서부터 잔을 들어 권하여 마치 대작하는 사람이 있는 것처럼 하여 세 동이를 다 비우고 나서야 얼근히 취하여 돌아갔다.

생각하건대, 문경공文景公의 행동은 호방하고 시원스러운 데서 출발한 것으로 꽃을 보고 흥이 발동한 것이니 그 기상이 진실로 추어줄 만하나, 고형산은 주량을 채우는 데 지나지 않는 것이니 어찌 술이나 마시는 사람이 아니겠는가. 하물며 공유물과 사유물은 구분이 다른 것이니, 문경공은 호걸스럽고 고 판서는 거칠다 하겠다.

술을 술로 마시는 사람이 있고 술을 운치로 마시는 사람이 있다. 먹어도 먹어도 취하지 않는 것도 병이고 조금만 마셔도 세상의 술을 다 마신 듯이 취하는 것도 병 중의 병일 것이다. 고형산은 진정으로 술과 음식이 좋아서 술을 마시는 사람이고, 문경공 신용개申用漑는 세상을 초탈한 듯한 풍류를 아는 사람이었는지라 혼자서도 그 아름다운 국화꽃들과 함께 술잔을 기울였을 것이다.

서원면 서화리 웃스무나리에서 원주시 지정면 다둔이로 넘어가는 고개가 닷두니고개이고, 스무나리에서 경기도 양평군 양동면 계정리로 넘어가는 고개가 스무나리고개다. 이 고개 위에 명당으로 알려진 묘지가 있는데 이곳에 자리를 잡으려면 스무 사람이 스무날을 찾아다녀야 길지를 잡을 수 있다고 한다.

횡성군 횡성읍 마옥리의 소구니마을에서 고려 때 궁녀가 났는데, 한나라 왕소군처럼 원나라로 끌려갔다고 해서 마을 이름이 유래했다 한다. 횡성읍 반곡리 웃말 북쪽에 있는 한강대寒岡臺는 광해군 때 한강 정구가 잠시 은거하며 매일 낚시를 즐겼던 곳이라고 한다.

7

궁예의 꿈이 서린 철원

잊혀진 국가의 심장

그 쇠둘레의 땅 철원

조선시대에 철원도호부가 있던 철원鐵原은 《신증동국여지승람》에는 다음과 같이 실려 있다.

본래 고구려의 철원군이다. 모을동비毛乙冬非라고도 한다. 신라의 경덕왕이 철성군鐵城郡이라고 고쳤다. 뒤에 궁예가 군사를 일으켜 고구려의 옛 땅을 침략해 차지하고 송악군에서 와서 여기에 도읍을 정하고 궁을 지어 더할 수 없이 사치하게 하였으며, 나라 이름을 태봉泰封이라 하였다. 고려 태조가 즉위하자 수도를 송악으로 옮기고, 철원을 고치어 동주東州라고 하였다. (…) 충선왕 2년(1310)에 모든 목牧을 재정비할 때 지금의 이름으로 고치고 낮추어 부府로 하였고, 조선 태종 13년(1413)에 통례에 따라 도호부로 고쳤다. 세종 16년(1434)에는 경기에서 본도에 예속시켰다.

《세종실록지리지》에 "땅이 메마르고 높아서 기후가 일찍 추워진다" 한

철원의 당시 호수는 351호였고, 인구는 770명이었다. 군정은 시위군이 62명이었다. 《여지도서》에 따르면 철원의 풍속은 "순박하여 송사가 까다롭지 않고" 형승은 "남쪽으로 이름난 산들이 솟았고, 북쪽으로 널따란 들판이 트여 있다." 이이만李頤晩은 기記에서 "함경도로 가는 길 수백 리, 안팎의 온 강산이 또렷이 내 눈 안에 들어오네"라고 했다.

날아가는 학 모양을 한 금학산(해발 947미터)이 동송읍 뒤편에 자리해 진산이 되고 굽이굽이 기암괴석 절경을 자랑하는 한탄강이 흐르며, 강원도에서는 보기 드문 넓은 철원평야가 펼쳐지는 곳이 '쇠둘레'의 땅 철원이다. 그런 연유로 경원선 열차가 다닐 때면 철원의 서남쪽에서 나타나기 시작한 열차의 연기를 평강 지방에 이르러 사라지기 전까지 한 시간이 넘게 바라볼 수 있었다고 한다.

철원의 역사에서 궁예의 태봉국이 차지하는 비중은 매우 크다. 남북통일이 이루어진다면 맨 먼저 휴전선 가운데에 있는 궁예도성을 발굴해야 한다는 말이 있을 정도다. 이중환은 《택리지》에서 궁예를 다음과 같이 기록하고 있다.

> 궁예는 신라의 왕자로서 젊어서는 무뢰한이었고 장성하여서는 죽산과 안성 사이의 도둑이 되어 고구려와 예맥 지역을 차지하고 스스로 왕이 되었다. 그러나 성품이 잔인무도했으므로 부하에게 쫓겨나고 태조 왕건이 드디어 군중에 의해 추대되었으니, 이것이 고려를 건국하게 된 시초였다.

역사는 항상 승자의 기록이고 '죽은 자는 말이 없다'는 단순하면서도

나!" 하고 한탄을 하여 그때부터 한탄강이라 불렀다는 설과 같은 민족끼리 총부리를 겨누며 싸웠던 한국전쟁 때 수많은 젊은 생명들이 스러져간 곳이라 해서 한탄강이라 불렀다는 슬픈 내력도 있다.

그 강물에 기대어 펼쳐진 철원평야는 분단과 함께 심한 물 기근을 겪게 되었다. 북한이 철원평야로 들어오던 봉래호의 물줄기를 황해도 쪽으로 돌려 버렸기 때문이다. 그 뒤 철원평야는 물이 모자라서 점차 황폐해졌다. 그러던 것이 1960년대에 용화저수지와 하갈저수지 등이 건설되고 1970년대에는 둘레가 몇십 리에 이르는 토교저수지를 포함한 저수지 여러 개가 새로 만들어져 다시 물이 닿는 땅이 되었다. 하지만 그것으로도 물이 부족해 한탄강의 물을 퍼 올릴 수 있는 기계를 곳곳에 설치한 뒤부터 철원평야의 물 걱정은 줄어들었고 지금의 기름진 땅이 되었다.

철원에 관한《택리지》의 기록을 보자.

> 철원 고을이 비록 강원도에 딸렸으나 들판에 이루어진 고을로서 서쪽은 경기도 장단과 경계가 맞닿는다. 땅은 메마르나 들이 넓고 나지막한 산은 평평하여 밝고 환하며, 두 강 안쪽에 위치하여 두메 속에 하나의 도회지다. 그러나 들복판에 물이 깊고 벌레 먹은 듯한 검은 돌이 있어 매우 이상스럽다.

한탄강변에 있는 '벌레 먹은 듯한 검은 돌'은 제주도에서 볼 수 있는 현무암, 즉 곰보돌이다. 화산에서 흘러나온 용암이 굳어져 이루어진 이 돌은 가볍고 모양새가 좋아 맷돌이나 절구통을 만들거나 담을 쌓는 데 요긴하게 쓰였다.

한탄강

궁예의 한탄과 분단의 탄식을 안고 흐르는 한탄강의 풍광은 수려하기로 유명하다.
절벽과 협곡이 조화를 부려 만들어 내는 절경은 깊은 여운을 남긴다.

철원평야

한탄강의 짙푸른 물줄기가 가로지르는 철원평야는 강원도 내에서 가장 넓은 평야다.
비무장 지대를 지나 평강고원으로 이어진다.

철원에 경원선이 놓인 것은 1914년이었다. 서울과 원산, 함흥을 잇는 철도가 생겨 이곳에서 생산되는 쌀과 콩, 명주실을 비롯해 동해안에서 나는 싱싱한 수산물을 실어 나를 수 있었다. 1936년에는 경원선이 지나는 철원역에서 금강산 장안사에 이르는 전기 철도가 개통되었다.

철의 삼각지대

철원 하면 우선 떠오르는 것이 철의 삼각지대, 백마고지, 아이스크림고지, 김일성고지 등의 싸움터다. 한국전쟁 때 치열한 격전지였던 이곳 비무장 지대 내 월정역에는 부서진 채 고철이 되어 버린 열차 한 량이 남아 있다. 철원평야를 사이에 두고 남북으로 갈라진 이곳은 철원군과 김화군, 평강군을 잇는 이른바 철의 삼각지대였다. 이곳에서 벌어진 전투에는 수도고지 전투, 지형능선 전투, 백마고지 전투가 있다. 그중에서도 철원평야를 한눈에 볼 수 있는 산봉우리인 백마고지에서 1952년 10월 6일부터 15일까지 열흘 동안 벌어진 싸움은 철원군 동송읍이 평리에 세워진 '백마고지 전투 전적비'에 적힌 대로 포탄 가루와 주검이 쌓여서 무릎 높이까지 채울 만큼 치열했다. 해발 395미터인 이 산봉우리는 열흘 동안 주인이 스물네 차례나 바뀌면서 1만 4000명에 가까운 군인이 죽거나 다쳤고 쏟아진 포탄만 해도 30만 발이 넘었다.

백마고지에서 건너다보면 봉우리 세 개가 다정하게 서 있는 삼자매봉이 있고 철원평야 언저리에는 이곳을 빼앗기고 김일성이 사흘 동안을 울

삼부연폭포

철원군 갈말읍 신철원리에 있는 삼부연폭포는 높은 절벽에서 세 번 꺾여 떨어진다.
세 군데의 가마솥같이 생긴 곳에 떨어진다 해서 삼부연이라는 이름이 붙었다.

었다는 김일성고지가 있다. 노동당사는 그날의 상흔을 그대로 간직한 채 서 있고, 월정역에는 "철마는 달리고 싶다"는 표어가 쓰인 부서진 열차가 휑하니 서 있다.

철원군 동송읍 관우리에는 도선道詵이 세운 도피안사到彼岸寺가 있다. 도피안사는 속세를 넘어 이상 세계에 도달한다는 의미를 지닌 절로, 이곳에 국보 제63호로 지정된 우리나라의 대표적인 철불 비로자나불좌상이 있다. 신라 경문왕 5년(865)에 "철원 지방의 향도香徒 1500여 명이 결연結緣하여 조성하였다"라는 기록과 함께 "함통咸通 6년 기유 정월"이라는 문구가 철불 뒷면에 남아 있어 그 연대를 확실히 알 수 있다. 원래 이 철불은 철원의 안양사安養寺에 봉안하려던 것이었다. 그런데 운반 도중 철불이 없어졌다. 나중에 찾고 보니 현재의 도피안사 자리에 안좌하고 있었다. 도선국사는 이곳에 있기를 원한 불상의 뜻에 따라 이 자리에 절을 창건하고 철불을 모셨는데, 바로 이 절이 그가 세웠다는 이 나라 3800여 개의 비보사찰 중 하나였다. 도피안사가 들어선 화개산은 물 위에 뜬 연약한 연꽃의 모습이라 철불과 석탑으로 산세의 허약함을 보충하고 외부의 침략에 대비했다는 이야기도 전해 온다.

중창과 중건을 거듭하던 도피안사는 1898년 큰 화재로 전소했으나 영주산인靈珠山人 월운과 강대용이 재창건했다. 그러나 다시 한국전쟁으로 불에 타 폐허로 변했다. 그 뒤 9년의 세월이 지난 어느 날이었다. 당시 제15사 단장으로 재직하던 이명재 장군의 꿈에 불상이 나타나 땅속에 묻혀 있어 답답하다고 호소했다. 이상한 기운을 느낀 그는 전방 시찰을 나갔다가 꿈에서 본 여자와 똑같이 생긴 여인을 보게 되고, 그 여인에게 꿈

철원 노동당사

철원읍 관전리에 있는 옛 조선노동당의 철원군 당사 건물이다.
1946년 초 이곳이 북한 땅이었을 때 시공하여 그해 말에 완공했다.

에서 본 불상이 묻힌 땅의 형세를 이야기했다. 여인의 안내로 불에 타서 흔적만 남은 도피안사를 찾아가 그곳에서 땅속에 묻혀 있던 불상을 발견하고 장병들의 도움을 받아 절을 재건했다.

도피안사 철조비로자나불좌상은 전남 장흥에 있는 보림사 철조비로자나불좌상(국보 제117호)과 함께 9세기 후반을 대표하는 철불이다. 그런데 철불에 금분을 입혀 원래의 모습을 추정할 수 없는 것이 흠이다. 도피안사 대웅전 앞에 자리한 삼층석탑은 보물 제223호로 지정되었다.

김화읍 생창리는 허균의 형인 허봉許篈이 생을 마감한 곳이다. 허봉은 동인의 영수였고, 율곡 이이와는 당이 나뉘기 전까지 가까운 친구였다. 그러나 동인과 서인으로 나뉜 뒤 이이를 비판하다가 선조에게 밉게 보여 갑산으로 유배를 갔다. 이듬해 풀려난 허봉은 정치에 뜻을 버리고 방랑 생활을 하던 중 금강산을 다녀오다 38세의 나이로 금강산 금화현 생창역에서 생을 마감했다. 그가 숨을 거두자 그의 친구이자 금화 현감인 서인원徐仁元이 허봉의 장례를 도와주어서 부친 곁에 묻힐 수 있었다. 《성호사설유선星湖僿說類選》에 따르면 허봉은 성격이 활달하며 자기가 옳다고 생각한 바를 굽히지 않았다고 한다. 왕 앞에서 일을 논할지라도 조금도 굽힘이 없이 자신이 생각하는 옳은 바를 내세웠고 관의 일도 명쾌하고 조리가 정연하게 처리했다. 냉철한 이성으로 대간이나 어사로서 기강을 바로잡는 데에 조금도 흔들림이 없었다. 허봉의 문장은 법도에 맞고 온화하며, 시에 재주가 뛰어나고 그 내용이 호방했다. 허봉이 얼마나 세상을 정직하고 깨끗하게 살다 갔는지 짐작되고도 남는다.

허봉의 친구이자 그의 동생 허난설헌과 허균에게 글을 가르친 사람이

도피안사

속세를 넘어 이상 세계에 도달한다는 의미를 지닌 절이다.
이곳에 국보 제63호로 지정된 우리나라 대표 철불인 비로자나불좌상이 있다.

바로 류성룡柳成龍이다. 류성룡은《난설헌집蘭雪軒集》의 발문에서 다음과 같은 글로 허봉과 그의 동생들에 대해 이야기했다.

내 친구 미숙美叔(허봉의 자)은 세상에서 보기 드문 뛰어난 재주를 가졌는데 불행히 일찍 죽었다. 나는 그가 남긴 글을 보고 정말로 무릎을 치면서 칭찬해 마지않았다. 하루는 미숙의 아우 단보端甫(허균의 자) 군이 그의 죽은 누이가 지은《난설헌고蘭雪軒藁》를 가지고 와서 보여 주었다. 나는 놀라서 말하기를, "이상하도다. 부인의 말이 아니다. 어떻게 하여 허씨의 집안에 뛰어난 재주를 가진 사람이 이토록 많단 말인가?" 했다.

나는 시학詩學에 관하여는 잘 모른다. 다만 보는 바에 따라 평한다면 말을 세우고 뜻을 창조함이 허공의 꽃이나 물속에 비친 달과 같아서 형철영롱瑩澈玲瓏하여 눈여겨볼 수가 없고, 울리는 소리는 형옥珩玉과 황옥璜玉이 서로 부딪치는 듯하며, 남달리 뛰어나기는 숭산崇山과 화산華山이 빼어나기를 다투는 것 같다. 가을 부용은 물 위에 넘실대고 봄 구름이 공중에 아롱진다. 높은 것으로는 한漢나라와 위나라의 제가諸家보다도 뛰어나고 그 나머지는 성당盛唐의 것만 하다. 그 사물을 보고 정감을 불러일으키며 시절을 염려하고 풍속을 민망하게 함에는 열사의 기풍이 있다. 조금도 세상에 물든 자국이 없으니, 백주柏舟와 동정東征이 예전에만 아름답지는 않았다. 이 시집을 보고 난 후, 나는 단보에게 이렇게 말했다. "돌아가 시를 간추려서 보배를 다루듯 간직하여 한집안의 말로 비치하고 반드시 전할 만한 시네."

한탄강 푸른 줄기는 고석정을 적시고

구철원과 신철원으로 나뉜 철원의 명소는 나이아가라 폭포처럼 일一자 모양의 기암으로 이루어진 직탕폭포와 고석정이다. 《신증동국여지승람》에는 고석정孤石亭의 풍광이 상세하게 남아 있다.

고석정은 부의 동남쪽으로 30리 거리에 있다. 바윗돌이 솟아서 동쪽으로 못물을 굽어본다. 세상에서 전하기를, 신라의 진평왕과 고려의 충숙왕이 일찍이 이 정자에서 노닐었다고 한다. 고려의 승려 무외無畏의 기문에 "철원군의 남쪽으로 1만여 보를 가면 고석정이 있는데, 큰 바위가 우뚝 솟았으니 거의 300척이나 되고 둘레가 10여 장이나 된다. 바위를 타고 올라가면 굴이 하나 있는데 기어들어 가면 방과 같다. 층대에는 여남은 명이 앉을 만하다. 그 곁에 신라 진평왕이 남긴 비석이 있다. 다시 굴에서 나와 오르면 꼭대기가 편편하여 마치 둥근 단壇과 같다. 거친 이끼가 자라서 자리를 펼친 듯하고, 푸른 솔이 둘러 있어 우산을 편 듯하다. 또 큰 내가 있는데 동남쪽으로부터 흘러온다. 부딪치고 돌구르는 소리가 마치 여러 악기를 한꺼번에 연주하는 듯하다. 바위 아래에 이르면 물이 고여 못을 이루었는데 굽어보면 두려워서 다리가 벌벌 떨리니 마치 그 속에 신령스러운 어떤 대상이 살고 있는 것 같다. 그 물이 서쪽으로 30리쯤 흘러 남쪽으로 이동한다. 앞뒤로는 모두 바위산이 깎아지른 듯 서 있고, 단풍나무와 녹나무, 소나무, 싸리나무가 그 위에 뒤섞여 자란다. 맑고 시원하며 기묘하고 이상하니, 비록 글 잘 짓고 그림 잘 그리는 사람이라도 비슷하게 표현하기 어려울 것이다. (…)" 하였다.

고석정

철원팔경 중 제일의 명승지로 꼽히는 고석정은 신라 진평왕이 세운 정자다.
한국전쟁 때 소실되어 1971년 철원 유지들이 재건했다.

승일교

직탕폭포 아랫자락에 있는 승일교는 남한과 북한의 건축 공법이
조화를 이룬 남북한의 합작품이다.
승일교를 거쳐 흘러온 한탄강은 고석정이 있는 지역에서 강폭이 넓어진다.

고석정은 철원팔경 중 하나로 철원 제일의 명승지로 꼽힌다. 한탄강 한복판에 10여 미터 높이의 거대한 기암이 우뚝 솟았는데, 그 양쪽으로 옥같이 맑은 물이 휘돌아 흐른다. 직탕폭포 아랫자락에는 승일교承日橋가 있는데, 승일교를 거쳐 흘러온 한탄강은 고석정이 있는 지역에서 강폭이 넓어진다. 그 옛날 있었다던 정자는 사라지고 대신 수수한 모양의 정자가 세워져 있다. 고석정은 조선시대 최대의 도적이었던 임꺽정이 활동했던 곳이라고도 한다. 그러나 그를 소재로 한 소설 속에 고석정은 등장하지 않는다.

한탄강을 따라 2킬로미터쯤 내려가면 만나는 명소가 철원군 갈말읍 군탄리의 순담계곡이다. 이 계곡은 조선 순조 때 우의정을 지낸 김관주金觀柱가 몸이 허약해지자 벼슬을 그만두고 전국의 휴양지를 물색하고 있을 때 이 고장 출신인 조선 영조 때의 문신 유척기兪拓基가 추천한 곳이다. 순담계곡은 양편 언덕이 거대한 암반이라 마치 신들이 빚어 놓은 조각품 같다. 말년을 의탁하기에 더없이 좋은 곳이라고 여긴 김관주는 이곳에 오자마자 거문고 모양의 연못을 만들어 순채蓴菜를 제천 의림지에서 구해다 심고 못 이름을 순담蓴潭이라고 지었다. 순채는 수련 모양의 약초로 봄이면 줄기에 흰색의 액체가 쌓이는데 허리 병에 효험이 있다. 이렇듯 아름다웠던 한탄강도 오늘날 댐이 생기고 래프팅을 비롯한 관광 개발이 진행되면서 하루가 다르게 변하고 있다.

한편 철원군 근남면 잠곡리는 마을 입구에 있는 산이 누에처럼 생겼기 때문에 붙은 이름이다. 누에실처럼 뻗은 동쪽 산에 우뚝 솟은 바위인 매월대梅月臺는 매월당 김시습이 놀던 곳이라고 하고, 철원군 서면 와수리의 붕어 명당은 묘를 쓸 때 너무 깊이 파는 바람에 붕어가 튀어나와 자손들이 크게 번창하지 못했다고 한다.

푸른 산이 사방의 이웃인 화천

산이 가까워 구름이 골짜기에서 솟아오르니
잠깐 그늘졌다간 도로 맑아지곤 하네
땅이 낮으니 봄물이 창일하고
나무가 빽빽하니 여름 바람이 맑구나
밤이 어두운데 등잔불에 무리지고
처마가 비었으니 빗소리 잘 들린다
읊으면서 그대로 잠자지 못하노니
오로지 고향 생각만이 일어나네

조선 전기 문신 유관柳觀이 화천을 노래한 시다. 시에서처럼 군 대부분의 지역이 산지인 화천을《여지도서》는 다음과 같이 기록하고 있다.

백성들이 송사하는 것을 좋아하지 않는다. 오직 농업과 양잠에 힘쓰며, 유학을 숭상하지도 않고 또 공업과 상업도 일삼지 않는다. 활쏘기를 좋아하나 과거를 보는 일은 드물다. 예로부터 고을에 장시場市가 없다. 산에 사는 백성들은 곳곳에서 화전을 경작하며 한 지역에 붙어 지내지 않고 옮겨 다니는 일이 잦다.

화천華川의 고구려 때 이름은 성천군狌川郡이고, 신라 때 낭천狼川으로 바뀐 후 조선 말까지 낭천현이었다가 1902년에 지금의 이름으로 바뀌었다. 《세종실록지리지》에서는 "땅이 메마르고 기후가 차다" 했고 당시 호수는 264호요, 인구는 750명, 군정은 시위군이 100명이요, 선군이 30명이었다. 화천의 지형을 두고 김극기는 "옛 고을이 푸른 시냇가에 있는데, 푸른 산이 사방의 이웃이로다. 한 가닥 동쪽으로 향 한 길이요, 천리 북으로 가는 사람이로구나" 노래했고, 조선 전기 문신이자 유학자였던 이지직李之直은 "구름 가까우니 옷이 젖고, 바람 부니 여름 대자리가 밝구나"라고 읊었다.

조선시대에 화천창和川倉이 있었고 회양에서 추지령을 넘어 동해안의 통천으로 이르는 도로가 지나던 곳이 바로 화천이었는데, 화천和川이 언제부터 지금의 이름 화천으로 바뀌었는지는 확실치 않다.

화천에는 높은 산들이 많다. 대성산(해발 1175미터), 재안산(해발 1060미터), 화악산(해발 1468미터), 석룡산(해발 1150미터), 적근산(1073미터) 등의 높은 산들 사이로 내금강산 장안사를 건너다보고 흘러내린 물이 북한강이 되어 화천군 동북쪽 끝에서 서남쪽으로 흘러들어 파로호로 접어든다.

1930년대까지만 해도 화천에서 나는 통나무들은 뗏목에 묶인 채 북한강 물길을 따라 서울로 운반되었다. 서울의 뚝섬나루까지 운반되는 과정에서 적어도 사나흘 넘게 물속에 잠겨 있게 되어 나무의 진이 빠져 품질이 뛰어났고 이 때문에 서울의 장사꾼들은 앞을 다투어 화천 떼를 사려고 했다. 그래서 생겨난 말이 강원도 〈장타령〉에 나오는 "화목 많은 화천장 질이 막혀 못 보고"라는 말이었다.

춘천이라 씸발장/신발이 젖어 못 보고/홍천이라 구말리장
길이 멀어 못 보고/이귀저귀 양구장/당귀 많어 못 보고
한자두자 삼척장/배가 많어 못 보고/명주 바꿔 원주장
값이 비싸 못 보고/횡설수설 횡성장/에누리 많어 못 보고
값 많은 강릉장/값이 싸서 못 보고/영 넘어라 영월장
담배 많어 못 보고/이통저통 통천장/알젖 많어 못 보고
엉성등성 고성장/심심해서 못 보고/이천저천 이천장
개천 많어 못 보고/철덕철덕 철원장/길이 질어 못 보고
어화저화 김화장/놀기 좋아 못 보고/회회충충 회양장
질이 험해 못 보고/이강저강 평강장/강물 있어 못 보고
정들었다 정선장/갈보 많어 못 보고/화목 많은 화천장
질이 막혀 못 보고/양식 팔어라 양양장/쌀이 많어 못 보고
지금 왔다 인제장/일 바빠서 못 보고/울통불통 울진장
울화 나서 못 보고/안창곱창 평창장/술국 좋아 못 봤네

불과 몇십 년 전까지만 하더라도 뗏목은 북한강이나 남한강 전역에서 흔하게 볼 수 있었다. 뗏목은 육로 교통이 불편한 지역에서 강물의 흐름을 이용하여 원목을 엮어 물에 띄워 내리는 것이다. 압록강, 두만강, 한강 상류에서 벌목한 나무를 강물에 띄워 내려 보내 궁궐이나 집을 짓는 데 활용했다.

압록강은 백두산 일대에서 신의주까지, 두만강은 무산 지역에서 회령까지, 한강은 강원도 고원 지대의 임산 자원을 옮기는 데 이용되었다. 특

히 1908년 1월 26일 러시아로부터 압록강과 두만강 유역 그리고 울릉도의 삼림 벌채권을 넘겨받은 일제는 압록강과 두만강의 뗏목을 결빙기를 제외한 시기에 줄을 잇다시피 하여 띄웠다. 1943년 수풍댐이 건설된 뒤에는 이곳에서 일단 해체했다가 다시 띄워 내려 보냈다.

한편 북한강과 남한강으로 나뉘어 흐르는 한강은 뗏목에 의한 목재 운반이 더욱 손쉬워서 백두대간 서쪽에 자리한 인제 지역의 목재는 북한강으로, 오대산 자락의 정선과 평창 그리고 영월 등지의 목재는 남한강으로 운반했다. 그러나 뗏목은 교통의 발달과 함께 차츰 줄어들었으며, 북한강 뗏목은 1943년 청평댐이 건설됨에 따라 완전히 자취를 감추고 말았다.

강원도 지역의 벌목과 떼 짓기 그리고 뗏목을 운전해서 내려가는 절차를 보면 다음과 같다. 나무를 베기 전 나무 상인들은 인부들의 안전을 위해 산에 제사를 지낸다. 제사의 절차나 제물 내용은 일반적인 산신제와 비슷하지만 소지燒紙는 올리지 않는다. 치성이 끝나면 으뜸으로 선출된 벌목꾼 한 사람이 제단에서 제일 가까운 데의 소나무 한 그루를 도끼로 찍는다. 사람들은 그 주위에서 음복한다. 이곳에서는 벌목 인부를 두고 '산판꾼'이라 부르며 음력 10월에서 이듬해 2월 사이에 나무를 벤다. 이때에는 산에 눈이 수북하게 쌓여 하산 작업에 유리할 뿐 아니라, 해빙기에 시작되는 뗏목 띄워 내리기에 맞출 수 있기 때문이다. 나무 길이는 대개 6미터, 끝머리 지름은 15센티미터 이상이 되어야 한다. 나무는 운반의 편리를 위하여 산기슭에서 시작하여 위로 올라가면서 벤다. 뗏목을 만드는 방법에는 첫째 칡넝쿨이나 쇠줄로 연결하는 법, 둘째 나무 끝에 구멍을 뚫고 이에 나무덩굴이나 밧줄을 꿰어 연결하는 법, 셋째 고리를 박고

이에 칡넝쿨이나 밧줄 등으로 잡아매는 법 등이 있다.

뗏목은 나무의 굵기나 길이의 정도에 따라 궁궐 떼(길이 6미터 이상, 지름 60~90센티미터 이상)와 부동 떼(길이 6미터 정도, 지름 15~60센티미터 정도) 그리고 가재목 떼(길이 3.6~3.9미터, 지름 12~15센티미터)로 나눈다. 이보다 더 작은 나무로는 화목 떼와 서까래가 있다. 부동 떼의 경우 제일 앞쪽에 띄우는 통나무는 25~30개, 너비는 5~9미터, 길이는 6미터 정도가 된다. 이를 앞 동가리라 부르며 이어서 만든 동가리를 더 붙여서 한 바닥을 만든다. 뗏목은 언제나 이와 같이 닷 동가리를 한 바닥으로 엮는다. 그런데 둘째 동가리에서부터 끝 동가리까지는 엮는 나무의 수를 3~4그루씩 줄여 나가서 보통 150~200그루로 이루어진다. 그리고 두세 명이 한 바닥을 엮는데 대략 2~3일 걸린다.

한편 두 동가리에서 닷 동가리까지는 서로 한 몸이 되도록 튼튼하게 묶지만, 앞 동가리만은 앞 사공의 운전에 따라 좌우로 움직일 수 있도록 두 동가리 사이를 떼어서 연결한다. 앞 동가리의 앞머리(나무의 뿌리 쪽)에는 노의 구실을 하는 '그레'를 걸기 위한 가위다리 모양의 강다리를 세우며, 이 밖에 삿대를 따로 갖춘다. 뗏목을 운전하는 사람은 앞 사공 한두 명, 뒷 사공 한 명인데, 인제에 있는 합강에서 춘천까지는 하룻길이었으나 춘천에서 서울까지는 일주일에서 보름이 걸렸다. 따라서 사공들은 떼 위에서 밥을 지어 먹고 떼를 운반해 갔으며, 해가 지면 뗏목을 버레(강가의 돌무지)에 매어 두고 주막에서 묵었다. 뗏목에는 인제 부근에서 구운 옹기나 서울로 보내는 땔나무 등 여러 물산들도 실었는데 이를 '웃짐치기'라고 했다. 그리고 떼가 출발하기 직전에 강에 올리는 제사를 지냈다. 제물로는 돼지머리, 채 나물 세 접시 그리고 메(밥) 세 그릇, 포 한 개, 삼색실과, 소지용 한지 세 장(목상, 앞사공, 뒷사공 몫)을 마련했으며 무꾸리가 이를 주관하여 뗏목과 사공의 안전을 빌었다.

뗏목이 떠날 때는 가족들과 작별 인사를 나누지 않는 것이 관례였다. 특히 여성은 뗏목 부근에 접근하는 것조차 금기로 여겼다. 뗏목을 운전하는 사공의 노임은 화천이나 인제에서 춘천까지는 5~6원(당시 광목 1통 값)이었으며, 춘천에서 서울까지는 30~35원을 받았다(당시 쌀 한 말 가격은 1원 5전). 사공들은 뗏목을 운전하면서 〈강원도 아리랑〉 조에 얹은 〈뗏목 아리랑〉을 불렀다.

아리아리 쓰리쓰리 아리리오
아리아리 고개로 넘어가네
뗏목을 타고서 술잔을 드니
만단의 서름이 다 풀어지네
아리아리 쓰리쓰리 아리리오
아리아리 고개로 넘어가네
앞사공 뒷사공 조심하게
포와지 물사품 치솟는다
(…)

이렇듯 북한강 물길은 뗏목을 나를 뿐 아니라 서울의 소금 배가 오르내리고 춘천과 서울을 드나드는 중요한 교통로였다. 북한강 물길이 끊어진 것은 1941년 화천군 간동면 구만리에 화천댐을 만들면서부터였다.

그 뒤 또 한 번 화천군의 기름진 논밭이 물속에 잠겼는데 바로 춘천 저수지 때문이었다. 화천군 간동면의 일부와 하남면 일부가 물에 잠겼으며 100만 평에 가까운 논밭이 수몰되었다. 그곳의 땅을 일구며 대대로 살았던 수재민들이 고향을 등진 채 타향으로 뿔뿔이 흩어져 갔으며, 일부는 물이 들지 않은 산 중턱으로 옮겨가고 말았다. 그래서 화천 사람들은 '화천은 한국전쟁 때 불로 한 번 망했으며, 저수지 만들면서 물로 두 번째 망했다'는 자조 섞인 이야기를 늘어놓고는 한다.

한국전쟁 때 군사 요지였던 적근산

화천도 한국전쟁의 상흔이 깊이 박힌 곳이다. 원래의 이름이 적산赤山인 적근산赤根山은 화천군과 철원군을 가르는 경계가 되며 남쪽으로 대성산과 이어진다. 철원과 김화, 평강을 잇는 철의 삼각지대 전투에서 많은 희생자를 낸 이 산은 북한군이 김화의 넓은 들을 제압하는 군사적 요충지로 총력을 기울여 방어한 곳이다. 화천과 김화를 잇는 방어선을 지키는 데 결정적인 역할을 했으며 아군의 최전방 고지였다. 이 산의 남쪽에 말고개가 있다.

화천군 상서면 구운리를 과부촌이라고 불렀다. 난리 통에 남자들이 대부분 죽임을 당하거나 북한으로 끌려가는 바람에 여자들만 남았다고 해서 붙여진 이름이었다. 화천군 사내면의 사창리史倉里는 본래 춘천군 사내면 지역으로, 옛 시절에 사탄향史呑鄕의 창고가 있었으므로 사창이라고 했다.

한편 화천군과 양구군에 걸쳐 있는 호수 파로호는 1951년 5월 해병대 제1연대가 중공군 3개 연대와 피할 수 없는 격전을 벌여서 끝내 그들을 모두 수장시킨 곳이다. 전쟁이 끝난 뒤 이승만 전 대통령이 중공군, 즉 오랑캐를 크게 무찌른 호수라고 하여 파로호破虜湖라고 이름 지었다. 이 전투로 저수지 주변과 대리리, 풍산리 일대가 중공군의 시체로 뒤덮여 국군이 불도저로 시체를 밀어내면서 전진해야 했다고 한다.

화천읍에서 양구읍까지 100리 길에 펼쳐지는 화천댐은 '내륙의 바다'라고 불리는데, 총 저수 용량이 10억 1800만 톤이나 된다. 화천군과 철원군 그리고 포천시 사이에 있는 광덕산廣德山은 해발 1046미터인데, 산이 웅장하고 덕기德氣가 있다고 한다. 이 산에 캐러멜 고개라는 재미난 이름의 고개가 있다. 화천군 사내면 광덕리 광덕산에서 경기도 포천군 이동면으로 넘어가는 고개로, 원래의 지명은 광덕고개다. 한국전쟁 당시 이곳에 주둔한 사단장이 작전 수행을 위해 이 고개를 넘을 때 운전병이 졸지 못하도록 모퉁이를 돌 때마다 캐러멜을 주도록 지시한 이후 캐러멜 고개라는 이름이 붙었다고 한다. 이 고개는 서부전선을 연결하는 중요한 전략적 요충지였다.

화천군 하남면 장군산 자락의 계성리 계산골에는 계성사지啓星寺址가 있다. 이 절터에는 고려 때 석탑의 일부와 종 모양의 부도 등이 흩어져 있고, 마을 입구에는 고려시대 뛰어난 석등 한 기가 남아 있다. 일제 강점기에 절터에서 약 200미터 밑으로 강제로 옮겨진 석등의 정확한 원래의

계성사지 부도

화천군 하남면 장군산 자락의 계성리 계산골에 계성사 터가 있다.
절터에는 쓰러진 석탑의 일부와 종 모양의 부도 등이 흩어져 있다.

위치는 알 수 없다.

대부분 석등은 불을 밝혀 두는 화사석火舍石이 중심이 되어, 아래로는 이를 받쳐 주는 삼단의 받침돌을 쌓고, 위로는 지붕돌과 머리 장식을 얹는다. 그러나 화천 계성리 석등은 신라시대의 팔각, 고려시대의 사각인 일반적인 양식에서 벗어나 독특하게 육각의 형태를 취하고 있다. 아래 받침돌은 거의 묻혀 있어 윗부분만 보이고, 가운데 받침돌은 원형의 기둥으로 세웠는데 양 끝과 가운데에 반원 모양으로 도드라진 마디를 만들어 장구 모양을 이루었다. 마디를 이루는 부분에는 각종 무늬를 새겨 장식했으며 원형의 기둥은 고려시대 석등에서도 자주 볼 수 있지만, 그 모양이 전라도 지방에서 유행했던 장구 모양을 닮아 이채롭다. 화사석은 특히 주목되는 부분으로 여섯 개의 돌을 세워 육각을 이루게 했다. 꼭대기에는 보주寶珠(연꽃 봉오리 모양의 장식)를 놓았는데, 지나치게 커서 아래를 누르고 있는 듯하다. 현재까지 알려진 육각형 석등은 북한 지역의 2기를 포함하여 모두 4기가 남아 있는데, 이 석등이 그중 하나다. 높은 기둥 위에 놓여 있어 전체적으로 아름다운 균형감이 흐르는 이 석등이 만들어진 시기는 고려 전기일 것으로 추정된다. 그러나 이 석등은 군부대 훈련장 안쪽에 있어서 관람하기가 쉽지 않다.

화천군 화천읍 동촌리에 있는 달래버덩이라는 들에는 오누이에 얽힌 일화가 서려 있다. 옛날 어떤 남매가 길을 가는데 오빠가 누이를 보고 욕정이 생기자 그것을 부끄럽게 여겨 자신의 성기를 돌로 쳐서 죽었다고 한다. 그 광경을 목격한 누이가 "달래나 보지" 하고 울면서 한탄했다고 해서 이런 이름이 붙었다고 한다.

화천에서도 비가 오지 않을 때는 기우제를 지냈는데 방법이 특이하다. 첩첩 산골인 화천군의 전답은 산기슭을 깎아서 만든 천둥지기가 많다. 그래서 비가 제때에 내리지 않으면 농사를 지을 수가 없으므로 가뭄이 들면 대부분의 마을에서 기우제를 지냈다. 다른 지역에서 돼지머리를 놓고 신성한 마음으로 제사를 지내는 것과 달리 화천에서는 개를 잡아서 그 피를 바위에 바르고 제사를 지냈다. 그 이유는 천한 짐승의 더러운 피를 씻으려고 하늘에서 비를 내린다고 여겼기 때문이다. 개의 피가 바위를 적신다는 뜻으로 '개적심'이라고 부르는 이 기우제는 하지가 지난 다음에 지내야 한다. 그보다 더 이르면 비가 너무 많이 내려서 홍수가 진다고 여겼기 때문이다. 비가 너무 많이 온 해에는 산사태로 흘러내린 모래흙이 논밭을 가득 메워서 농사를 망치는 피해를 자주 겪기도 했다.

삼일정에 얽힌 내력

화천군 사내면 삼일리에 있었던 정자가 삼일정三一亭이다. 매월당 김시습이 지어 한 시절을 보낸 이 정자는 어느 때인지 모르게 사라지고 없어져서 지금은 정확한 위치를 찾을 수가 없다. 사내면 소재지의 남서쪽 수말마을로 가는 골짜기에 있었을 것으로 추정하는데, 용담천이 흐르는 깊은 계곡 이 아름다운 조화를 이루는 곳이다. 강원도에서도 가장 외지고 가난했던 고을이 바로 화천군이었다. 낭천 현감을 지낸 이식립李植立의 시에서도 화천의 험한 산세를 헤아릴 수 있다.

강원도 스무 고을 중 가장 보잘것없지
사또는 평생토록 가난해도 욕심 없다네
골짜기 입구 나라 땅이라야 기장 정도 거두고
산허리의 관아는 사립문으로 겨우 가렸네
사민 가운데 장인과 상인, 선비가 부족해
아전 하나가 호방과 예방, 병방을 겸하네
한낮 동헌에서 봄철 나른한 잠에 족하니
이 몸은 높은 벼슬 얽매일 일 잊었노라

이식립이 노래한 것처럼 화천은 산세가 험하고 농사지을 땅이 부족한 지역이었다. 또한 첩첩산중이라 그런지 인물이 나지 않았다. 《여지도서》에 "충신이나 절부, 이름난 어진이나 정치를 잘해 이름난 관리가 모두 없다"라고 실려 있는 것을 보면 얼마나 이 고을이 궁벽한 곳이었는지를 짐작할 수 있다. 한편 《여지도서》에는 화천군 간척면(현 간동면)에 대해 다음과 같은 기록이 나온다.

간척면 북쪽에서 남쪽까지 길이가 30리다. 춘천의 청평과 경계가 맞닿는다. 높고 큰 산이 험준하게 둘러싸고 있으며, 입구는 좁고 험한데 그 안은 넓고 평평하다. 시냇물과 들판이 있어 요새를 설치하고 적의 침입에 대비해 막을 만한 곳이라고 예전부터 이야기한다.

이곳 화천에 과거에 얽힌 설화가 전해져 온다. 옛날 한 선비가 과거를 보기 위해 서울로 가던 중 화천읍 대리리 마을 입구에 있는 미륵바위를 보고 음식을 공양했더니 갑자기 초립둥이가 나타나 서울까지 동행하게 되었다. 선비는 초립둥이와 같이 주막에서 기거하다가 그가 시키는 대로 글을 써서 과거에 급제했고 낭천 현감이 되었다. 그런데 나중에 알고 보니 그 초립둥이가 미륵바위의 현신이었다. 다른 이야기도 있다. 화천의 처녀고개 아래에 장래를 약속한 처녀와 총각이 살고 있었다. 총각이 과거를 보러 가는 바람에 이별하게 되었는데, 처녀는 고개에 있는 나무에 버선을 지어 걸어 놓고 총각이 올 때를 기다렸다. 그러나 총각은 오지 않고 세월은 흘러서 버선은 낡아만 갔다. 처녀는 버선을 새것으로 바꾸기 위해 나무 위에 올라갔다가 그만 떨어져 죽고 말았다. 그런데 바로 그날이 총각이 과거에 급제한 날이었다.

은둔 선비의 삶터 곡운구곡

화천에는 조선 중기 은둔 선비의 삶터를 보여 주는 곡운구곡谷雲九谷이 있다. 바로 조선 중기의 문신이자 성리학자인 김수증金壽增의 자취가 서린 곳으로, 강원도기념물 제63호로 지정되었다. 김수증의 본관은 안동이고, 자는 연지延之, 호는 곡운이다. 김상헌의 손자인 그는 효종 원년(1650)에 생원이 되고, 형조와 공조의 정랑을 거쳐 각 사司의 정正을 지냈다. 현종 11년(1670)에 김수증은 화천군 사내면 영당동에 복거할 땅을 마련하고 농수정사籠水精舍를 지었다.

숙종 원년(1675) 김수증이 성천 부사로 있을 때 동생 김수항金壽恒이 송시열과 함께 유배되자 사임하고 농수정사로 돌아갔다. 그때 주자의 무이구곡武夷九曲을 모방하여 그곳을 곡운이라 하고 곡운구곡을 조성한 다음 숙종 8년에 화가 조세걸曺世傑에게 〈곡운구곡도〉를 그리게 했다. 우리나라 구곡도 중 가장 상세하게 그려진 이 작품은 제작 동기와 연대 그리고 유래가 분명하게 밝혀진 것이라 더할 수 없이 귀중한 유물이다. 화음동정사華陰洞精舍가 있던 이곳은 괴산의 화양구곡華陽九曲과 함께 당시 선비들의 이상향이었다고 한다. 우리나라 구곡 중 실경이 남아 있는 몇 곳 중의 하나이며 중용의 미를 보여 주는 것으로 평가받는다.

제1곡은 방화계傍花溪다. 방화계는 춘천 쪽에 있는데(원래 춘천이었으나 1914년 지역 통폐합 때 영평군으로 되었다가 한국전쟁이 끝난 1954년 이 지역이 수복되면서 화천군에 편입되었다), 봄에 강가에 피는 철쭉이 아름다운 곳이다. 제2곡은 청옥협 靑玉峽이다. 맑은 물길이 길게 이어지는데(1곡에서 2곡은 500미터) 중간에 용담 쉼터가 있어 쉬어 갈 수 있다. 제3곡은 신녀협神女峽이다. 곡운이 평소 흠모하던 김시습이 머물던 곳이며 그를 기리는 의미에서 그의 호를 따서 지었다는 청은대淸隱臺가 있다. 하백의 딸 신녀가 머물 만한 골짜기라고 한다. 제4곡은 백운담 白雲潭이다. 안개와 구름이 머무는 아름다운 곳이다. 제5곡은 명옥뢰鳴玉瀨다. 옥이 부서지는 듯한 소리를 내는 여울이다. 제6곡은 와룡담臥龍潭으로 와룡이 숨었다는 깊은 물이다. 제7곡은 명월계明月溪다. 밝은 달이 비치는 계곡이다. 제8곡은 융의연隆義淵으로 의지를 기리는 깊은 물이다. 제9곡은 첩석대疊石台다. 층층이 쌓인 계곡의 바위가 멋진 곳이다. 곡마다 김수증의 아들,

조카, 외손 등 아홉 명이 시를 읊었다는 시비가 있다. 제1곡은 김수증, 제2곡은 아들 창국, 제3곡은 조카 창집, 제4곡은 조카 창협, 제5곡은 조카 창흡, 제6곡은 아들 창직, 제7곡은 조카 창업, 제8곡은 조카 창즙, 제9곡은 외손 홍유인이 지었다.

화음동정사는 곡운계곡의 7곡을 지나 다리를 건너 왼편 길로 들어가면 나온다. 삼일계곡이 있는 곳으로 김수증의 〈화음동지華陰洞志〉에 따르면 "동쪽으로는 방화계에 이르고 서쪽으로는 칠선동에 이르는 곳으로, 백운계 위에 띠 지붕 정자를 짓고 요엄유聊淹留라 이름하였다." 창건 당시에는 삼일정, 부지암, 송풍정 등의 건물이 있었으나 지금은 삼일정만 남고 없어졌다.

계곡 가운데의 거북바위에 지은 삼일정을 두고 조선 후기 문장가이자 김수증의 조카인 김창협이 〈삼일정기三一亭記〉를 지었다.

> 곡운의 화음동에 있는 삼일정은 나의 백부께서 설치한 것이다. 왜 삼일정이라 이름 지었는가? 기둥이 셋, 대들보가 하나이기 때문이다. 어찌하여 세 개의 기둥과 하나의 대들보에서 의미를 취하였는가? 천天·지地·인人 삼재三才와 한 이치의 상象이 있기 때문이다. 삼재와 한 이치를 상징하여 그렇게 만든 것인가 아니면 정자를 짓고 보니 이러한 상이 있었던 것인가?
>
> 전에 백부께서 이 시냇가에 와 보니 바위가 하나 있는데 그 모양이 마치 거북과 악어가 물가에서 볕을 쪼이는 것 같았다. 그 등에 정자를 지을 만했는데, 앞은 충분히 넓고 뒤는 점차 좁아져서 기둥 세 개만 용납할 수 있었다. 그래서 그에 따라 정자를 짓자 이와 같은 상이 갖추어진 것이고, 정자가 완성되어 이

름을 붙이자 그 뜻이 드러나게 된 것이다. 그렇다면 이는 저절로 그렇게 된 것이라 할 것이다.

삼일정이 세워진 그 바위에는 주자가 무이구곡에 남긴 것과 같이 하도낙서河圖洛書, 태극도太極圖, 선천후천팔괘先天後天八卦 등을 새겨 놓고 그 바위를 인문석人文石이라 이름을 지었다. 그리고 그 옆에 전서篆書로 하락희문인문석河洛羲文人文石이라는 일곱 글자를 새겼는데, 조선시대 성리학자의 세계관을 조경에 나타낸 것이다.

김수증은 숙종 20년(1694) 갑술옥사 뒤에 다시 기용되어 한성부좌윤과 공조참판 등에 임명되나 모두 거절한 뒤 은거하며 북송의 성리학자들과 주자의 성리서를 탐독했다. 그는 숙종 25년 여름 이곳 부지암에 있던 자연실自然室을 늘려 짓고 북쪽에 있는 작은 방을 청몽루淸夢樓라 하고 1000여 권의 책을 진열한 뒤 〈청몽루기〉를 지었다. 《조선인의 문화공간 3》(이종묵)에 소개된 〈청몽루기〉를 보자.

나는 여기서 날씨가 따뜻하면 누각에서 지내고 날씨가 추워지면 방안에서 지냈다. 여러 봉우리의 짙은 푸른빛이 바로 앞에 모여들었다. 아침저녁 날이 흐리다가 개며, 구름과 안개가 끼었다 개었다 하여 잠깐 사이에 만 가지 형상을 드러내었다. 서쪽 언덕에서 샘물을 끌어다 서쪽 창가에 이르게 하고 나무를 깎아 지탱하여 목조木槽로 들어오게 하였는데 난간과 높이를 같게 하였다. 남는 물은 처마 끝에서 떨어져 못으로 들어가게 하였다. 맑고 시원한 빛과 옥처럼 고운 소리가 늘 곁에 있으니 깊은 산이나 굽이굽이 흐르는 개울로 가지 않아도 되었다. 난간에 기대어 씻고 양치질을 하면서 몸을 청결하게 하였다. 또 처마 너머에 산버들이 있어 지붕 위로 높이 솟아 있는데 봄에서 여름으로 접어들 때면 그늘이 짙어 새들이 가까이 다가와 높고 낮은 사리로 지저귀곤 하였다. 이것이 옛사람이 이른바 "나무 위와 대나 무 끝에서 새들과 더불어 이야기를 나눈다木末竹頭 與鳥交語"는 것이다.

청몽루를 짓고 2년 후 김수증은 사망하여 춘천 춘수영당春睡影堂에 제향되었다. 곡운구곡의 옛길은 계곡을 비켜 가는 산자락에 있었다고 하나, 지금은 바로 계곡 옆에 길이 나면서 옛 정취가 많이 훼손되었다. 화음동정사 위편에는 신라시대 사찰 터에 세워진 법장사가 있다. 건축물이 지형에 어울리지는 않으나 화악산華嶽山(華岳山)의 장엄한 위용을 느낄 수 있다. 화악산을 찾았던 김창협이 백부 김수증을 화악산에 자취를 남긴 최치원崔致遠과 김시습의 삶에 비교하여 〈부지암기不知菴記〉를 지었다.

화악산은 춘천 서쪽에 있다. 북쪽 산기슭 그윽한 땅을 곡운이라 한다. 예전에 청한자清寒子 김시습이 머물던 곳이다. 그 땅은 높은 산으로 둘러싸여 있고, 긴 고개로 막혀 있다. 긴 하천과 큰 개울이 그 사이를 종횡으로 흘러 사방으로 들어오니 평탄한 길이 하나도 없다. 그래서 그곳에 가는 사람들은 왕왕 원숭이처럼 벼랑을 타고 개미처럼 비탈에 붙어 만 길 높은 벼랑을 걸으며 까마득한 골짜기를 굽어보곤 하니 그 험하기가 이와 같다. 이 때문에 그곳에 사는 사람들은 대부분 산골 백성과 도망한 가호로, 마치 새와 짐승들처럼 모여 살고 있다.

청한자 이후, 수백 년이 지나 우리 백부가 자리 잡게 되었다. 처음에 매월대

곡운구곡

곡운구곡은 조선 후기의 문신이자 성리학자인 김수증의 자취가 서린 곳으로 강원도기념물 제63호로 지정되었다.

화악산 자락의 법장사

화악산 중턱에 자리 잡은 법장사는 아늑한 산사의 정취가 느껴지는 절이다.

서쪽 와룡담 위쪽에 정자를 짓고 살았다 그곳을 고운 최치원의 시 구절을 따서 '농수정'이라 하고는 그곳에서 매일 지팡이를 끌고 시를 읊조렸다. 사람들은 그 모습을 바라보면서 아득하여 신선이라도 미칠 수 없을 것이라 여기며 그 고고함을 이루기는 어려울 것이라 걱정하였다. 그러나 선생은 오래도록 싫증 내지 않고 평안히 여겼다. 작년 가을 정자에서 남쪽으로 4~5리 떨어진 화악산 골짜기 안으로 들어가 나무를 베고 언덕을 평평하게 한 다음 집을 짓고 살았다. 그리하여 산으로 겹겹이 둘러싸이고 여러 겹의 물로 에워싸여 세속과 더욱 멀어졌다. 선생은 그 집을 '부지암'이라 이름짓고 내게 기문을 지으라고 명하였다.

이곳 화천에는 한때 우리 국민들을 놀라게 했던 평화의 댐이 들어서 있다. 1986년 10월 21일 북한에서 금강산발전소 착공 계획을 발표했다. 금강산댐을 건설할 경우 수문을 열면 서울까지 물바다가 될 것이라는 시나리오가 나왔고, 급기야 남한 국민들은 아이들의 돼지 저금통까지 털어 성금을 모아 평화의 댐을 건설하겠다는 계획을 발표했다. 1987년 2월에 국고 1조 원과 성금을 합쳐서 댐 건설에 착공한 뒤 마침내 1988년 5월에 평화의 댐이 완공되었다. 하지만 북한 측의 발표가 허구라는 사실이 드러났고 그 뒤 평화의 댐은 정적 속에 무용지물로 남아 있다. "초연이 쓸고 간 깊은 계곡 깊은 계곡 양지 녘에/비바람 긴 세월로 이름 모를, 이름 모를 비목이여"라는 가곡이 지금도 바람결에 들릴 법한 고을이 바로 화천이다.

산천은 손해가 많다

이중환은《택리지》에서 강원도를 다음과 같은 글로 정리한다.

> 한강에서 동쪽으로 용진을 건너 양근과 지평을 지나고 갈현(현 경기도 양평군 청운면 갈운리에서 횡성군 서원면 유현리 풍수원으로 가는 도덕고개)을 넘으면 강원도 경계다. 또 동쪽으로 하룻길을 가면 강릉부 서쪽 경계인 운교역雲橋驛(현 평창군 방림면 운교리)이다.
>
> 옛날 선친께서 계미년(숙종 29, 1703)에 강릉 부사가 되어 가셨는데 그때 내 나이가 열넷이었고 가마를 따라갔다. 운교에서 서쪽 대관령에 이르도록 평지나 영을 막론하고 길은 빽빽한 숲속으로만 지나고, 무릇 나흘 동안 길을 가면서 위를 쳐다보아도 하늘의 해를 볼 수 없었다. 그런데 수십 년 전부터 산과 들이 모두 개간되어서 농지가 되고, 마을이 서로 잇닿아서 산에는 한 치 크기의 나무도 없다. 이로 미루어 보면 딴 고을도 이와 같음을 알 수 있다. 성군 밑에 인구가 점점 번성함은 알겠으나 산천은 손해가 많다. 예전에 인삼이 나는 곳은 모두 대관령 서쪽 깊은 두메였는데 산사람이 화전을 일구느라 불을 질러 인삼 소출이 점점 적어지고, 장마 때면 산이 무너져 흙이 한강에 흘러들어 한강의 수위가 얕아지고 있다.

당시와 오늘을 비교할 수는 없지만 변해도 너무 많이 변한 건 사실이다. 동대문에서 시작되는 관동대로가 구리, 덕소를 지나는 동안 내내 자동차 길로 이어진다. 이중환이 배를 타고 건넜던 용진나루는 팔당댐에 갇

혀서 다리를 통과해야 하고, 양근은 지평과 합해져 양평이 된 지 이미 오래전이다. 번성했던 양근나루는 흔적조차 없고, 지평을 지나 넘었던 구둔재는 옛길의 흔적만 겨우 남았을 뿐이다.

대송치를 넘어 섬강을 건너고 원주에 접어드는 길도 옛 모습은 남아 있지 않고, 전재와 문재, 여우고개를 넘어 운교역에 이르는 구간 역시 대부분 자동차 길이다. 그것은 대개 신작로를 옛길을 따라 냈기 때문이다. 모릿재를 넘어 청심대를 지나면 진부에 이르고, 그곳에서 멀지 않은 도암면은 대관령면으로 이름이 바뀌고 말았다. 서울에서 대관령에 이르는 관동대로 구간에 제대로 된 숲길, 즉 이중환이 말한 것처럼 "평지나 영을 막론하고 길은 빽빽한 숲속으로만 지나고, 무릇 나흘 동안 길을 가면서 위를 쳐다보아도 하늘의 해를 볼 수 없는" 그런 숲길이 없다는 것이 얼마나 아쉬운 일인가. 대관령 고갯길은 그나마 울창한 숲길이지만 대관령을 넘어 강릉에서 울진군 평해에 이르는 길 역시 그렇게 고즈넉한 옛길은 아니다. 부산 동래읍성에서 서울까지 이어지는 영남대로나 제주 관덕정에서 해남에 이르고 해남군 북평면의 이진항에서 서울까지 이르는 삼남대로보다는 옛길이 많이 남아 있다는 것이 위안이라면 위안일까.

이중환은 강원도에 대한 기록 끝자락에 "예전에 인삼이 나는 곳은 모두 대관령 서쪽 깊은 두메였는데 산사람이 화전을 일구느라 불을 질러 인삼 소출이 점점 적어지고, 장마 때면 산이 무너져서 흙이 한강에 흘러들어 한강의 수위가 얕아지고 있다" 했는데, 오늘날에도 그가 살았던 250년 전이나 다름없이 한강변은 각종 댐 건설과 난개발로 몸살을 앓고 있다.

8

관동팔경이 어드멘고

속세는 간데없이 온갖 선경이라

조선 제일의 경승을 품은 관동

최남선의《조선상식》중 '팔도경승'의 첫 부분을 보자.

> 산고수려山高水麗를 자랑하고 금수강산을 입버릇으로 옮기는 조선인은 미상불 세계에 드물게 보는 국토미國土美의 부자가 된다. 이는 첫째 조선반도가 산야강해山野江海의 모든 풍경 요소를 구족具足하게 가지고, 또 금강산·관동팔경 이하 허다한 절경을 가지고 있음에서 온 진정이거니와 (…) 조선에서 경승 지대를 말하려 하면 먼저 관동팔경을 들 것인데 (…).

고려와 조선을 막론하고 사대부들이 가장 가고 싶어 했던 답사처가 바로 관동팔경이다.《연려실기술》〈지리전고〉에 "대관령은 아흔아홉 굽이다. 서쪽에는 서울로 통하는 큰길이 있다. 재의 허리에 원읍현 고개가 있고, 재 아래에는 구산동 골짜기가 있어 경치가 뛰어나게 아름답다" 기록된 대관령 너머를 가리키는 관동關東이라는 명칭은 고려 성종 때 전국을

10도로 편성하는 과정에서 오늘날의 서울, 경기 일원을 관내도라고 한 데서 나온 것이다. 즉 관동이란 관내도의 동쪽에 위치한 땅이라는 뜻이다. 서울과 함경도를 잇는 철령에는 요즘의 검문소나 요새와 같은 철령관鐵嶺關이 있었으므로 옛날에는 서울의 북쪽 관문의 동쪽인 강원도를 관동이라고 했다. 그러나 좁은 의미에서 관동 지방은 백두대간을 횡단하는 길목인 대관령의 동쪽, 즉 오늘날의 영동 지역으로 한정된다. 그것은 아름답기로 이름난 관동팔경 모두가 영동 지방에 속하기 때문일 것이다.

관동팔경은 강원도 동해안에 있는 여덟 곳의 명승지를 일컫는다. 북에서부터 통천의 총석정, 고성의 삼일포, 간성의 청간정, 양양의 낙산사, 강릉의 경포대, 삼척의 죽서루, 울진의 망양정, 평해의 월송정을 말한다. 하지만 어떤 사람들은 평해의 월송정 대신 흡곡의 시중대를 넣기도 한다. 총석정과 삼일포는 북한 지역에 있어 갈 수 없는 땅이고, 평해의 월송정과 울진의 망양정은 경상북도에 편입되어 있다. 관동팔경에는 정자나 누대 그리고 절이 많아 사람들이 이곳에서 풍류를 즐기고 빼어난 경치를 노래로 읊었으며 오랜 세월이 흐르면서 수많은 이야기들이 만들어졌다.

관동팔경이 어느 때부터 이러한 여덟 경치로 일컬어졌는지는 분명하지 않지만, 고려시대 안축의 경기체가인 〈관동별곡〉에서부터 비롯된다고 볼 수 있다. 〈관동별곡〉은 안축이 44세에 강원도 존무사로 있다가 돌아오는 길에 관동 지방의 빼어난 경치와 유적 및 명산물에 감탄하여 지은 글이다. 총석정, 삼일포, 죽서루 등의 뛰어난 아름다움을 노래한 이 글은 실재하는 자연을 주관적 흥취로 여과하고 관념화해 그 미감을 절도 있게 표출하여 사대부 특유의 세계관을 작품으로 승화했다는 평가를 받는다. 벼슬하던 문인들이 함께 모여 놀면서 한 대목씩 부르던 고려 때 경기체가의 하나인 〈관동별곡〉의 제1장은 다음과 같다.

바다는 천 겹, 산은 만 겹인 관동의 별경
푸른 수레 막, 붉은 연꽃 막을 친 병마영의 영주
옥대 차고, 일산 기울고, 검은 창, 붉은 깃발, 명사의 길
아, 순찰하는 광경 어떤가
북방 백성과 사물, 의로움 본받는 기풍을 일으키며
아, 왕의 덕화를 중흥하는 광경 어떤가

그 뒤를 이어 〈성산별곡〉, 〈사미인곡〉 등을 쓴 조선시대 송강 정철은 강원도 관찰사로 재직할 당시 〈관동별곡〉을 통하여 금강산 일대 관동팔경의 아름다운 경치를 노래했다. 〈관동별곡〉은 춘천, 철원, 회양을 거쳐 금강산 일만이천봉을 구경하고 동해의 명사십리, 금란굴, 총석정, 죽서루를 거쳐 망양정에 올라 바다 위에 뜬 달을 바라보고 그 밝은 달빛 아래 술을 마신 뒤 신선이 되는 꿈을 그린 내용이다. 정철은 가는 곳마다 아름다운 경치를 노래하면서 거칠 것 없이 득의만만한 자신의 심정을 현란한 수식어로 표현했다.

강호에 병이 깊어 죽림에 누웠더니
관동 팔백 리에 방면을 맡기시니
아, 성은이 갈수록 망극하다

정철이 이렇듯 한문 투가 아닌 우리말로 조국 산천의 장엄한 아름다움을 낭만적으로 노래했지만, 그가 강원도 관찰사 시절 남긴 행적은 극히 아름답지 못했다. 그가 죽은 지 오랜 세월이 지난 지금도 강원도 지방에 전해 내려오는 강원 감사 정철에 대한 설화는 거의 부정적인 것들이다. 심술궂은 벼슬아치인 그가 산에 혈穴을 끊거나 마을을 망하게 했다는 얘기다. 그래서 대부분의 종말은 스스로 벼랑에서 떨어져 강물에 빠져 죽는 부도덕한 인물로 묘사된다. 그 뒤를 이어 조선 중기 사람인 조우인曺友仁이 정철의 〈관동별곡〉을 읽고 관동 지역에서 노닐던 기억을 회상하여 〈관동속별곡〉을 지었다.

반면 조선 중기 최고의 화가였던 겸재謙齋 정선鄭敾은 금강산과 관동 일대를 돌아다니면서 느낀 감동을 진경산수라는 독특한 화법으로 그려냈다. 정선의 《관동명승첩關東名勝帖》은 담담하면서도 진취적인 수묵 정신이라는 평가를 받는 빼어난 작품이다.

관동팔경은 서도 잡가의 한 곡으로도 만들어졌다. 박헌봉이 작사하고 이창배가 곡을 붙여 만든 사설의 내용은 관동팔경의 아름다움이다. 〈엮음수심가〉처럼 부르기 때문에 일정한 장단이 없는 이 노래는 다음과 같이 시작된다.

동해가 망망하여 물과 하늘 한빛이라
총총한 바윗돌은 금수병錦繡屛을 둘렀는 듯
박속같은 뽀얀 파도 황홀하게 몰려올 제
단청화각丹靑畵閣 높이 솟아 총석정이라 일러 있고

이렇듯 시로, 그림으로, 노래로 만들어져 사대부들을 꿈속에서도 가슴 설레게 했던 답사지가 바로 관동팔경이다.

17세기 사대부들의 답사지

정선과 동시대 문인 화가였던 조영석趙榮祏은 남한강 유역의 명승지를 그린 정선의 《구학첩丘壑帖》의 발문에 다음과 같이 썼다.

> 정선의 그림은 맥을 운용함에 자취를 남기지 않고 선염에도 법도를 갖추어 그윽하고 침착하며 기운이 솟구치고 윤택하고 무르익어 빼어난 아름다움을 드러내니 (…) 그는 이윽고 집을 나서서 내외 금강산을 들락거렸으며 또 영남의 뛰어난 여러 절경을 돌아다니면서 거기에 펼쳐진 빼어난 형세들을 다 파악하고자 하였다. (…) 따라서 우리나라의 산수화는 정선으로부터 비로소 새로이 열렸다고 할 수 있을 것이다.

정선 이후에 관동팔경을 그린 사람이 풍속화로 한 시대를 풍미한 단원檀園 김홍도金弘道다. 김홍도는 《금강사군첩金剛四君帖》에서 금강산 주변 네 개 군의 명승지를 모두 그렸는데 거기에 관동팔경이 포함된다.

역사를 거슬러 올라가 보면 신라시대의 영랑, 술랑, 남랑, 안상 등이 삼일포와 월송정에서 놀았다는 이야기가 전해 온다. 하지만 관동팔경은 17세기에 기행의 풍류가 사대부 사회에서 크게 일어났고 18세기에 기행시가 보편화되는 과정에서 팔경으로 굳어진 것으로 보고 있다.

관동팔경 답사는 고성의 건봉사乾鳳寺에서부터 시작하는 것이 좋다. 한때 설악산의 신흥사와 백담사, 양양의 낙산사를 말사로 거느렸을 정도로 큰 절이었던 건봉사는 사지에 따르면 신라 법흥왕 7년(520) 아도阿道가 창건한 원각사에서 비롯한 것이라 한다. 하지만 법흥왕 7년은 신라가 불교를 공인하기 8년 전이며 아도는 신라가 불교를 공인하기 154년 전에 고구려에 불교를 전한 사람이므로 믿을 만한 것이 못 된다. 그러나 경덕왕 17년(758) 발징發徵이 중건하고 염불만일회를 베풀었으며 그때 신도 1860명이 참여했다는 기록이 있어 연대가 제법 올라간다고 볼 수 있으며, 우리나라 만일회의 효시가 되는 절이라고 할 수 있다.

신라 말에 우리나라 풍수지리학의 원조인 도선이 중수한 뒤 서쪽에 봉황처럼 생긴 돌이 있다 하여 서봉사라 했고, 공민왕 7년(1358) 나옹이 중건하고서 건봉사라고 했으며, 세조 10년(1464) 세조가 이 절에 와서 자신의 원당 사찰로 삼으면서 왕실의 보호를 받는 큰 절이 되었다. 특히 임진왜란 때는 서산대사의 명을 받은 사명대사가 승병 6000여 명을 이곳에서 훈련했기 때문에 절 앞을 흐르는 자산천이 쌀뜨물로 하얗게 덮였다고 전해진다. 그러나 건봉사는 고종 15년(1878) 큰 산불로 3183칸에 이르던 절 건물이 소실되었고 이후 여러 차례 중수를 거쳐 대웅전, 관음전, 사성전 등 한국전쟁 전만 해도 640여 칸에 이르는 건물들이 있었으나 오늘날엔 불이문만 남고 완전히 사라지고 말았다.

새로 지어진 건물들 속에 불이문과 돌 솟대 그리고 아름다운 무지개 모양의 돌다리인 능파교가 남아 있었으나 수해를 입어 그 모습이 손상되었

건봉사 부도밭

건봉사에는 옛 절터와 대웅전, 불이문, 구층탑을 비롯한 탑 7기와 부도 50여 기, 사명대사 기적비 등 석비 17기 등이 남아 있다.

건봉사 능파교

'속세의 파도를 헤치고 부처님 세상으로 이르는 다리' 능파교는 대웅전 구역과 극락전 구역을 연결하는 다리다. 숙종 연간에 축조되었으며 보물 제1336호로 지정되었다.

건봉사 불이문

조선시대 전국 4대 사찰의 하나로 꼽힌 건봉사는 한국전쟁 중 불이문과 일부 석조물을 제외하고는 모두 불탔고 현재의 건물은 그 후에 재건된 것이다.

고, 다만 절 초입에 50여 개의 부도와 탑비가 서 있어 그 옛날 건봉사의 사세를 짐작하게 한다. 한편 건봉사 아랫자락에 있는 팔음八音이라는 마을은 바르매라고도 한다. 마을 부근에 건봉사가 있어서 석가탄신일이 되면 사면팔방에서 사람들이 모여드는데, 모두 이 마을을 지나게 되므로 팔방의 소식을 잘 듣게 된다고 하여 그런 이름이 붙었다고 한다.

조선시대의 법전인 《대명률大明律》에는 "승려가 처를 데리고 있으면 장杖 80대를 쳐서 환속을 시킨다"라는 조항이 있었다. 그러므로 조선시대 승려는 독신 생활을 하는 것이 기본이었다. 이러한 사회적 통념이 깨진 것은 일제 강점기 이후다. 그래서 대처승들을 위해 사하촌寺下村이 생겼는데 간성의 건봉사가 그런 경우다. 수도를 하는 비구승들은 능파교 북쪽의 도량에서 수도에 전념하여 그들을 이판理判이라 불렀고, 사하촌에서 가족을 거느리고 살면서 출근하는 승려들은 능파교 남쪽에 거주하면서 사무寺務를 보았는데 그들을 사판事判이라고 했다.

건봉사를 빠져나와 동해 쪽으로 접어들면 만나게 되는 화진포해수욕장의 일출은 장엄하기 이를 데 없다.

네 신선이 노닐던 삼일포

《택리지》에 기록된 영동 일대의 산수를 보자.

고성 삼일포는 지극히 맑고 묘하면서도 화려하고 그윽하며 고요한 중에 명랑하다. 마치 여인이 아름답게 화장한 것 같아서 사랑스러우면서 공경할 만하다. 강릉의 경포대는 한나라 고조의 기상처럼 활발한 중에 웅장하고 아늑한 중에 조용하여 그 형상을 무어라 말할 수 없다. 흡곡의 시중대는 맑은 가운데도 엄숙하고 까다롭지 않으면서 깊숙하다. 마치 유명한 정승이 관청에 좌정한 것 같아 가까이할 수는 있어도 가볍게 여길 수는 없다. 이 세 곳의 호수가 산과 어우러진 으뜸가는 경치다. 다음 간성 화담花潭은 달이 맑은 샘에 빠진 것 같고, 영랑호는 구슬을 큰 못에 감추어 둔 것과 같으며, 양양의 청초호는 경대에 거울을 펼쳐 놓은 것 같다. 이 세 호수의 기묘하고 빼어난 경치는 앞에 말 한 세 호수에 버금간다.

우리나라 팔도에는 볼 만한 호수가 없으나 오직 영동에 있는 이 여섯 호수는 거의 인간 세상에 있는 것이 아닌 듯싶다. 한편 삼일포의 호수 복판에는 사선정이 있는데, 곧 신라 때 영랑, 술랑, 남랑, 안상이 놀던 곳이다. 네 사람은 벗이 되어 벼슬도 하지 않고 산수를 벗하며 놀았다. 세상에서는 그들이 도를 깨우쳐 신선이 되었다고 했다. 호수 남쪽 석벽에 있는 붉은 글씨는 곧 네 선인이 이름을 적은 것인데, 붉은 흔적이 벽에 스며서 천년이 넘었으나 바람과 비에 씻기지 않았으니 또한 이상한 일이다.

읍 객관 동쪽에는 해산정海山亭이 있다. 서쪽으로 돌아보면 금강산이 첩첩이 보이고, 동쪽을 바라보면 창해가 만 리에 펼쳐진다. 남쪽에는 한 줄기 긴 강이 넓고 웅장하여 크고 작은, 아늑하고 훤한 경치를 보여 준다.

남강 상류에는 발연사가 있고, 그 곁에 감호가 있다. 옛날에 봉래 양사언 이 호숫가에 정자를 짓고 비래정飛來亭이라는 세 글자를 크게 써서 벽에 걸어 두었다. 하루는 걸어 둔 '비飛' 자가 갑자기 바람에 휩쓸려서 하늘로 날아갔는데,

그 간 곳을 알지 못했다. 날아간 그날 그 시각을 알아보니, 곧 양사언이 세상을 떠난 그날 그 시각이었다. 사람들은 봉래의 한평생 정신이 이 '비' 자에 있었는데, 봉래의 정력이 흩어지니 '비' 자도 함께 흩어졌다 말했다. 실로 이상한 일이다.

삼일포三日浦는 고성군 삼일포리 남강 하류에 있는 석호로 금강산 근처에 있는 여러 호수 중 경치가 가장 아름답다. 남강이 하류로 운반한 토사가 해안 작용에 의해 만 입구를 가로막아 형성된 자연호인 이 호수는 금강산 관광지 초입에 자리한 온정리에서 12킬로미터쯤 떨어져 있다. 백두산 자락의 삼지연, 통천의 시중호와 함께 북한 3대 관광 호수이고 북한 천연기념물 제218호다. 삼일포는 둘레 5.8킬로미터, 길이 1.8킬로미터, 너비 0.4킬로미터쯤 된다. 2004년 여름 금강산 답사 중 삼일포에 간 일이 있는데, 무성한 송림과 푸른 물결로 금방 화장을 끝낸 해맑은 조선 처녀 같은 모양새였다. 정추는 삼일포를 두고 다음과 같이 노래했다.

한 호수의 좋은 경치 하늘이 만든 것이
서른여섯 봉우리 가을에 다시 맑구나
중류에서 배 띄워 가지 않으면
남석南石의 분명한 글자 어떻게 볼 수 있으리
정자 앞에 비가 지나니 우는 모래[鳴沙] 메아리치고
포구에 가을이 깊으니 낙엽 소리 들리네
안상安詳(신선의 이름)의 그날 일 자세히 물으니
신선이 역시 풍정이 많았네

또한 홍귀달은 "옛날에 삼일포가 좋다는 말을 들었는데, 지금 사선정에 올라왔네. 물은 흰 소반을 치고, 산은 푸른 옥 병풍을 둘렀네. 하늘이 비었으니 채색 구름 일어나고, 돌이 늙었으니 가을빛 맑구나. 신선은 간 지 벌써 오랜데, 옛 정자엔 지금 기둥도 없구나. 그 당시 유희하던 곳, 구름 밖에서 풍악 소리요, 천년 지난 지금 우리들에게도 여섯 글자는 보기에 분명하네. 바람은 영랑호에 불고 달은 안상정에 떴네. 외로운 술항아리로 배를 매단 곳, 여기가 원래 봉래의 영주라 한다네"라고 읊었다. 한편 고려 때 시인 채련蔡璉은 "사선정 아래 물도 맑은데, 한 조각 작은 배가 늦은 바람을 희롱하네. 서른여섯 봉우리 여인의 쪽 찐 머리인 양 아름답기도 하니, 반드시 미인을 배에 실어야 풍류이더냐"라고 노래했다.

관동제일루 경포대

정철이 〈관동별곡〉에서 "강릉대도호 풍속이 좋을시고, 절효정문節孝旌門이 골골이 버티고 있으니, 비옥가봉比屋可封이 이제도 있다"라고 노래한 강릉 경포대 부근이 《택리지》에는 다음과 같이 기록되어 있다.

> 경포에는 작은 산기슭 하나가 동쪽을 향해 우뚝한데, 경포대가 그 산 위에 있다. 앞에는 호수가 있는데 주위가 20리나 되고, 물 깊이는 사람의 배꼽에 닿을 정도여서 작은 배만 다닐 수 있다. 동편에 강문교江門橋가 있고, 다리 너머에는 흰 모랫둑이 겹겹으로 막혀 있다. 한편 호수는 바다와 통하고, 모랫둑 너

머에는 푸른 바다가 하늘에 잇닿는다.

조선 중기 문신 최전崔澱이 열아홉 살 때 대 위에 올라가 시를 지었다.

봉래산에 한 번 들어가면 삼천 년인데
은빛 바다 푸른 물결 아득하기만 하네
오늘도 난새 타고 생황 불며 홀로 날아왔건만
벽도화 피는 그늘에 님은 아니 보이네

이 시는 예전에도 그리고 이후에도 다시 나오지 않을 절창이 되었고 그 뒤를 이어 시를 짓는 사람이 없었다. 어떤 사람은 "이 시에 한 점의 속됨도 없으니, 이는 신선의 말이다"라고 했고, 어떤 사람은 "이 시가 너무 으슥하니 이것은 귀신의 말이다" 했는데, 정작 최전은 돌아가서 곧 죽었다고 한다.

전설에 따르면, 경포호는 옛날에 어느 부자가 살던 곳이었다. 하루는 중이 그 부자에게 쌀 시주를 청했는데 그가 똥을 퍼주었다. 그러자 갑자기 그 부자가 살던 곳이 내려앉아서 호수가 되었고 쌓였던 곡식은 모두 작은 조개로 변했다. 해마다 흉년이 들면 조개가 많이 나고 풍년이 들면 적게 나는데, 그 조개의 맛이 달고 향긋하여 요기할 만하여 세상 사람은 이를 적곡조개라 한다. 봄여름이면 먼 곳에서 사람들이 모여들어 주운 조개를 이고 지고 갔다. 호수 밑바닥에는 아직 기와 부스러기와 그릇들이 남아 있어 헤엄을 치는 사람들이 가끔 줍는다고 한다.

경포호 남쪽 언덕은 조선 전기 문신 심언광沈彦光이 살던 곳이다. 심언광이 조정에서 벼슬할 때 좌우에 이 호수의 경치를 그린 그림을 두고 말하기를 "내게 이와 같은 호수와 산이 있으니 내 자손은 능히 떨치지 못하고 반드시 쇠망할 것이다"라고 했다. 호수 남쪽으로 몇 리 떨어진 곳에 자리한 한송정에는 돌솥과 돌절구 등이 있는데, 이곳이 바로 네 명의 신선이 놀던 곳이다.

경포대鏡浦臺는 강릉시 저동, 운정동, 초당동의 경포호 북쪽에 있는 누각으로, 경포대해수욕장과 가까운 곳에 있다. 아름드리 소나무숲과 어우러진 경포호를 내려다보는 위치인데, 경포대해수욕장을 찾는 사람은 많아도 경포대를 찾는 사람은 그리 많지 않다. 경포대는 고려 충숙왕 13년(1326) 강원도 존무사 박숙정朴淑貞이 신라의 사선四仙이 놀았다던 방해정 뒷산 인월사 터에 세웠다가 그 뒤 조선 중종 3년(1508)에 강릉 부사 한급이 지금의 자리로 옮겼다고 전해진다.

정면 5칸, 측면 5칸의 웅장한 규모를 자랑하는 경포대는 우물천장을 하게 마련인 팔작지붕인데도 연등천장이며, 주춧돌도 자연석을 그대로 놓은 뒤 기둥에 딸린 부위만 둥글게 다듬어 놓았다. 인조 4년(1626) 강릉 부사 이명준李命俊이 크게 중수했다. 인조 때 우의정을 지냈던 장유張維가 지은 중수기에는 "태조와 세조도 친히 경포대에 올라 사면의 경치에 찬사를 아끼지 않았으며, 임진왜란 때 허물어진 것을 다시 지었다"라고 적혀 있다. 현재의 건물은 영조 21년(1745)에 부사 조하망曺夏望이 세운 것이며, 낡은 건물을 헐어 낸 다음 홍수로 사천면 근처 앞바다까지 떠내려온 아름드리나무로 다시 지었다고 한다.

관동팔경 중 첫손에 꼽히는 경치를 자랑하는 경포대의 현판은 전서체와 해서체로 쓴 것 두 개가 있다. 해서체는 순조 때 한성부 판윤을 지낸 이익회李翊會가 썼고, 전서체는 조선 후기의 서예가 유한지兪漢芝가 썼다. 이 외에도 '제일강산第一江山'이라 쓴 현판은 전주 객사의 풍패지관豊沛之館을 썼다고 알려진 명나라 사신 주지번의 글씨라고도 하고 또는 양사언의 글씨라고도 하지만 확실하지는 않다. 다만 뒷부분의 파손된 두 글자는 후세 사람이 써서 덧붙인 것이라고 한다.

그 밖에 숙종의 어제시와 명문으로 널리 알려진 조하망의 상량문 등과 함께 여러 사람의 글이 걸려 있는 가운데 율곡 이이가 열 살 무렵 지었다는 〈경포대부鏡浦臺賦〉도 편액되어 있다. "하늘은 유유하여 더욱 멀고 달은 교교하여 빛을 더하더라"라는 글도 있지만, "해 뜨는 이른 아침이나 달 밝은 가을밤에 경포대에 올라 경포호를 굽어보거나 호수 너머 동해의 푸른 바다를 대하면 속세는 간데없이 온통 선경이요"라고 표현했던 옛사람의 시가 주위의 소나무와 상수리나무 등이 알맞게 어우러진 운치 있는 경관을 보면 생각난다.

일찍부터 강릉 사람들은 경포대에서 볼 수 있는 여덟 경치를 경포팔경이라 불렀는데, 경포대에서 바라보는 해돋이와 낙조 그리고 달맞이, 고기잡이배의 야경, 노송에 들어앉은 강문동, 초당마을에서 피어오르는 저녁연기 등이 경포팔경이다.

또한 거울처럼 맑다고 해서 이름이 붙은 경포호에는 달이 네 개가 뜬다는 말이 있다. 하늘에 뜨는 달이 하나요, 바다에 하나, 호수에 하나 그리고 술잔에도 똑같은 달이 뜬다는 말이다. 요즘은 여기에 하나가 덧붙여진

떨어져 나가 알 수 없다. 내가 작은 배를 타고 봉우리를 돌며 두루 구경하고 말하기를 "이 돌의 기괴한 것은 실로 천하에 없는 일이요, 이 정자만 가진 물건이라" 하였다. 혹자가 말하기를 "그대가 일찍이 천하를 두루 구경한 일이 없어 어찌 천하에 이런 돌이 없을 줄을 아는가" 하므로, 내가 대답하기를 "무릇 사방의 산경山經 지지地志를 기록하는 이가 천하의 물건을 다 찾아서 적었지만, 아직 이런 돌이 있다는 것을 듣지 못하였으며, 무릇 옛날의 기이한 병풍, 보배로운 장자障子(방과 방사이나 방과 마루 사이에 칸을 막아 끼우는 문)를 그리는 이가 천하의 물건을 다 그대로 옮겼지만 아직 돌이 이런 것이 있다는 것을 보지 못하였다. 여기에 따르면 내가 비록 아직 천하를 두루 구경하지는 못하였지만 역시 앉아서도 그것을 알 수 있다" 하니, 혹자도 그렇게 여겼다.

천하의 절경이라는 곳이 많이 있지만 통천의 총석정만큼 사람들의 찬탄을 받았던 곳도 흔치 않다. 〈동유기東遊記〉를 지은 김창협도 총석정을 보고 다음과 같은 글을 남겼다.

산줄기가 길게 꿈틀거리며 꺾여 바다로 뻗어 들어가서 둥그스름하게 솟은 곳에 이전에는 정자가 있었는데 지금은 그 터만 있다. 앞에는 천연으로 된 큰 석주石柱처럼 생긴 바위기둥 넷이 띄엄띄엄 물 가운데 서 있다. 그 높이는 모두 10길 이상씩 되며 이를 사선봉이라고 한다. 이는 모두 수십 개의 작은 석주들이 한데 묶여 하나씩 이루어진 것인데, 그 동쪽에 있는 종석들도 다 그와 같이 정연하여 먹줄을 놓아 자귀로 깎아내고 톱으로 자른 듯하니 오직 사선봉만 그런 것이 아니라 총석정을 에두른 몇 리의 해변에 종으로 횡으로 눕고 넘어진 형태로 허다히 분포된 것들이 또한 그렇게 생기지 않은 것이 없다. 생각건대, 그 흙 속에 묻혀 있는 것들은 또 얼마나 많을 것인가. 능히 파도로써 들추고 씻어 내 말끔히 일으켜 세울 수만 있다면 몇백 몇천의 총석이 될는지 알 수 없다. 자연의 기교가 그 어찌 이에 이른고! 어허, 기이하고 기이하여라!

듣건대, 안변安邊의 국도國島가 이와 같고도 더 기이하고 웅장하다 하니 조물주가 이 재주를 동해 일면에만 베풀어 그 승경을 집중함이었던가? 다른 데는 또 이런 곳이 있다는 소문이 없으니 괴이치 않은가? 사선봉이라 이름한 것도 영랑의 옛 자취가 있었기 때문이니, 호수의 이름도 삼일포, 정자의 이름을 사선정으로 함과 동일한 연유일 것이다. 동쪽 벼랑에 작은 비석이 있으나 글자가 마멸하여 읽을 수가 없다. 이것도 영랑이 세운 것인가?

이날은 하늘이 심히 맑았다. 정자 위에 앉아 동쪽을 바라보니 시력의 끝까지 오직 바다일 뿐, 다른 아무것도 내 가슴에 검불로 되어 걸릴 것이 없으니 나로 하여금 배전을 치며 봉래도蓬萊島를 찾고 싶은 마음을 솟게 하였다. 마침 해는 저물어 가고 바람은 세차게 일어났다. 파도는 눈보라를 일으키며 뛰어올라 거의 총석의 절반이나 삼켰다가는 토하곤 한다. 쿵, 쾅, 노호하는 그 형세, 심히 무섭다. 오들오들 떨려 오래 있을 수 없다. 지난번에 나는 금강산을 보고 반생 동안 보았다는 산들은 모두 흙더미, 돌무더기였다고 하였더니, 지금 또 여기 와서는 반생 동안 보았다는 물들은 다 도랑물, 소 발자국에 고인 물이었구나 하였다.

금강산과 총석정을 보고서 일생의 반 동안 보았다는 산들이 다 흙더미나 돌무더기였으며, 반생 동안 보았다는 물들이 다 도랑물이나 다름없었

해금강

총석정이 있는 해금강의 이름은 경치가 금강산을 닮았다고 하여
고성 군수로 있던 남택하南宅夏가 지은 것이라고 한다.

다고 찬탄한 김창협의 뒤를 이어 이곳을 찾았던 조선 후기 문인 박종朴琮은 〈동경유록東京遊錄〉에서 총석정의 모습을 다음과 같이 기록했다.

> 또 풍파가 이를 몰아 찌르고 쓰며 씻고 갈고 하여 꺾여 부러진 것도 적지 않지만, 오직 이 세 묶음만은 똑바로 모가 쭉쭉 일어서서 만고에 우뚝우뚝 솟았으니 그 늠름한 기상을 그 무엇이 감히 굽힐 수 있으랴. 아, 사람 끝에 있어서도 능히 이처럼 뚜렷이 서서 흔들리지 않고 상전벽해의 변화가 있을 때에라도 국가의 주춧돌 노릇을 한 자가 무릇 몇 사람이나 있었던고? 이 총석정이 우리나라에서 이름난 지 이미 오래다. 나라의 공경대부들로서 이를 구경하지 않은 자가 없건만, 그들이 돌아가 조정에서 일한 것을 살펴보건대 나라를 위하여 바르고 곧은 절의를 가지고 난관을 쳐부수며 나간 자가 심히 적으니 비록 그들이 총석정을 보았다 하나 나는 반드시 이를 못 본 자들이라고 하리로다.

박종은 억겁의 세월 속에서도 꿋꿋하게 서 있는 총석정을 보면서, 곧은 절개 같은 총석정을 구경하고도 조정에 나아가 바르고 곧게 제 역할을 다하지 못하는 조정의 대신들을 생각하며 가슴 아픈 글을 남겼다. 박종은 벼슬보다 산수 찾기를 더 즐겨 했던 사람으로 경북 경산시 주촌에서 생장했는데, 원죄에 걸려 영해로 유배되어 16년간 고생을 하다가 59세를 일기로 그곳에서 생을 마감했다.

그러나 원효는 육두품 출신으로 의상과 함께 당나라로 유학길에 올랐다가 해골 속에 담겨 있던 물을 마신 후 '모든 것은 마음먹기에 달렸다'는 깨달음을 얻은 뒤 중국에 가지 않았다. 원효는 나이 들어 누더기를 걸치고도 "모든 것에 거리낌이 없는 사람이라야 생사의 편안함을 얻느니라"라는 누구나 쉽게 알아들을 수 있는 노래를 불렀는데 그 노래가 〈무애가無碍歌〉다. 원효는 속세에 연연하지 않았고 개인의 실천과 깨달음을 중요하게 여겼다. 그러한 가운데 그는 불교 사상을 대중 속으로 뿌리내리게 하기 위한 수많은 저작을 남겼다.

의상이 만났던 관음을 원효가 만나지 못했다는 설화를 우리는 어떻게 해석해야 할까? 이는 통일신라 초기의 상황에서 원효에게 쏠리는 민심을 의상에게 돌리기 위한 설화를 만들어 원효보다 의상의 법력이 한 수 위였다는 것을 은연중에 암시한 것이었다고도 본다. 원효를 기리는 서당화상비에는 다음과 같은 글이 새겨져 있다.

> 쓸데없는 이론들이 구름처럼 일어 어떤 사람은 나는 옳고 남은 그르다고 말하며, 어떤 사람들은 나는 그러하나 남들은 그러하지 않다고 주장하여 드디어 하천이 되고 강을 이룬다. 유有를 싫어하고 공功을 좋아함은 나무를 버리고 큰 숲에 다다름과 같다. 비유하건대, 청색과 남색이 같은 체體이고 얼음과 물이 같은 원천이고 거울이 모든 형태를 그대로 받아들임과 같다.

원효는 70세의 나이로 깊은 토굴에서 입적했다. 원효는 〈대승기신론소별기大乘起信論疏別記〉에서 "깨달은 자의 마음이 가진 두 가지 특징은 다음과 같다. '마음이 맑다智淨'는 것이 첫 번째 특성이고, '헤아릴 수 없는 작용을 한다不思議業'는 것이 두 번째 특징이다. (…) 헤아릴 수 없는 작용은 마음이 맑아짐에 근거하여 탁월하고 신비한 일체의 상태를 만들 수 있는 법이다"라고 말했다.

원효가 관음보살을 만났던 냉천을 찾았던 정추는 "덕녀德女의 옛터엔 잔디가 섬돌을 덮었고, 원효의 남긴 자리에는 나무가 하늘에 닿았다" 노래했다.

한편 낙산사의 관음상에는 승려 조신調信이 꿈을 꾸고 자신의 잘못을 뉘우치게 되었다는 설화가 서려 있다. 조신은 서라벌의 세규사에 속한 명주 지방 장원의 관리인이었다. 고을 태수인 김흔金昕의 딸을 보고 사랑을 느낀 조신은 간절한 마음으로 영험이 있다고 소문난 낙산사의 관음보살에게 김흔의 딸과 부부의 연을 맺게 해 달라고 기도했다. 몇 년 동안 간절하게 염원했지만 그 여자는 다른 남자에게 시집을 가고 말았다. 조신은 소원을 들어주지 않은 관음보살을 원망하여 날이 저물도록 울다 지쳐 관음상 아래에 쓰러져 잠이 들었다. 그런데 김흔의 딸이 문을 열고 들어와 일찍부터 조신을 사모했지만 부모의 명으로 다른 사람에게 시집을 가게 되었으나 이제부터 당신과 부부가 되어 살고자 왔다고 고백하는 것이었다. 조신은 기뻐하며 그 여인을 데리고 고향에 돌아가 살림을 차렸다. 50여 년을 함께 살며 5남매를 두었지만 그들의 가난한 살림은 펴질 줄을 몰랐다. 10여 년 동안을 유랑 걸식하던 그들은 명주 해현령을 지나게 되었다. 그때 굶주림에 지친 열다섯 살 큰아이가 죽었다. 우곡령에 도착해 초막을 짓고 살면서 그들 부부는 병이 든 채 늙어 갔다. 열 살 된 딸아이가 얻어 오는 음식으로 연명하던 중에 그 딸마저 개에게 물려 병석에 눕고 말았다.

부부는 함께 울며 지나간 50년 동안의 고통스러운 인연에 대해 대화를 나누다가 부부가 각각 두 명씩 아이들을 데리고 헤어져 살자고 약속했다. 각자 길을 떠나려고 하는 순간 조신은 꿈에서 깨어났는데, 아침이 되자 조신의 머리는 백발이 되어 있었다. 속세에 대한 미련이 사라짐을 느끼는 순간 조신의 마음속엔 인생에 대한 허무와 회한이 물결처럼 밀려왔다. 조신이 해현령에 가서 꿈에 큰아이를 묻었던 곳을 파보았더니 돌미륵이 나왔다. 그는 그 돌미륵을 이웃에 있는 절에 봉안하고 정토사를 창건한 뒤 부지런히 불법에 정진했다. 이광수는 이 설화를 단편소설 〈꿈〉에 담았다. 이 소설은 1960년대에 영화로도 제작되었는데 영화는 "서산에 해 지기를 기다리느냐! 인생이 꿈이란 걸 알고 있느냐!"라는 자막과 함께 끝난다.

낙산사의 정문인 홍예문虹霓門(강원도 유형문화재 제33호)은 세조 13년(1467) 오대산 상원사를 참배하고 나서 낙산사에 행차했던 세조가 세운 문으로 무지개 모양의 석문이다. 홍예문을 이루는 26개의 화강석은 당시 강원도 내의 고을 수를 상징한 것이라고 한다.

낙산사는 굴산사를 창건했던 범일이 헌안왕 2년(858)에 중건했으나 고려 때 몽골의 침입으로 폐허가 되었다. 건물도 모두 불타 버렸고 여의보주와 수정 염주는 이 절의 노비가 땅에 묻고 도망쳤다가 난이 평정된 후 파내어 명주 관아에 바쳐 관가에서 보관하게 되었다. 그 후 낙산사는 세조 11년 오대산 상원사를 참배하고 나서 낙산사에 들렀던 세조에 의해 크게 중창되었다. 그때 원래 세워져 있던 삼층석탑을 칠층으로 올리면서 의

상이 관음에게서 얻었다는 수정 염주와 여의보주를 탑 속에 안치했다고 하며, 현재 낙산사가 보유한 여러 문화재 중 낙산사 칠층석탑(보물 제499호)과 낙산사 동종(보물 제479호, 소실됨) 그리고 홍예문은 모두 그 무렵 만들어진 것이라고 한다.

낙산사는 임진왜란과 병자호란 그리고 한국전쟁 때도 전소되어 현재 남아 있는 원통보전이나 범종각 등은 1953년 이후 새로 지어진 것들이다. 높이 16미터의 해수관음상은 1977년에 완성한 것이며, 의상대는 1926년에 승려이자 시인이며 민족주의자였던 만해 한용운이 이 절에 머물 당시 세운 것이다. 그러나 2005년 봄 산불로 모두 불타고 의상대와 홍련암만 남았다. 낙산사 주변의 아름다운 경관을 이중환은 이렇게 기록했다.

> 해변은 모두 반짝이는 흰 눈빛 같은 모래로 깔려 있어 밟으면 사박사박 소리가 나는 것이 마치 구슬 위를 걷는 것과도 같다. 모래밭에는 해당화가 새빨갛게 피었고, 가끔 소나무숲이 우거져 하늘을 찌를 듯하다. 그 안으로 들어간 사람은 마음과 생각이 느닷없이 변하여 인간 세상의 경계가 어디쯤인지, 자신의 모습이 어떤 것인지 알 수 없을 정도로 황홀하여 하늘로 날아오른 듯한 느낌을 받는다. 한 번 이 지역을 거친 사람은 저절로 딴사람이 되고 10년이 지나도 그 얼굴에 산수 자연의 기상이 남아 있다.

한편 의상대의 해돋이는 관동팔경의 해돋이 중에 가장 빼어나며 장엄하기 이를 데 없는데, 현재의 건물은 폭풍으로 무너졌던 것을 1975년에 다시 세운 것이다.

낙산사 홍련암

우리나라 3대 관음 기도 도량 중의 하나로 바닷가 절벽 위에 위치하고 있으며
주변에 노송들이 자리하고 있어 동해안의 아름다운 해안 절경을 한눈에 조망할 수 있다.
일출 경관으로 유명하여 수많은 관광객이 찾아오는 곳이다.

낙산사 홍예문

낙산사 홍예문은 세조의 명으로 당시 강원도 내 소속 26개 고을에서
석재를 하나씩 각출해 쌓은 무지개 모양의 돌문이다.

하조대해수욕장

양양군 현북면 하광정리에 있다. 주변에 낙산사와 설악산국립공원, 오대산국립공원, 통일전망대 등 관광지가 많다.

양양군 현북면 하광정리 서쪽의 발감동은 불개미가 많다고 하여 발개미라고도 부르는 마을인데, 마을 동쪽 해안에 하조대河趙台가 있다. 바닷가에 기이하게 솟은 이 바위가《여지도서》에는 다음과 같이 실려 있다.

> 관아의 남쪽 30리에 있다. 나지막한 산기슭이 바다로 뻗어 들어가다가 갑자기 끊어져 하조대를 이룬다. 하조대 좌우의 바위 벼랑이 기이하고 예스럽다. 바다의 큰 파도가 부딪치면 눈보라가 휘날리는 듯하다. 조선 건국 초기에 하륜과 조준이 노닐며 구경하던 곳이라고 한다. 그런 까닭에 이렇게 이름 지었다.

훗날 조선 후기 문신 이세근李世瑾이 '하조대'라는 석 자를 바위에 새겼다고 한다.

하염없이 바다를 바라보는 청간정

《연려실기술》에 "간성의 청간정淸澗亭은 군의 남쪽 40리에 있다. 석봉이 우뚝 솟았는데 층층마다 대臺와 같고 높이가 수십 길이나 된다. 위에는 용틀임한 소나무 몇 그루가 있다. 대의 동쪽에 만경루가 있으며, 대의 아래쪽에는 돌들이 어지럽게 불쑥불쑥 바다에 꽂혀 있다. 놀란 파도가 함부로 물을 때리니 물방울이 눈처럼 날아 사방에 흩어진다"라고 기록된 청간정은 고성군 토성면 청간리에 있는 정면 3칸, 측면 2칸의 팔작지붕에 누각 형식의 정자다. 남한 땅의 관동팔경 중 가장 북쪽에 위치하며, 강원도 유형문화재 제32호로 지정된 청간정은 설악산 골짜기에서 발원한 청간천이 동해로 흘러드는 하구 언저리에 있다.

조선 인조 때 군수로 부임해 온 이식은 이곳 천간정을 두고 다음과 같은 시를 남겼다.

하늘의 뜻이런가 밀물 썰물 없는 바다
방주마냥 정자 하나 모래톱에 멈춰 섰네
아침 해 솟기 전에 붉은 노을 창을 쏘고
푸른 바다 일렁이자 옷자락 벌써 나부끼네
동남동녀童男童女 실은 배 순풍을 탄다 해도
왕모의 선도仙桃 열매 언제나 따먹으리
선인의 자취 못 만나는 아쉬움 속에
난간에 기대 부질없이 오가는 백구만 바라보네

처음에는 127개의 긴 주춧돌 위에 세워졌던 이 정자의 창건 연대는 알 수 없지만 중종 15년(1520) 간성 군수 최청崔淸이 중수했다는 기록으로 보아 그 전에 건립되었을 것으로 추정된다. 그 뒤 청간정은 고종 21년(1884) 갑신정변 당시 불에 타버린 뒤 그대로 방치되었다가, 1928년 토성면장 김용집의 발기에 따라 재건한 것을 1981년에 해체, 복원했다.

김정호金正浩는《대동지지大東地志》에 "해변 위의 모래는 빛나니 흰 눈이 뒤섞인 것 같고, 밟으면 쇠가 부딪히는 소리가 나니 주옥을 밟는 것 같다"라고 청간정을 기록했다. 이런 청간정을 두고 어우당 유몽인 등의 문장가들이 시를 지어 찬양했다. 숙종의 어제시를 비롯해 양사언과 정철 등 많은 이들이 시를 남겼다. 1953년 초대 대통령 이승만이 쓴 현판과 최규하 전 대통령의 글씨도 걸려 있다. 또한 이 정자에서 바라보면 토성면 신평리 신선봉에서 발원하여 화암사와 신평을 거쳐 청간리로 흘러드는 청간천과 동해 바다가 합쳐지는 합수머리를 볼 수 있다.

동해 바닷가에는 그림 같은 정자와 누각이 많았는데, 그중 만경루萬景樓는 청간역 동쪽 근처에 있었다. 《신증동국여지승람》에 "돌로 된 봉우리가 우뚝우뚝 일어서고 층층이 쌓여 대 같은데, 높이가 수십 길은 되며 위에 구부러진 늙은 소나무가 몇 그루 있다. 대의 동쪽에 작은 다락을 지었으며 대 아래는 모두 어지러운 돌인데 뾰족뾰족 바닷가에 꽂혀 있다. 물이 맑아 밑까지 보이는데 바람이 불면 놀란 물결이 어지럽게 돌 위를 쳐서 눈인 양 사면으로 흩어지니 참으로 기이한 광경이다" 했다. 이달충은 시에서 "바다를 구경하러 와서 만경대에 오르니, 구름 안개에 쌓인 물결이 하늘에 닿아 들어오네. 만일 이 물이 봄 술로 변한다면, 어찌 하루에 삼백 잔을 마시는 데만 그치리"라고 하면서 바닷물에서 술을 연상하는 풍류를 만들어 냈다. 청간정 근처에 있는 청간역을 두고 김극기는 다음과 같은 시 한 편을 남겼다.

> 높은 다락이 푸른 연기 낀 나무 끝에 있는데
> 난간에 엎드려 나는 새를 엿보네
> 가을도 되기 전에 서늘한 기운 많고
> 여름철에도 더위는 적다네

매미 소리는 늦은 바람에 부서지고
갈까마귀 그림자는 저녁 햇빛에 번득이네
술잔 들며 흰 눈으로 바라보니
만 리에 푸른 하늘이 작구나
관동은 산수의 고장인데
지나는 나그네 어조魚鳥와 함께 섞이네
돌아가는 길 사람 마음과도 같아
험한 가운데 평지가 적구나
석양은 말 머리에 떨어지는데
서쪽 변방엔 달이 처음으로 비치네
곤하여 침상 위에 거꾸러지니
태산이 가을철의 털과 같이 작아 보이네

청간정에서 멀지 않은 토성면 교암리에 천학정天鶴亭이라는 정자가 있고 안내판에는 다음과 같은 글이 적혀 있다.

동해 바다의 신비를 고스란히 간직한 천혜의 기암괴석과 깎아지른 듯한 해안 절벽 위에 세워져, 남쪽으로 청간정과 백도를 마주 바라보고, 북으로 가까이 능파대가 있어 그 경관의 아름다움이 한층 더해진 상하천광上下天光 거울 속에 정자가 있다 하여 지어진 이름이다.

토성면 봉포리에 봉포호鳳浦湖라는 이름의 호수가 있다. 예전에는 둘

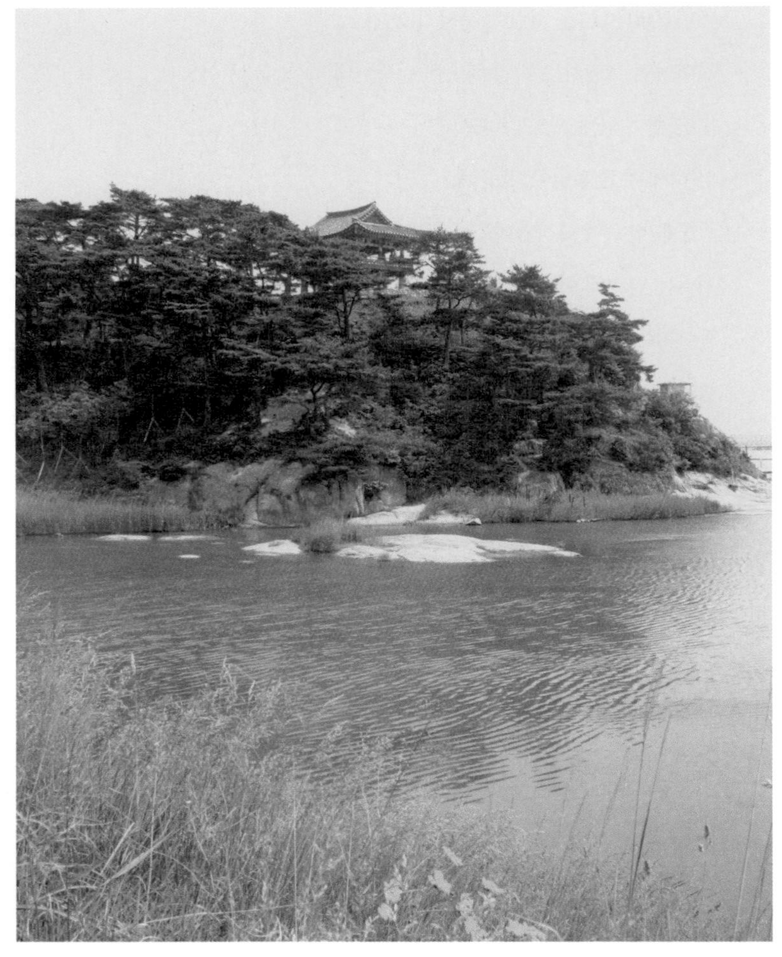

청간정

조선시대에 지어진 정자로 고성군 토성면 청간리에 있는 누각 형식의 정자다. 남한 땅의 관동팔경 중 가장 북쪽에 위치한다.

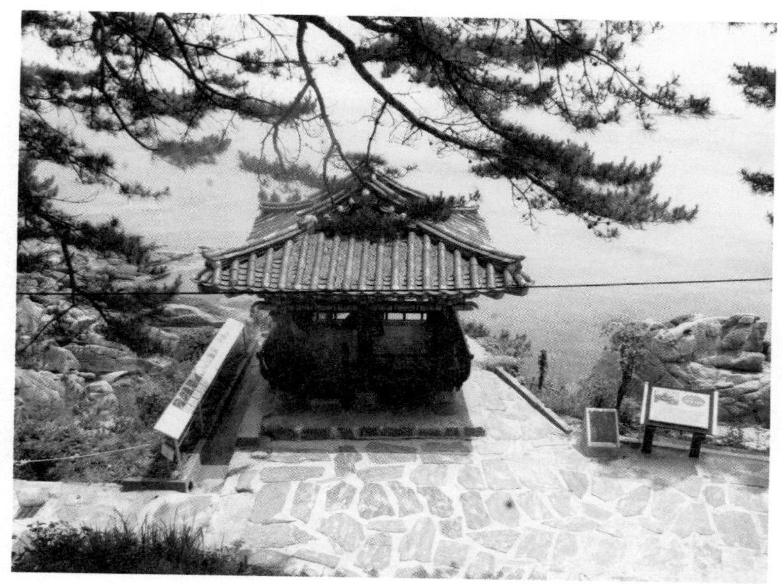

천학정

고성군 교암리에 위치한 천학정은 1931년 건립된 정자다.
남쪽으로 청간정과 백도가 바라다보이고 북으로는 가까이 능파대가 있다.

레가 약 3킬로미터에 이르렀으나 지금은 약 1킬로미터만 남은 이 호수는 옛날 봉황새 같은 큰 새가 날아들어 이름을 봉포호라 했다고 한다. 담수호이며 물빛이 청명하고 주위에 있는 송림이 수면에 투영되어 동해의 창파와 함께 절경을 이룬다.

망양정에 올라서 바다를 바라보니

경북 울진군 울진읍 근남면 산포리에 있는 망양정望洋亭은 원래 평해군 기성면 망양리 앞 모래밭 가장자리에 있었는데 조선 세종 때 평해 군수 채신보蔡申保가 정자가 오래되어 허물어진 것을 마을의 남쪽 현종산 기슭에 옮겨 세웠다. 조선의 정국공신이었던 채수蔡壽는 "우리나라를 봉래 방장과 같은 산수 좋은 신선의 고장이라 하는데, 그중에서 관동이 제일이며 이곳의 누대를 백으로 헤아리지만 망양정이 으뜸"이라고 극찬했는데, 이것은 망양정이 이름 그대로 바다를 전망하기에 좋은 위치에 있는 정자였기 때문이다.

또한 숙종은 강원도 관찰사에게 관동팔경을 그림으로 그려 오라고 해서 두루 감상한 뒤에 망양정이 가장 아름답다고 하면서 '관동제일루關東第一樓'라고 쓴 친필 편액을 내렸다고 한다. 이는 그림이 좋았기 때문이기도 하겠지만 넓게 트인 망양정에서 바라보는 풍광이 그만큼 빼어났기 때문일 것이다. 그 뒤 숙종 15년(1689) 숙종은 이곳을 친히 돌아보고 "뭇 봉우리 거듭거듭 서리서리 열려 있고, 성낸 파도 거친 물결 하늘에 닿아

망양정

이름 그대로 바다를 전망하기에 좋은 위치에 있는 정자다.
고려시대에 망양리 해안가에 처음 세워져 여러 차례 이축과 중수를 거듭하다가
2005년 새로 건립되었다.

있네. 이 바다 변해서 술이 된다면, 어찌 단지 삼백 잔만 기울이겠는가" 하고 그의 호방한 뜻을 피력했으며 정조도 시를 읊어 그 경치를 찬양했다. 김시습이 이곳에 와서 시를 지었고 서거정은 '평해팔영平海八詠'의 하나로 망양정을 꼽았다. 정철은 망양정을 다음과 같이 노래했다.

하늘 끝을 끝내 보지 못해 망양정에 오른 말이
바다 밖은 하늘이니 하늘 밖은 무엇인고
가득 노한 고래 누가 놀래기에
불거니 뿜거니 어지러이 구는지고
온 산을 깎아 내어 천지 사방에 내리는 듯
오월 장천에 백설은 무슨 일인고

한편 정철과 파벌을 달리했던 이산해는 울진으로 유배되자 자주 이 정자에 올라 시를 읊었다고 한다. 중종 때 안렴사 윤희인尹希仁이 평해 군수 김세우金世瑀에게 명하여 중수했지만 오래되어 쇠락하고 말았다.

전해 오는 이야기에 따르면, 관동팔경이 울진에는 한 곳도 없는데 평해에는 월송정과 망양정 두 곳이나 있어 그 하나를 나누어 달라고 해서 철종 9년(1858) 울진 현령 이희호李熙虎가 지금의 자리로 옮겨 세웠다 한다. 그래서 정철이 노래한 망양정의 정취나 정선이 그린 풍광은 옛터에 가서 회상해야 찾을 수 있을 것이지만 현재의 망양정에서 바라보는 동해 바다의 만경창파 또한 그에 못지않을 만큼 빼어나다. 그러나 허물어져 주춧돌만 남았던 것을 1959년에 다시 세웠고 1979년에 다시 보수하여서 누각 자체가 주는 옛 모습은 찾아볼 수가 없다. 당시 숙종의 어필 현판은 울진읍 읍내리 객사에 보관했다가 잃어버리고 말았다. 옛사람들이 바라보면서 노래했던 망양정 옛터인 울진군 기성면 망양리에 새로운 망양정이 세워진 것은 몇 년 전이다. 망망한 바다를 바라보며 옛사람들의 글과 기개를 떠올려 보는 것은 슬픔인가, 기쁨인가?

소나무숲 너머로 달이 떠오르고

월송정越松亭은 경북 울진군 평해읍 월송리 바닷가에 있는 관동팔경이다. 월송정이라는 이름은 신라의 네 화랑이 울창한 소나무숲의 경치가 빼어난 줄 모르고 지나쳤기 때문에 월송정이라 했다고도 하고, 중국 월나라의 산에 난 소나무를 배에 싣고 와서 심었기 때문에 이런 이름이 붙었다고도 한다.

비가 갠 후 떠오른 맑은 달빛이 소나무 그늘에 비칠 때 가장 아름다운 풍취를 보여 준다는 월송정이 처음 세워진 고려 때는 경치를 감상하는 정자가 아니라 왜구의 침입을 살피는 망루로서의 역할이 컸다.

그 후 왜구의 침입이 잠잠해진 조선 중종 때 반정 공신으로 활약했던 박원종朴元宗이 강원도 관찰사로 와서 이곳을 정자로 중건했다. 월송정은 그 뒤부터 관동팔경 중의 하나로 많은 사람들의 사랑을 한껏 받았다. 《여지도서》에는 월송정이 다음과 같이 실려 있다.

월송정은 동쪽 모래 언덕에 만든 조산造山이다. 신라 때 학사學士 황낙과 장군 구대림이 중국에서 건너와 월송정 아래로 왔다. 구대림은 해당화가 핀 해안 북쪽 포구에 살았다. 그런 까닭에 그 포구의 이름을 구미포丘美浦라고 하였다. 황낙은 북쪽 산 들판에 살았는데, 동쪽 모래 언덕에 인공으로 조산을 만들어 풍수상의 결점을 보완하였다. 우리나라 성씨 황씨의 시조는 이 사람이다. 조산은 지금도 여전히 남아 있다.

성종은 화가에게 명하여 조선 팔도의 시정 가운데 가장 경치 좋은 곳들을 그려서 올리라 했다. 그때 화가가 함경도 영흥의 용흥각과 이곳을 그려 올리자 용흥각의 버들과 부용이 좋기는 하나 경치로는 월송정만 못하다고 했으며, 숙종과 정조도 이곳을 돌아보고 시를 지어 아름다운 경치를 찬양했다고 한다. 그 뒤로도 안축, 이곡 등이 월송정의 경치를 칭찬했다. 조선 선조 때 동인의 영수로 영의정을 지냈고 오성과 한음으로 잘 알려진 한음 이덕형李德馨의 장인이기도한 이산해李山海는 유배 와서 〈월송정기越松亭記〉를 짓기도 했다.

월송정은 군청 소재지의 동쪽 6~7리에 있다. 그 이름에 대해 어떤 사람은 '신선이 솔숲을 날아서 넘는다飛仙越松'라는 뜻을 취한 것이라 하고, 어떤 사람은 '월月' 자를 '월越' 자로 쓴 것으로 성음이 같은 데서 생긴 착오라고 하니 어느 것이 옳은지 알 수 없다. 그런데 내가 '월月' 자를 버리고 '월越' 자를 취한 것은 이 정자의 편액을 따른 것이다.

푸른 덮개 흰 비늘의 솔이 우뚝우뚝 높이 치솟아 해안을 둘러싸고 있는 것

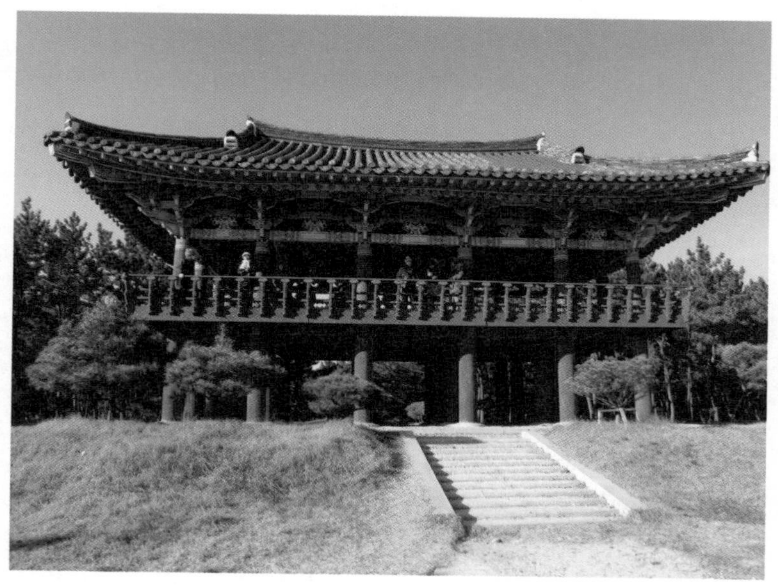

월송정

고려 때 처음 세워질 당시에는 왜구의 침입을 살피는 망루로서의 역할이 컸다.
비가 갠 후 떠오른 맑은 달빛이 소나무 그늘에 비칠 때 가장 아름다운 풍취를 보여 준다.

은 몇만 그루나 되는지 모르는데, 그 빽빽함이 참빗과 같고 그 곧기가 먹줄과 같아 고개를 젖히면 하늘의 해가 보이지 않고, 다만 보이느니 나무 아래 곱게 깔린 은 부스러기, 옥가루와 같은 모래뿐이다. (…) 정자 아래에는 한줄기 물이 가로 흘러 바다 어귀와 통하며, 물을 사이로 동쪽에는 모래 언덕이 휘감아 돌아 마치 멧부리와 같은 모양이다. 언덕에는 모두 해당화와 동청초冬青草(겨우살이)뿐이며 그 밖은 바다다. (…)

아아, 이 정자가 세워진 이래로 이곳을 왕래한 길손이 그 얼마이며 이곳을 유람한 문사文士가 그 얼마랴. 그중에는 기생을 끼고 가무를 즐기면서 술에 취했던 이들도 있고, 붓을 잡고 목을 놀려 경물景物을 대하고 비장하게 시를 읊조리며 떠날 줄 몰랐던 이들도 있을 것이며, 호산湖山의 즐거움에 자적했던 이들도 있을 것이다. 강호江湖의 근심에 애태웠던 이들도 있을 것이니, 즐거워한 이도 한둘이 아니요, 근심한 이도 한둘이 아니다. 그런데 나 같은 자는 이들 중 어디에 속하는가? 왕래하고 유람하는 길손도 문사도 아니며, 바로 한 정자의 운연雲煙과 풍월을 독차지하여 주인이 된 자다. 나를 주인으로 임명해 준 이는 누구인가? 하늘이며 조물주다.

천지간에 만물은 크든 작든 저마다 분수가 있어 생겼다 사라지고 찼다가 기우는 법. 이는 일월과 귀신도 면할 수가 없는 것인데, 하물며 산천이며, 하물며 식물이며, 하물며 사람일까 보냐. 이 정자가 서 있는 곳이 당초에는 못이었는지 골짜기였는지 바다였는지 뭍이었는지 알 수 없는 일이거니와 종내에는 또 어떠한 곳이 될까? 또한 솔을 심은 사람은 누구며 솔을 기른 사람은 누구며 그리고 훗날 솔에 도끼를 댈 이는 누구일까? 아니면 솔이 도끼를 맞기 전에 이 일대의 모래 언덕과 함께 흔적 없이 사라져 버릴 것인가? 내 작디작은 일신

一身은 흡사 천지 사이의 하루살이요, 창해에 뜬 좁쌀 한 톨 격이니. 이 정자를 좋아하고 아끼어 손〔客〕이 되고 주인이 되는 날이 그 얼마인지 알 수 없거니와, 정자와 시종과 성쇠는 마땅히 조물주에게 물어보아야 할 것이다.

월송정에서 바다를 내려다보면 솔숲 위로 멀리 바닷물이 넘실거리는데 이러한 월송정의 빼어난 풍광을 겸재 정선은 화폭에 아름답게 묘사했다. 월송정 앞 은빛 모래밭과 그 너머 동해의 쪽빛 바다 그리고 모래밭 주변에 펼쳐진 1만여 그루의 소나무들이 어우러져 선경을 이루었으나, 울창했던 송림은 일제 강점기에 모두 베어 내어 황폐해지고 말았다. 그 뒤 1956년 월송리 마을에 사는 손치후라는 사람이 관리소의 도움을 받아 해송 1만 5000그루를 다시 심어 오늘에 이르고 있다. 관동팔경 답사를 마친 후 월송정에서 막걸리 한 잔을 기울이며 소나무 너머로 밀려오는 파도를 바라보면 정철의 〈관동별곡〉처럼 신선으로 화하게 될지도 모른다.

수로부인 설화

승려 일연이 지은 《삼국유사》에는 강원도 바닷가를 배경으로 몇 개의 이야기들이 실려 있다. 그중 하나가 수로부인과 관련한 설화다. 〈헌화가獻花歌〉와 〈해가海歌〉에 얽힌 설화로 《삼국유사》에 실린 그 내용을 보자.

성덕왕 때 순정공이 강릉(현 명주) 태수로 부임하는 길에 바닷가에서 점심을 먹었다. 그 옆에는 높이가 천 길이나 되는 바위 봉우리가 병풍처럼 바다를 둘러싸고 있고, 그 위에는 철쭉이 활짝 피어 있었다. 공의 부인 수로가 그것을 보고 주위 사람들에게 "저 꽃을 꺾어다 줄 사람이 없는가?" 하고 물었다. 그러나 수종꾼들은 "사람의 발길이 닿기 어려운 곳입니다"라며 모두 회피했다.

그 곁을 지나던 한 노인이 새끼를 밴 암소를 끌고 지나가다가 부인의 말을 듣고 그 꽃을 꺾어 왔다. 그리고 가사를 지어 읊으며 부인에게 꽃을 바쳤다. 그 노인이 어떤 사람인지 알 수 없었다.

붉은 바위 가에
잡은 암소 놓게 하시고
나를 아니 부끄러워하시면
꽃을 꺾어 바치오리다

다시 이틀 길을 더 가다가 임해정臨海亭에서 점심을 먹고 있는데, 홀연히 용이 튀어나와 부인을 끌고 물속으로 들어가 버렸다. 순정공은 허둥지둥 발을 구르며 야단을 쳤으나 아무런 방법이 없었다. 그때 또 한 노인이 나타나 "옛사람의 말에 여러 사람이 떠들면 쇠도 녹인다고 했으니, 바닷속의 미물인들 어찌 여러 사람의 입을 두려워하지 않겠습니까? 마땅히 이 지역의 백성들을 모아 노래를 지어 부르면서 막대기로 언덕을 두드리면 부인을 볼 수 있을 것입니다"라고 말했다.

순정공이 그 말을 따르니, 용이 부인을 받들고 바다에서 나와 바쳤다. 공이 부인에게 바닷속의 일을 묻자 "칠보 궁전에 음식은 달고 부드러우며 향기롭고 깨끗하여 인간의 음식이 아니었습니다"라고 답했다.

부인이 입은 옷에서는 이상한 향기가 풍겼는데, 이 세상에서는 맡아보지 못한 것이었다.

수로부인은 용모와 자색이 매우 뛰어나 깊은 산이나 큰 못을 지날 때마다 여러 번 귀신이나 신물神物에게 붙들려 갔다. 이에 여러 사람이 〈해가〉를 부르며 수로부인을 찾았다.

거북아, 거북아, 수로부인을 내놓아라
남의 아내를 빼앗아 간 죄가 얼마나 큰가
네가 만약 거역하고 내놓지 않는다면
그물로 너를 잡아 구워 먹겠다

《삼국유사》에 실린 수로부인 설화는 다양하게 해석되고 있는데, 대개 수로부인의 아름다움에 초점을 맞추고 있다. 그러나 요즘 역사학계에서는 가장 큰 호응을 얻고 있는 것은 수로부인의 무녀적 성격에 대한 해석이다. 수로부인 설화가 만들어진 때는 신라 때로 농경 사회였고, 진평왕 50년(628) 여름 가뭄이 크게 들자 시장을 옮기고 용의 형상을 그려서 기우제를 지냈다는 내용이 있다. 그러므로 수로부인을 납치한 용은 물의 신, 즉 수신水神이었다고 추정한다. 그런 의미로 '수로부인 설화'를 새롭게 이해한다면 〈헌화가〉와 〈해가〉는 모두가 제의祭儀와 관련된 것임을 알 수 있다.

수로부인 설화가 만들어진 곳이 어디인지는 불분명하나 강릉에는 헌화로가 있고 삼척에는 수로부인 헌화공원이 조성되어 있다.

모래가 울고 해당화가 만발하던 화진포

"내 마음은 호수요/그대 노 저어 오오/나는 그대의 흰 그림자를 안고/옥같이 그대의 뱃전에 부서지리다"라는 시 속에 남아 있는 호수는 육지가 오목하게 패고 물이 괸 곳을 말하며, 못이나 늪보다 훨씬 크고 깊다. 지각 변동과 화산 활동이 적고 대륙의 빙하에 덮인 일이 없는 우리나라는 동해안 여러 곳에 있는 석호를 제외하면 자연호가 그다지 많지 않다. 자연호로는 백두산의 천지와 한라산의 백록담, 삼지연과 장연호가 있으며, 함흥에서 강릉에 이르는 지역에 소만입이 사주로 막혀서 형성된 광포호, 소동정호, 천아포, 화진포호, 영랑호, 경포호 등이 있다.

전력 발전과 다목적 댐용으로 형성된 호수는 압록강변에 세워진 수풍호, 장진의 장진호, 부전강의 부전호, 허천강의 황수원호, 북한강의 소양호와 파로호, 남한강의 충주호 등이 있고, 금강 중류에 세워진 대청호, 낙동강 중류의 안동호와 임하호, 황강의 합천호, 밀양강의 밀양호, 섬강의 횡성호, 변산반도의 부안호, 보성강의 주암호와 섬진강 중류의 섬진호 등이 있으며, 탐진강에는 탐진호가 만들어졌다. 한편 관개용으로 건설된 호수는 아산만을 가로막아 건설된 아산호와 죽음의 호수라고 불리다가 다시금 살아나고 있는 시화호 그리고 삽교천변에 있는 삽교호 등을 들 수 있다.

강원도 고성군 현내면 화포리에 자리한 화진포는 그 옛날 별산현 자리인데 홍수로 인해 호수가 되었다고 한다. 지금도 바람이 자고 물결이 일지 않을 때는 물속의 담과 집이 보인다 하고 이 호수는 땅 밑으로 동해와 연결된다고 전해진다.

이중환이 《택리지》에서 "해변은 모두 반짝이는 흰 눈빛 같은 모래로 깔려 있어 밟으면 사박사박 소리가 나는 것이 마치 구슬 위를 걷는 것과도 같다" 한 동해 연안에서 가장 모래가 고운 것으로 알려진 화진포는 고운 모래밭과 푸른 바닷물이 함께 어우러져 한 번 온 사람이라면 반드시 다시 찾게 될 만큼 경관이 빼어나게 아름답다. 화진포해수욕장과 연결된 화진포는 석호로서 모래가 바닷물에 부딪혀서 쌓이기를 거듭하여 이룬 모래톱이 반도 모양으로 가늘고 길게 바다 쪽으로 뻗어서 그 안에 만들어진 호수를 말한다. 화진포에도 황지와 경포대와 유사한 전설이 전해온다. 화진포가 들어선 자리는 옛날에 부자였던 이화진이라는 사람의 터였다. 어느 날 한 중이 그의 집에 와서 시주를 청했다. 그때 그 부자는 시주를 하기는커녕 똥을 퍼붓고 말았다. 그 광경을 지켜본 며느리가 시아버지 몰래 쌀을 퍼다 주었다. 중은 며느리에게 이곳에 있으면 화를 입을 것이니 따라오라고 하여 며느리는 그 중을 따라갔다. 며느리가 송정리의 고청고개까지 가서 주위를 돌아보니 함께 오던 중은 온데간데없고 자신이 살던 집과 그 일대가 물바다로 변해 있었다. 이에 절망한 며느리는 그곳에서 목을 매 죽고 말았고 그녀의 넋은 고성 서낭리의 서낭신이 되었다고 하며 그래서 생긴 이 호수는 그 부자의 이름을 따서 화진포라 불리게 되었다.

둘레가 16킬로미터쯤 되는 화진포는 고니 떼를 비롯한 겨울 철새들이 즐겨 찾아오고 바닷가의 모래밭에는 향기가 좋아서 꽃잎이 향수의 원료로 쓰이는 해당화가 만발한다. 영조 연간에 출간된 유중림柳重臨의 《증보산림경제增補山林經濟》에 따르면 "민간에서는 꽃 중의 신선이라고 칭한다. 동짓날 쌀뜨물을 뿌리에 뿌려 주면 그 꽃이 싱싱하고 무성해진다. 열매를 맺으면 곧 따내야 다음해에 꽃이 무성하다. 옛말에 '해당은 향기가 없다'" 했다. 푸른 호수와 바다와 모래밭 그리고 소나무숲이 절묘하게 어우러진 곳에 피는 해당화는 화진포 경관에 한몫을 단단히 하여 고성 군화로 지정되었다.

한편 이곳에는 한국전쟁 이전에 김일성이 세웠던 김일성 별장이 있고, 한국전쟁 이후 이승만 대통령과 이기붕 부통령의 별장이 남아 있어 험난했던 우리의 근현대사를 증언하고 있다. 이중환은 이곳의 누각을 이야기하면서 "바닷물이 아주 푸르러서 하늘과 하나가 된 듯하며 앞을 가린 것이 없다. 해안은 강변이나 시냇가와 같이 작은 돌과 기이한 바위가 언덕 위에 섞여 있어 푸른 물결 사이에 보일락 말락 한다"라고 적었다.

속초시에 있는 청초호는 둘레가 5킬로미터에 이르는 큰 호수로 술 단지처럼 생겼다. 어귀는 동해 바다에 잇대어 있어서 조선시대에는 수군만호영水軍萬戶營을 두었으며 병선을 정박하기도 했다. 경치가 매우 아름다워서 이중환은 이곳을 두고 "거울을 펼쳐 놓은 듯하다"라고 한 뒤에 낙산사 대신 관동팔경의 한 곳으로 꼽았다.

한겨울에는 얼음이 마치 갈아 놓은 논두렁처럼 되는데 이를 두고 용갈이 또는 용정이라고 부르며, 얼음이 어떻게 어는지를 보고서 다음 해의 길흉을 점쳤다. 특히 청초호는 내항으로 500톤급 선박들이 자유롭게 드나들 수 있고, 태풍이나 해일이 몰려올 때는 어선들이 대피할 수 있는 정박지로도 이용된다.

송지호는 고성군 죽왕면 오호리 북쪽에 있는 호수로 둘레가 6.5킬로미터이며 강원도를 대표하는 호수인데 부근에 송림이 우거져 송지호라는 이름이 붙었다. 전해 오기로는 원래 정거재라는 부자가 살고 있었다고 한다. 그런데 그가 시주를 받으러 온 스님을 골탕 먹이자 화가 잔뜩 난 스님이 그 땅의 한복판에 쇠절구를 던져 물이 나와 호수로 변했다고 한다. 1977년에 국민 관광지로 지정되었다. 근처에 송지호해수욕장이 있으며 고성과 속초 일대의 소나무숲이 아름답기로 소문이 났는데 몇 년 전 동해안 산불로 거의 불타 버려 벌거숭이산이 되고 말았다.

속초시 영랑동 서북쪽에 있는 영랑호는 면적이 36만 평, 둘레가 7.8킬로미터, 수심이 8.5미터인 석호다. 이 호수는 청초호와 달리 배가 드나들 수 없다. 바다가 멀리 떨어져 있고 막혀 있기 때문이다. 그래서 잉어, 붕어, 황어, 자라 등의 민물고기들이 많이 살고 있다. 《신증동국여지승람》에 따르면 "영랑호는 군 남쪽 55리에 있다. 주위가 30여 리인데 물가가 굽이져 돌고 암석이 기괴하다. 호수 동쪽의 작은 봉우리가 절반쯤 호수 가운데로 들어갔는데 옛 정자 터가 있으니 영랑 신선 무리가 구경하던 곳"이라 한다. 일설에는 신라시대의 영랑, 술랑, 남랑, 안상 네 화랑이 무술 대회에 나가던 길에 이 호수에 들렀는데 영랑이 이곳 풍광의 아름다움에 반해서 무술 대회에 나가는 것조차 잊어버려 그 뒤로 이 호수의 이름이 영랑호로 바뀌었다고 한다.

정철이 지은 〈관동별곡〉에 "예 사흘 머문 후에 어디가 또 머무는고, 선유담仙遊潭, 영랑호 거기나 가 있는가"라는 구절이 있는데, 아름다운 영랑호는 지금도 많은 사람들의 휴식처로 사랑받고 있다. 하지만 공현진 근처에 있던 선유담은 사라지고 농경지가 되고 말았다. 선유담 근처에 있던 이식이 지었다는 가학정駕鶴亭이라는 정자도 사라지고 오직 '선유담'이라는 각자刻字만 남았을 뿐이다. 안축은 다음과 같은 시를 지어 영랑호의 아름다운 풍경을 노래했다.

평평한 호수 거울인 양 맑은데
푸른 물결 엉기어 흐르지 않네
놀잇배를 가는 대로 놓아두니
둥실둥실 떠서 날아가는 갈매기 따라가네
호연하게 맑은 흥 발동하니
물결 거슬러 깊고 그윽한 데로 들어가네
붉은 벼랑은 푸른 돌을 안았고
옥동은 경주를 감추었네
산을 따라 소나무 아래 배를 대니
하늘은 푸르고 서늘한 기운 이제 가을이네
연잎은 맑아서 씻은 것 같고
순채 실은 미끄럽고도 부드럽네
저물녘에 배를 돌리려 하니
풍연이 천고의 수심일세

옛 신선 다시 올 수 있다면
여기서 그를 따라 놀리라
저문 구름 반쯤 걷히니 산은 그림 같고
가을비가 새로 개니 물결 절로 생기네
이곳에 거듭 올 것을 기필期必할 수 없으니
배 위의 노래 한 곡조 다시 듣노라

한편 북한 지방에도 큰 호수가 있다. 함경남도 정평군 주이면·광덕면과 함주군 주지면·연포면·선덕면에 걸쳐 있는 광포廣浦는 둘레가 31킬로미터에 이르고 길이는 10킬로미터, 너비는 0.9킬로미터에 이른다. 느른개(넓은 갯벌), 연포, 도련포, 도린포, 이응포라고도 불리는 광포는 북한 천연기념물 제268호로 지정되었다. 400여 년 전 연포면 광포에 해월헌海月軒이라는 정자를 세운 문동호文東湖는 그가 지은《함산통기咸山通記》에서 "광포는 함흥부의 남쪽 40리 밖에 있으며 포의 넓이와 둘레는 대략 50에서 60리가 되며 맑은 물이 넓고 깊게 층층이 괴어서 서쪽으로는 정평에 뻗치고 남으로는 몽진(현 몽양리)에 접하였다"라고 했다. 숙종 때 함흥 감사로 부임했던 남구만南九萬은 함흥십경으로 일우암一遇岩과 백악폭포白岳瀑布, 금수굴金水窟, 제성단祭星壇, 구경대龜景臺, 광포, 낙민루樂民樓, 격구정擊毬亭, 지락정知樂亭, 본궁本宮을 꼽은 뒤 광포에 대해 다음과 같은 글을 남겼다.

영귀정詠歸亭에 올라 북쪽을 바라보니 푸른 물결이 양양하여, 하늘과 더불

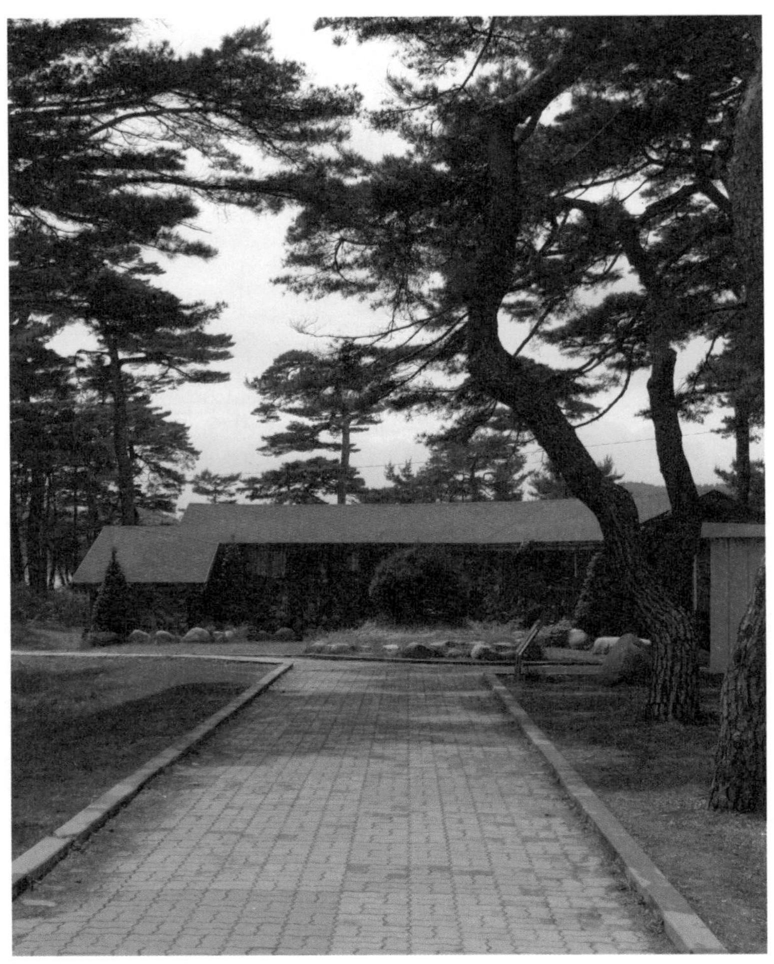

화진포 이기붕 별장

1920년대 건축되어 외국인 선교사의 주거 공간, 북한군 간부 휴양소 등으로 사용되다 이기붕의 처 박마리아가 개인 별장으로 사용했다.

영랑이 머문 영랑호

신라 화랑 영랑이 무술 대회에 나가는 것조차 잊게 만든 호수 영랑호는 동해와 연결된 천혜의 자연조건을 갖춘 관광지이나 1974년부터 영랑호유원지를 개발한 이래 물의 오염이 심각하다.

어 한 빛이요, 고기잡이하는 배들은 닻줄을 올리면서 왕래하는 것이 사수의 가장자리에까지 연이어 있다. 백사장에 잇닿는 물가에는 갈대가 가득히 자라고 갈매기와 기러기가 서식하여 1100마리가 떼를 지어 알을 품고 깃털을 갈아서 물결을 따라 둥둥 떠다닌다. 광포의 북쪽 언덕에는 마을이 연접하였는데 그 마을 주위의 멀리 떨어져 있는 나무는 안개에 휩싸여 가깝게도 또는 멀게도 보였다. 광포의 밖으로는 큰 둑이 있고, 둑이 끝나는 곳의 모든 산들은 떨치면서 달리는 형세로 구름 속에 잠겨 있다. 평평하고 멀며 아득한 경치가 산에 오르고 바다를 구경하는 것에 비하면 또 색다른 점이 있다.

함경북도 어랑군 용평리에 있는 장연호는 북한 천연기념물 제328호로 지정되었고, 북한뿐 아니라 우리나라의 최대 호수로 알려진 서번포는 함경북도 경흥군(현 나진선봉직할시 선봉군) 노서면에 있는 자연 석호로 둘레 41.2킬로미터, 길이 11킬로미터, 너비 1.5킬로미터에 이른다.

정동진에 모이는 사람들

관동팔경 외에 강릉 일대에서 오늘날 사람들이 가장 많이 찾는 곳이 정동진正東津이다. 강릉 지역 답사를 끝내고 동해로 향하는 길에 꼭 들러야 할 답사지가 새로 생긴 것이다. 1996년 해변으로 잠입했다가 역사 속으로 스러져간 무장 공비들의 자취가 서린 안인진을 지나 해안을 따라가면 나타나는 간이역, 정동진역이 바로 그곳이다.

강릉시 정동면 정동진 1리에 있는 정동진은 원래 군사 주둔지로서 서울에서 정동쪽, 정확히 광화문에서 정동쪽에 있어서 생긴 이름이다. 잘해야 하루 20~30명이 타고 내리던 쓸쓸한 간이역 정동진역이 사람들에게 알려진 것은 드라마 〈모래시계〉 덕이다. 〈모래시계〉에서 수배 중이던 윤혜린(고현정 분)은 운동권 신분이 탄로 나 경찰에 쫓기게 된다. 어느 날 정동진역 쪽으로 휘어진 소나무 앞에서 기차를 기다리는데 그녀가 타고 떠나야 할 기차가 느릿느릿 역 구내로 들어오고 있었다. 그때 경찰이 기차보다 일찍 도착했고 혜린의 손목에 수갑이 채워졌다. 기차는 아무 일 없었다는 듯이 다음 역으로 떠나고 그 기차가 떠나는 모습을 바라보는 혜린의 안타까운 시선. 그 장면을 지켜본 수많은 사람들의 입에서 입으로 정동진역이 전파되었고, 역 플랫폼에 서 있는 소나무는 드라마의 주인공이었던 고현정의 이름을 붙여 '고현정소나무'라는 이름을 얻게 되었다.

우리나라 철도 역사상 가장 성공적이었다는 '정동진의 해맞이 철도 기행'을 만들어 낸 정동진역은 하루에도 수백 명에서 수천 명이 다녀가고 연말연시 해맞이 때는 수십만 명을 헤아리는 사람들이 북적거리는 대처가 되었다. 그 작은 간이역 정동진역을 배경으로 시인 김영남이 〈정동진역〉을 쓰기도 했다.

겨울이 다른 곳보다 일찍 도착하는 바닷가
그 마을에 가면
정동진이라는 억새꽃 같은 간이역이 있다.
계절마다 쓸쓸한 꽃들과 벤치를 내려놓고

가끔 두어칸 열차 가득
조개껍질이 되어버린 몸들을 싣고 떠나는 역.
여기에는 혼자 뒹굴기에 좋은 모래사장이 있고,
해안선을 잡아넣고 끓이는 라면집과
파도를 의자에 앉혀놓고
잔을 주고받기 좋은 소주집이 있다.
그리고 밤이 되면
외로운 방들 위에 영롱한 불빛을 다는
아름다운 천장도 볼 수 있다.

강릉에서 20분, 7번 국도를 따라가면
바닷바람에 철로 쪽으로 휘어진 소나무 한 그루와
푸른 깃발로 열차를 세우는 역사驛舍,
같은 그녀를 만날 수 있다.

한편 관동팔경과 비교되는 관서팔경의 특징을 사학자이자 언론인이었던 문일평은《조선팔경》에서 다음과 같이 요약했다.

그중 하나인 관동팔경은 호해적湖海的 명승이요, 또 하나인 관서팔경은 강하적江河的 명승이며, 하나는 선종이 많은 유벽幽僻의 명승이요, 하나는 사적이 많은 요해要害의 명승이다.

답사의 진수는 무엇보다 천천히 걸어가면서 하는 것이 제격이다. 하지만 바쁘고 바쁜 이 세상에서 어찌 걸어가는 것만 고집하겠는가? 조선 후기의 학자로 〈동행산수기東行山水記〉를 지은 이상수李象秀의 글을 되새겨 본다.

산수가 저 스스로 이름날 수는 없다. 사람이 이를 보고 느낌으로써 아름다움을 찬탄하는 것이다. 또 풍경을 묘사함에 있어서 말이 많아야만 이름이 나는 것도 아니다.

예나 지금이나 사람들은 살아서 좋은 경치를 자주 보고 아름답고 평화로운 곳에서 자유롭게 살기를 원한다. 그렇게 살기가 그리 어려운가? 아니다. 독일의 철학자 니체의 글에 그 해답이 있다. 《세상을 어떻게 이해할 것인가—니체 인생론 에세이》(이동진 옮김)에 나오는 한 대목을 보자.

오늘날의 학자들은 사람들이 흔히 말하는 세속적인 기쁨과 유희에 빠져 있다. 권력 주변을 기웃거리거나 돈의 유혹에 빠지거나 명성을 좇기에 바빠서 명상적인 생활을 거의 하지 않는다. 그런 학자들은 자신들만의 이득과 즐거움을 찾는 일이 본래 자신의 본분인 것처럼 여기고 명상적이거나 한가한 일을 외면한다.

그래서 어떤 학자들은 바쁘지 않고 한가한 것을 무능한 것이라고 생각하고 부끄럽게 여긴다. (…) 하지만 그것은 잘못된 생각이다. 한가롭게 아무 일도 하지 않는다는 것은 고귀한 것이다. 그것은 악덕이기는커녕 오히려 미덕이다. 한가한 인간이 바쁜 인간보다 훨씬 행복하다. (…)

그렇게 목표 달성을 추구하는 유형의 인간들이 수첩에 적어 놓은 스케줄이란 모두가 그가 속해 있는 거대한 조직의 틀 속에 맞추어진 것들이지, 자신을 위해 할애된 시간은 거의 없다.

거기에는 '나만을 위한 명상 시간', '나만의 인격을 위한 시간', '책 읽는 시간', '운동 시간', '내가 가장 만나고 싶은 사람들과의 대화' 따위는 들어설 수가 없는 것이다. 그 수첩에서 자기 자신은 찾아볼 수가 없는 것이다.

은행가나 사업가들은 마치 돌덩이가 길바닥에 끝없이 굴러다니듯, 이 사회의 거대한 조직이나 기구의 타성에 따라 무심히 굴러가고 있을 뿐이다. 자신을 위해서가 아니라 회사와 조직을 위해 살 뿐이다.

지금 유럽인이나 미국인들은 꿀벌이나 개미처럼 법석을 떨면서 살고 있다. 그 소란이 너무 심해서 문화는 결실을 맺을 수가 없다. 그들의 문화는 침착성의 결핍 때문에 새로운 형태의 야만적인 것으로 끝날 수밖에 없다. 그래서 사람들은 동물처럼 이기적이고 모진 존재가 될 것이다.

나는 여기서, 모든 인간은 시대를 막론하고 자유인과 노예로 나누어진다고 주장하고 싶다. 하루의 3분의 2를 자신을 위해 쓰지 않는 사람은 노예로 분류될 수밖에 없다. 가족이나 친구가 보고 싶어도 너무 바빠서 만날 수 없는 사람들이 노예이지, 어떻게 삶의 주인이라고 할 수 있겠는가?

오늘날처럼 바쁜 족속들이 존경받는 시대도 없었다. 바쁜 것을 큰 자랑이나 벼슬처럼 여기는 시대에 진정한 행복을 누리는 사람은 바로 바쁜 사람들이 경멸하는 한가한 사람들이다. 몸과 마음이 변함없이 침착한 사람들은 좋은 기질을 갖추고 있어서 유익한 미덕을 발휘할 수 있는 사람들이다.

이렇게 살기가 그렇게 어려운가? 아니다. 욕심을 내려놓으면 우리의 산하가 여기저기 곳곳에 있고, 우리가 꿈꾸는 자유 역시 아주 가까운 곳에 있다. 내가 사는 가까운 곳의 아름다움을 보고 느낄 수 있고 그곳에서 마음에 맞은 몇 사람과 마음의 평정을 누리고 산다면 그보다 더 행복한 삶이 어디에 있겠는가.

신정일의 신 택리지

강원

2020년 6월 29일 초판 1쇄 발행
지은이 · 신정일
펴낸이 · 김상현, 최세현 | 경영고문 · 박시형

책임편집 · 최세현 | 교정교열 · 신상미
마케팅 · 양근모, 권금숙, 양봉호, 임지윤, 조히라, 유미정
경영지원 · 김현우, 문경국 | 해외기획 · 우정민, 배혜림 | 디지털콘텐츠 · 김명래
펴낸곳 · (주)쌤앤파커스 | 출판신고 · 2006년 9월 25일 제406-2006-000210호
주소 · 서울시 마포구 월드컵북로 396 누리꿈스퀘어 비즈니스타워 18층
전화 · 02-6712-9800 | 팩스 · 02-6712-9810 | 이메일 · info@smpk.kr

ISBN 979-11-6534-181-7 04910
ISBN 978-89-6570-880-3 (세트)

• 이 책의 국립중앙도서관 출판시도서목록은 서지정보유통지원시스템 홈페이지(http://seoji.nl.go.kr)와 국가자료공동목록시스템(http://www.nl.go.kr/kolisnet)에서 이용하실 수 있습니다. (CIP제어번호:CIP2020022564)